SECRETARIAL MASTERY
NEW SKILLS FOR THE MODERN OFFICE

秘书职业能力新论

模型建构与应用策略

张轶楠 / 著

北京大学出版社
PEKING UNIVERSITY PRESS

图书在版编目（CIP）数据

秘书职业能力新论：模型建构与应用策略/张轶楠著. —北京：北京大学出版社，2024.4

ISBN 978-7-301-34992-2

Ⅰ.①秘⋯ Ⅱ.①张⋯ Ⅲ.①秘书学-研究 Ⅳ.①C931.46

中国国家版本馆 CIP 数据核字（2024）第 082344 号

书　　　名	秘书职业能力新论：模型建构与应用策略 MISHU ZHIYE NENGLI XINLUN:MOXING JIANGOU YU YINGYONG CELÜE
著作责任者	张轶楠　著
责 任 编 辑	于　娜
标 准 书 号	ISBN 978-7-301-34992-2
出 版 发 行	北京大学出版社
地　　　址	北京市海淀区成府路 205 号　100871
网　　　址	http://www.pup.cn　　　新浪微博:@北京大学出版社
微信公众号	通识书苑（微信号：sartspku）　科学元典（微信号：kexueyuandian）
电 子 邮 箱	编辑部 jyzx@pup.cn　　　总编室 zpup@pup.cn
电　　　话	邮购部 010-62752015　发行部 010-62750672　编辑部 010-62767857
印 刷 者	北京溢漾印刷有限公司
经 销 者	新华书店
	965 毫米×1300 毫米　16 开本　17.25 印张　262 千字 2024 年 4 月第 1 版　2024 年 4 月第 1 次印刷
定　　　价	79.00 元

未经许可，不得以任何方式复制或抄袭本书之部分或全部内容。
版权所有，侵权必究
举报电话：010-62752024　电子邮箱：fd@pup.cn
图书如有印装质量问题，请与出版部联系，电话：010-62766370

序　　言

　　秘书是一项延续了数千年的职业,在我国古代不同时期、不同地区以不同形式存在。自夏朝"太史令"管理公务文书典志,到商朝"太史寮",西周细分至"五史",汉代以降,秘书工作固定为掌管奏章、辅助管理的一种职业。在英美等西方国家,秘书工作也是随着部落或国家管理工作、文书记录工作的出现而产生的。如今,世界有名的跨国性秘书职业组织成立于1942年,原名美国全国秘书协会(National Secretaries Association,简称 NSA),1981年改为国际职业秘书协会(Professional Secretaries International,简称 PSI),是世界上27个国家和地区交流秘书工作经验的中心,30多个国家和地区的秘书成员汇集互通信息的阵地。该协会创建了三种刊物:《秘书》《秘书工作范例》《职业秘书道德准则》,分别介绍秘书工作方面的新思想、新观念、新动态和新技术,对秘书职责的共同特性进行了相应的总结,也在一定程度上制定和宣扬秘书的职业行为标准,体现西方情境下秘书的职业道德观念。

　　发展至今,西方国家对于秘书的分类、分工已经相对明确,形成了独立的学科、职业、职位。在招聘员工的时候也有相对应的较为具体的要求,如在个人的技术、能力和知识层面分别进行规划要求。例如,美国劳工部在对于秘书的招聘中有行政助理、行政协调、行政秘书、执行秘书、办公室经理等诸多分类,对于不同职位的秘书有明确且不完全重叠的能力与知识要求。从20世纪80年代至今,我国现代秘书学的教学与研究已有四十余年历史,但秘书专业化人才的教育培养仍然处于不断探索的初期阶段,尤其是对于秘书的职业素质与要求的研究还不够系统化,对于职业的定位和秘书从业人员的定位也不够确切。本书结合调查数据并引用了"KSA 模型"对秘书从业人员的能力要求进行了细致的划分,基于"胜任特征理论"与"能岗匹配原理",尝试构建并验证中国情境下的秘书职业能力模型。

本书所构建的秘书职业能力模型由 3 个维度 52 项能力素质指标构成。3 个维度分别为岗位知识、专业技能和职业素养。具体来看,岗位知识维度包含 15 项能力素质指标。其中,核心要素 4 项,分别为外语应用、语言文学、法律知识以及礼宾接待;基础要素 8 项,分别为历史地理、政治哲学、调研知识、数学统计、宗教文化、信访知识、秘书学知识以及人力资源知识;个性化要素 3 项,分别为人员选拔、编程知识与客户需求评估。专业技能维度也包含 15 项能力素质指标。其中,核心要素 4 项,分别为保密技能、清晰陈述、主动服务与积极聆听;基础要素 9 项,分别为阅读理解、办公技能、语音识别、监控技能、会议组织、时间管理、公文写作、档案管理以及形象管理;个性化要素 2 项,分别为书法技能与驾驶汽车。职业素养维度则包含 22 项能力素质指标。其中,核心要素 4 项,分别为学习能力、表达能力、应变能力与心理调适能力;基础要素 18 项,分别为信息收集能力、社会洞察力、鉴别能力、决断能力、公关能力、策划能力、协调能力、人际沟通能力、逻辑思维能力、观察分析能力、演绎推理能力、归纳推理能力、灵活分类能力、领导能力、抗压能力、组织能力、统筹能力以及危机处理能力。

知人者智,自知者明。正如本书所解码的秘书职业能力素质模型所示,其中最为核心的要素便是秘书工作者的语言文字、表达陈述、心理调适、主动服务与保密能力等。而在培养秘书人才的过程中,不同培养单位则需要注重从不同方面进行综合培养:对于高等学校来说,应该增强对学生的认知培养、提升学生的角色融入,进一步加强素养教育、提升学生的综合素质,以及坚持实践导向,从而切实提升学生的应用技能;对于职业院校来说,作为向中小企业以及各单位输送秘书类初级人才的重要来源,则要进一步明确自身定位,注重提升学生对于未来工作的适应力,加强师资队伍建设、优化考核方式,进一步提升教学质量,培养工作接受能力强、职业能力强的秘书人才。

秘书学专业学生迈向职场,进入各类用人单位之后,都会面临不同的工作任务与工作情境。各用人单位及其管理者则应该依据企业目标、组织期望以及秘书人员的内在需要,有的放矢地开展秘书人员的"选""用""育"工作,进一步明确自身的选人标准、用人效果以及育人渠道。同时,对于广大秘书从业者来说,则可以主动对标本书所解码的秘书职业能力,检视自身差距,发现自身不足,厘清补缺思路,从而明确自身的努力方向,树立自觉学习、主动学习以及终身学习的观念,最终不断提升自身的职业素养和综合素质。

  本书基于2014年获批的北京高等学校教育教学改革立项(北京市教育委员会)——秘书职业能力模型建构与秘书学专业本科教学改革研究。笔者曾于2018年4月26日在中国高等教育学会秘书学专业委员会"新时代秘书专业教育和秘书工作研讨会"上,就本研究的初期成果做专题分享,引起业内广泛关注。此项研究在国内尚属首创,本书所尝试构建并验证的秘书职业能力模型能够为高等学校与职业院校秘书学专业教育模式改革、课程体系调整以及培养质量评估提供依据,也能够为企事业单位对人才的"选""用""育"工作提供思路,还能够为广大秘书从业者的职业选择以及职业发展提供借鉴。

  当然,本书仅是有关秘书职业能力未来发展方向的尝试之作,由于水平有限,书中难免有不成熟之处,敬请专家校正,待在以后的研究中逐步完善和改进。北京师范大学心理学部闫巩固教授、尚贤进邦(北京)咨询有限公司研发总监高喜乐对本书的模型建构给予指导和支持。首都师范大学文学院教师苏伟琳参与本书第五章的撰写。首都师范大学文学院13级文秘专业学生徐梦姗,14级文秘专业学生戈戈、郭昱、郭雨涵、黄渝婷、华佳莹、任一鸣、李娜、李静、李美林、孙艺维、石燕、吴亦菲、徐笑楠、岳超、闫新叶、周怡谷,17级文秘专业学生宋竺芯参与课题研究,并在资料收集、调研访谈、数据整理等工作中做了大量基础性工作。19级秘书学专业学生王涵玉在本书的参考资料整理与校对过程中做出贡献。最后向在本书编辑出版过程中,给予大力支持的专家学者、企业负责人,表示衷心感谢。

  在本书编辑出版的过程中,首都师范大学秘书学专业2020年入选国家级一流本科专业建设点[《教育部办公厅关于公布2021年度国家级和省级一流本科专业建设点名单的通知》(教高厅函〔2022〕14号)]。2023年6月,首都师范大学获批设置秘书学学术型硕士授权点(国务院学位办〔2011〕12号),使首都师范大学成为北京市唯一一所具有秘书学本硕培养体系的学校,为人才培养质量提升带来新的契机。2023年9月,中国高等教育学会秘书学专业委员会换届后挂靠首都师范大学,秘书处设在文学院,本书作者担任新一届秘书长,彰显首都师范大学在秘书学理论及实践研究中的地位,为秘书学的学科发展搭建国家级平台。谨以此书作为贺礼。

目 录

第一章 绪论 ……………………………………………………… 1
  第一节 问题提出与研究意义 ……………………………………… 1
  第二节 研究设计与研究方法 ……………………………………… 5
  第三节 研究理论与适用性分析 …………………………………… 10
  第四节 研究内容与可能创新点 …………………………………… 17

第二章 秘书职业：流变、类型与岗位特色 …………………… 20
  第一节 秘书职业的流变 …………………………………………… 20
  第二节 秘书职业的类型 …………………………………………… 26
  第三节 秘书职业的特点 …………………………………………… 34

第三章 素质指标：案例、访谈与理论分析 …………………… 36
  第一节 通过典型案例抽取能力素质指标 ………………………… 36
  第二节 通过理论分析抽取能力素质指标 ………………………… 53
  第三节 通过书面访谈抽取能力素质指标 ………………………… 68
  第四节 通过问卷调查抽取能力素质指标 ………………………… 79

第四章　能力模型：构建、检验与权重确定 105
第一节　秘书职业能力模型的初步构建 105
第二节　秘书职业能力模型的实证检验 107
第三节　秘书职业能力模型的权重确定 145
第四节　秘书职业能力模型的最终确定 168

第五章　应用策略：培养、培育与生涯发展 174
第一节　秘书专业教育的应用策略 174
第二节　秘书职业教育的应用策略 201
第三节　秘书管理实践的应用策略 216
第四节　秘书自身发展的应用策略 229

第六章　结论与展望 237
第一节　主要结论 238
第二节　研究展望 240

附录 241
附录一：秘书职业能力调查问卷 241
附录二：秘书职业能力书面访谈问卷 244
附录三：秘书职业能力深度访谈提纲 247
附录四：秘书学专业社会需求市场调查问卷 248
附录五：首都师范大学秘书学专业2023级本科人才培养方案 250

参考文献 262

第一章 绪论

第一节 问题提出与研究意义

一、问题提出

随着经济的飞速发展和市场经济体制向更高层次推进,职业秘书作为组织管理者的参谋和助手,起着辅助决策、协调关系的重要作用,社会对秘书人才的多样化需求也更为突出,同时,对秘书职岗能力的要求也发生了较大变化。具备现代秘书基础理论知识,熟练掌握现代办公技术,具有一定沟通、组织和协调能力成为秘书职业必需的素质。然而调查显示,科学、明确、完整的秘书岗位招聘标准尚未建立,有效的秘书职业发展培训与培养体系尚未形成。因此,建立科学完善的秘书职业能力模型作为秘书岗位招聘标准的参照、秘书职业发展培训的有力依据,是十分必要和有效的。

此外,在党政机关和商贸、金融、教育等企事业单位改革步伐不断加快的今天,各行各业也正在推行"学历文凭+资格证书"并重的用人制度。社会各界对秘书人才需求量增大的同时,对秘书人才综合素质的要求也越来越高。秘书人员自身对集中掌握秘书专业知识、快捷把握秘书专业技能的渴望也越来越迫切。为了适应人才市场的需求,各大高校为专业秘书人才的培养设计了越来越全面的培养方案,许多秘书学专业的毕业生进入工作岗位后,还必须从头学起,花费很长时间才能真正适应实际工作的需要。面对这种秘书人才培养与市场需求错轨的现状,必须进一步加强秘书职业能力需求与培养关系的研究,对秘书人才所应具备的职业能力做出具体分析,进而构建科学的秘书职业能力模型。

2006年8月,中国就业培训技术指导中心组织编写了《秘书国家职业资格培训教程》,秘书职业资格考试就此拉开了序幕,这表明了秘书职业已自成体系并随时间不断发展与完善。具体来看,秘书作为从事脑力劳动的职业,其职责是为居于领导地位的机构或个人决策时提供信息或意见,并为决策的贯彻执行提供必要的事务性服务。从传统意义上讲,秘书要做好参谋辅助工作必须具备三个方面的素质:一是秘书的政治思想素质,二是秘书的知识技能,三是秘书的身体、心理素质。

美国全国秘书协会章程中提出了对秘书的九条基本要求:像心理学家一样善于观察和理解他人,像政治家一样有灵敏的头脑,像外交家一样有潇洒的风度,有调查各种棘手问题的丰富经验,有良好的速记能力以及文字功夫,谙熟各种商业往来中的法律关系,能熟练地使用各种办公自动化设备,具备相当的金融和税务方面的知识,能熟练地对各种文件资料进行整理归类。①

我国的秘书学相关研究主要分为三个阶段:1987年至1993年的起步

---

① 安忻.秘书工作概论与实务[M].北京:中国档案出版社,2000:112.

阶段,1994年至2004年的发展阶段,以及2005年至今的稳定阶段。① 而无论在哪个阶段,秘书职业能力一直是秘书学研究领域的重要应用研究方向,国内大多数研究都是以——秘书职业人才市场现状调查,一个合格的秘书应该具备的主要能力,培养这些能力的途径有哪些,用来评价能力达到程度的量化标准等——为着眼点,这类研究不乏真知灼见和实践应用性,但在此过程中,学界并没有对胜任秘书这一岗位的核心能力素质指标进行梳理,系统的秘书职业能力模型尚未构建,完整的理论框架亦未形成,使得大多数有关秘书职业能力的探索呈现出杂乱无章的局面,难以形成较为一致的意见。

因此,本书在吸取前人研究成果的基础上,以解决职业秘书人才培养的实践问题为目标,基于胜任特征理论、KSA理论模型以及能岗匹配原理,通过科学调研、量化分析的手段,立足秘书职业特点以及岗位任职资格要求,解码秘书职业能力素质指标,并做出具体的分级行为描述,尝试建构出新形势下的秘书职业能力模型,完善秘书学基础理论体系,以此确定秘书学专业应用型人才培养模式的特点、规律和建设方案,来推动秘书学专业的内涵建设与持续发展。同时,本书成果还可以作为秘书岗位招聘、职业培育标准的参照,指导我国秘书职业人才的培养与培训,为高校秘书学专业学生培养以及企业秘书职业技能提升提供借鉴。

二、研究意义

在秘书学专业研究领域,秘书的职业能力是一个重要的应用研究方向。本书研究成果具有以下理论及实践意义。

(一)理论意义

一方面,现有研究中关于秘书职业能力的探讨,大多数以秘书职业人才

---

① 庞宇飞,刘永,荆欣.中国秘书学理论70年研究综述[J].档案管理,2019(6):68-70.

市场现状调查、一个合格的秘书应该具备的主要能力以及秘书职业能力培养的获取途径等为着眼点，缺乏对现阶段中国情境下秘书职业能力的系统探讨，特别是以企事业单位为样本的结构性研究更为稀少。本书通过对现阶段秘书职业能力素质指标库的提取来构建其能力模型，无疑为秘书职业能力本土化的深入探讨提供了有力支持。

另一方面，本书依托能力模型构建的基本方法，从组织管理者、秘书从业者、院校培养者等层面进行调研，参考秘书职业资格考试要求及人才市场需求，使用科学量化分析的方法，建立系统、完整、科学的秘书职业能力模型，进一步明确了优秀秘书从业者所应该具备的能力素质，补充了秘书职业胜任力的相关理论，在一定程度上丰富了中国情境下秘书职业能力模型的研究理论。

（二）实践意义

本书通过对我国企事业单位领导及人事管理者的访谈及组织中秘书从业人员的实地问卷调查，尝试构建并验证中国职场情境下的秘书职业能力模型，对了解现阶段我国秘书职业发展实际，指导实践中的秘书相关工作具有重要意义。

首先，秘书学作为一个应用型学科，一定要充分尊重市场需求。在系统研究秘书职业人才市场需求的基础上，通过构建秘书职业能力模型，帮助高等学校、职业院校等秘书人才培养机构更为清楚地了解现阶段用人单位对于秘书人员能力素质的要求，并以此确定秘书学专业应用型人才培养模式的特点、规律和建设方案，来推动秘书学专业的内涵建设与持续发展。同时，在秘书职业能力素质及相关分析的基础上科学建构高校秘书学专业教育教学模式、课程教学体系以及质量考评方案，能够更为准确地对接用人单位的真实需求，为社会培养"适销对路"的高层次新型秘书人才。

其次，对于用人单位来说，秘书职业能力模型的构建能够明确优秀秘书人才的标准，为社会组织选拔、使用以及培育秘书人才提供依据。现阶段用人单位对秘书从业人员的要求也越来越全面，早已不只是做好日常服务性工作。本书所构建的秘书职业能力模型能够为我们更为清晰地展现优秀秘书人才所应该具有的能力素质,帮助用人单位更好地招聘与选拔秘书人员。同时,秘书职业能力模型还能够为秘书人才的培养提供一种思路,其所包含的能力素质指标体系能够延伸为一张学习地图,指导组织更为有效、有针对性地培训秘书人才。

最后,服务是秘书工作永恒的主题,追求完美的服务是秘书人员不懈努力的方向。对于广大秘书职业从业者来说,本书所构建的秘书职业能力模型进一步验证了秘书职业"应用导向"以及"服务导向"的特点,这对于秘书人员在日常工作中了解自身岗位要求,更好地完成工作任务具有一定的指导意义。同时,对标秘书职业能力模型,还能够帮助他们及时发现工作中可能存在的不足,摆正自身的职业发展定位,从而确定未来的职业发展方向,对秘书这一群体的职业生涯发展具有重要的启示意义。

第二节　研究设计与研究方法

一、研究设计

本书旨在解码优秀秘书的职业能力素质,构建一个中国情境下的秘书职业能力模型。通过文本分析、问卷调查以及深度访谈等方法,我们对秘书从业人员、组织管理者、HR(人力资源)、高校秘书学专业教师进行调研,在整合数据、利用相关学科理论的基础上,构建一个拥有完整体系并兼具组织方向的秘书职业能力模型。具体的研究路线如图1-1所示。

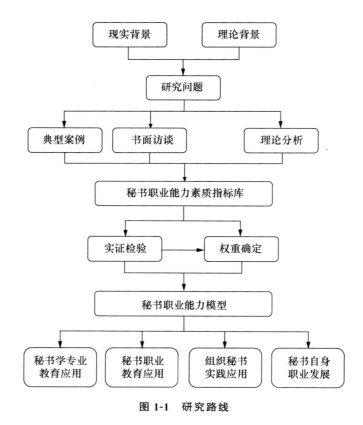

图 1-1 研究路线

二、研究方法

(一) 文本分析法

文本分析法主要是指通过对已有文献的收集、整理、统计与分析,从而形成一种对现有事实较为科学与全面的认知,是一种古老且富有生命力的科学研究方法。① 该方法能够在一定程度上克服时间与空间的限制,通过对古今中外相关文献进行研究,能够帮助我们较为全面地掌握某一研究问题或领域的研究现状,并对该问题或该领域的历史发展脉络形成较为清晰的认知,同时,该方法还具有安全、方便、快捷、低成本与高效率等优点。

就本书而言,主要通过对国内外关于秘书的职业流变、职业结构以及岗位特色等相关文献进行研读、梳理与归纳,尝试较为全面地总结国内外学者关于秘书职业能力的相关研究。同时,本书还对胜任特征理论、KSA 理论模型以及能岗匹配原理进行了较为系统的整理,以期对本书所涉及的理论基础进行阐释。此外,在对秘书职业能力素质指标的抽取过程中,本书选取了《秘书工作》《秘书之友》等国内外秘书学研究领域内具有一定影响力的杂志,抽取其中所涉及的典型案例为主要蓝本,同时还检索、统计、分析中华人民共和国人力资源和社会保障部官网、中华英才网、找工作网等招聘网站中的有关公司秘书/助理/服务于领导(管理者)职位招聘的信息,基于 KSA 理论模型的基本逻辑,抽取相应的秘书职业能力素质指标,进一步丰富本书所构建的秘书职业能力素质指标库。

(二)问卷调查法

问卷调查法是以有效的数字实现复杂宏观世界中的现象或问题的精确把握的科学方法,是为解决问题、改进现况并计划未来提供现实依据的研究方法。具体来说,就是调查者以事先设计好的问卷为工具,通过被调查者对问卷中的问题进行回答,来了解情况、征询意见的一种调查方法。当前,问卷调查法是一种在社会调查中广为使用的资料收集方式,它以其众多的优点,越来越受到管理学、社会学、教育学、传播学、心理学等学科的研究人员以及政府决策部门的重视。②

---

① 曾忠禄,马尔丹. 文本分析方法在竞争情报中的运用[J]. 情报理论与实践,2011(8):47-50.

② 谭祖雪,周炎炎. 社会调查研究方法[M]. 北京:清华大学出版社,2020:105-106.

本书共涉及两次问卷调查工作,第一次是在秘书职业能力素质指标的抽取过程中,主要是基于首都师范大学文学院秘书学系2016年、2017年、2018年以及2019年使用"秘书学专业社会需求市场调查问卷"(见附录四)所获得的样本数据,包括不同行业用人单位对秘书从业人员思想品德、文化素养、业务素质以及心理素质方面的要求,从中提取相应的秘书职业能力素质指标;第二次是在研究工作的后期,为了确定秘书职业能力模型所包含指标的权重,进一步验证所构建的秘书职业能力模型的科学性和合理性,本书设计了《秘书职业能力调查问卷》,并从领导者、秘书从业者以及人力资源管理者三个与秘书职岗相关的角度,对不同组织、不同岗位、不同级别的秘书/助理/服务于领导(管理者)职位进行调查,涉及国家机关及企事业单位,金融证券业、教育和培训机构、制造业、文化传媒业、高新技术等诸多行业。通过对相关样本数据的数理性分析,确定能力素质指标的权重,并对分析结果进行讨论,进一步验证所构建模型的科学性与合理性。

(三)深度访谈法

访谈是收集调查资料的一种常见方法,与问卷法不同,它不是让受访者亲自阅读并填答问卷,而是通过调查面访,记录回答。所谓访谈法,就是调查者通过委派访问员,以口头提问方式向被访者收集资料信息,并将资料信息记录下来的一种社会调查方法。① 它包含以下要素:第一,访谈具有明确主题。第二,收集资料信息的方式通过交谈问答来完成。在这种过程中,访问员和受访者之间会发生交谈或问答,因此调查双方或多或少地会由于问题的深入而发生互动交流,"人"的要素作用会大大增加。从这个角度来看,深度访谈可以说是一门艺术,对于研究问题深度信息的收集具有不可替代的作用和价值。

在秘书职业能力模型的构建过程中,笔者依托首都师范大学文学院秘书学系,开发社会关系资源,从用秘书、管秘书、作秘书三个角度选取对象,进行

---

① 风笑天.方法论背景中的问卷调查法[J].社会学研究,1994(3):13-18.

了相应的深度访谈。一是在秘书职业能力素质指标的抽取与解码过程中,通过书面访谈的形式,邀请了 70 位来自北京市企事业单位的秘书从业者(作秘书)及组织人力资源管理相关人员(管秘书),按照 KSA 理论的基本逻辑,对秘书这一职业所需要的职业素质进行解码,进而得到中国情境下的秘书职业能力素质指标库;二是在秘书职业能力模型的初步构建过程中,邀请了 9 位政府机关、企事业单位中与秘书这一岗位联系较为密切的相关人员进行小组座谈。其中 4 位为政府机关、企事业单位领导:某私企董事长、某跨国企业市场总监、北京市某城区区长、某央企副总经理(用秘书);3 位为从事秘书管理工作的人员:某跨国企业人力资源总监、某猎头公司人力资源总监、IT(信息技术)企业总裁办副主任(管秘书);2 位为从事秘书教育工作的高校教师,均为首都师范大学秘书学系专职教师(培养秘书)。采用行为事件访谈法的基本逻辑,对解码所得到的秘书职业能力素质指标库进行分类,从而初步得到三维度的秘书职业能力模型。

(四)经验归纳法

笔者所在的首都师范大学文学院秘书学系于 1995 年开始汉语言文学专业高级涉外文秘方向招生,首批招收了一个本科班、一个专科班,共 80 人。在北京市属"211"高校中,成为唯一一所开办文秘专业方向的学校。从 1996 年至今,高级涉外文秘方向全部招收本科生。1996—2000 年,每年计划招生 80 人左右。2001 年起,因本科招生数量调整,本专业方向每年招生人数在 40 人左右。截至 2022 年 7 月,秘书学专业方向依托首都师范大学文学院深厚的人文底蕴和学科优势,注重多领域提升、宽口径发展的复合型课程体系设计,累计培养毕业生 1400 多人,遍布中央和省市党政机关、事业单位、国有企业、跨国企业及私营企业等机构。

首都师范大学文学院秘书学专业从 2011 年开始,对本专业学生开展心理素质测评,整套测评包括:社会能力测验(Social Competence Scale,SCS)、社会动机测验(Social Motivation Scale,SMS)、个人价值观量表(Personal Value Inventory,PVI)、潜能情境测试(Situational Judgment Test of Potential,

SJTP)四项测试。学生在大学二年级进入专业学习之初,进行首测,并基于测评结果开展专业培养与培育方案的微调。2016 年,在首测心理素质数据的基础上,对秘书学专业学生在大四学年进行复测,对比两次测评数据,对专业教育与培养效果进行分析总结。综上,每届学生完成两次测评,间隔两年。两年间学生经过专业课程的学习与培养,心理素质、专业能力以及综合素养都有明显提升。此外,还根据学生测评结果所反映的学生成长以及社会就业市场对相关人才的需求状况,及时调整秘书学专业培养方案,①更有针对性地为社会输送高水平专业人才。

首都师范大学文学院秘书学系已经形成了一支具有高素质多学科背景、校内校外联合构成、理论与实践相结合的"双师型"教师团队,一直秉持理论为基、素养为本、技能为用的理念,采取"双导师"(校内导师+业界导师)全过程直接指导、课程教学与科研实践同步进行的模式,造就理论素养与实践技能结合、具有多领域提升和宽口径就业能力的复合型人才。在本书的设计、写作与修订过程中,笔者与本专业老师进行多次讨论。因此,本书所尝试构建的秘书职业能力模型,也是专业团队对自身多年工作实践的认真总结,将多年的实践经验转化为与研究问题直接相关的文字成果,从而进一步扩大研究的深度。

第三节　研究理论与适用性分析

理论指导实践,任何一项实践活动都需要理论支撑和理论依据,科学的理论能够从根本上确保实践过程和结果的有效性。本书将基于胜任特征理论、KSA 理论模型以及能岗匹配原理,尝试解码秘书这一岗位的职业能力素质,并构建中国情境下的秘书职业能力模型。

---

① 详细内容可参阅:高凯山. 秘书教育蓝皮书:秘书人才市场与人才培养研究报告[M]. 北京:北京大学出版社,2018.

一、胜任特征理论

胜任模型是一种较为新型的人力资源评价分析技术。[①] 其起源于20世纪60年代末70年代初,由美国哈佛大学心理学家戴维·麦克利兰(David McClelland)正式提出,其被广泛应用于人力资源管理、组织行为学、教育学以及心理学等相关研究中。本书尝试将其作为理论基础,探讨中国情境下的秘书职业能力模型的具体构成。

(一)起源与发展

早在1954年,约翰·弗拉纳根(John C. Flanagan)就提出了一种名为"关键事件技术"的方法,即通过关键事件来对完成该事件的个体进行分析。[②] 这种技术为胜任力的提出和发展奠定了最初的基础。之后,心理学家罗伯特·怀特(Robert White)于1959年提出"竞争力"的概念,并指出竞争力是人的一种特质。在这之后的较长一段时间内,通过智力的高低判断竞争力的高低成为当时的一种主流方法,为当时的大众普遍接受。直到戴维·麦克利兰在1973年提出"胜任力"的概念,将其定义为"一种决定达标绩效的特征"[③],并在测评体系中加入了诸如社会性动机、个体的自我形象等个人特征,奠定了胜任力的理论和技术基础。

在麦克利兰提出胜任力之后,又有很多相关学者对这一理论进行了丰富和完善。在1980年,乔治·克莱普(George Klemp)将工作胜任力定义为"个体具有的使工作高效或优异的特征"。在他之后,斯潘塞(Spencer)将胜任力

---

① 李明斐,卢小君. 胜任力与胜任力模型构建方法研究[J]. 大连理工大学学报:社会科学版,2004(1):28-32.
② 李晶. 关键事件技术——通过获取关键事件进行实证研究的有效工具[J]. 图书情报知识,2010(1):26-30.
③ 〔美〕戴维·D.杜波依斯,威廉·J.罗思韦尔,等. 基于胜任力的人力资源管理[M]. 于广涛,等译. 北京:中国人民大学出版社,2006:12-13.

的定义做了一定的扩展,将克莱普所说的工作层面扩展到与工作类似情境的层面,并认为胜任力特征包括动机、特质、自我概念、知识和技能。在1989年,麦克拉根(Mclagan)提出人们可以在一系列各式各样的岗位中表现出这些能力,而胜任力就是对关键行为产生至关重要的影响的那部分知识或技能。而杜波依斯(Dubois)于1993年根据胜任力的具体应用情境等因素,对胜任力的定义进一步提出改进,将胜任力定义为"导致生活角色中的成功绩效"的基本特征。1996年,弗兰纳里、霍夫里奇特与普拉滕(Flannery,Hofrichter&Platten)对于胜任力的作用进行了补充,认为其能够增加价值并有助于预测成功。2000年,杜波依斯与罗思韦尔(Rothwell)进一步将胜任力特征描述为工作人员在以不同的方式来完成具体工作或者是自身职务的相关工作时的工具。

(二) 主要内容

胜任力指的是"个体具有的、为了达成理想的绩效以恰当的一贯的方式使用的特征。这些特征包括知识、技能、自我形象、社会性动机、特质、思维模式、心理定式,以及思考、感知和行动的方式"[①]。举例来说,一名卓越的管理者也许具有亲切、积极、睿智、自信等优点,但是这些优点并不全是这位管理者的胜任力,只有那些使你认为这位管理者是卓越的,并且是他一贯拥有的、恰当的优点,才能称这些优点为这个管理者的胜任力。胜任力与许多因素有关,比如个体所从事的职业岗位、公司的企业文化等。由于不同的职业往往对员工有不同的要求,因此个体达成理想绩效时的胜任力也在内容上有差异。同时,由于公司的企业文化是组织价值观的具体体现,它是集体对于某些事物、某些规则的统一认可,对于员工个体有着潜移默化的影响,因此,企业文化与胜任力也有一定的关系。但是需要注意的是,人们往往容易忽略胜任力与个人素质的关系,在评判个体的胜任力时往往将注意力放在个体的工作上而非个体自身,这是不对的。现在确认胜任力的一种方法,主要是"确认

---

① 〔美〕戴维·D. 杜波依斯,威廉·J. 罗思韦尔,等. 基于胜任力的人力资源管理[M]. 于广涛,等译. 北京:中国人民大学出版社,2006:12.

员工在完成工作的情境中使用某些胜任力特征时所产生的行为或具体结果（产物）"[1]。在这个方法中，"行为"指的是个体为了达到目标所采取的，以及在为了达到目标的过程中采取的，有助于达到目标的一个可以观察的并且可以被描述、证实的行动，而这样的一个行动或者一组行动就组成了测量胜任力的行为指标。

从胜任力的具体内容和各个相关学者的不断补充与发展中，可以总结归纳出胜任力的三个重要特征。首先，胜任力与工作绩效具有十分紧密的联系。同时，出于两者之间如此密切的关系，胜任力在某种程度上可以对员工未来的工作绩效做出一个大致的预测。其次，胜任力与员工的具体岗位具有十分紧密的关系。不管是工作岗位的要求、工作的环境、工作的条件等，都会在一定程度上影响胜任力的具体内容。正是出于这种影响，才会使得胜任力具有相对性，即某一特定的知识技能对于这个工作岗位而言非常重要，但是对另一个工作岗位而言却没有用处甚至有反作用。最后，通过普通员工与优秀员工在胜任力上的不同的表现，可以对绩效一般者与绩效优秀者进行区分，并依据这些差异，将胜任力作为招聘员工、培养员工、考核提升员工等的依据。

（三）适用性分析

综上所述，本书认为：能力是知识和技能应用水平的外在表现形式，使人能够借助于知识、设备、客观环境等完成工作，而素质则是一个人整体的内部体现，代表着其在工作或其他领域中的内在潜能。一个人的内在素质可以直接影响甚至决定他的外在表现，即能力。因此，胜任力特征理论有非常强的岗位职业特征，从胜任力特征理论出发，能够帮助我们对从事秘书职业的人员所需具备的知识、技能、自我形象等有一个更全面、更具体的认识和评估，也能对秘书职业的要求有一个更客观、更细致的分析和描述。因此，基于胜

---

[1] 〔美〕戴维·D.杜波依斯,威廉·J.罗思韦尔,等.基于胜任力的人力资源管理[M].于广涛,等译.北京：中国人民大学出版社,2006：14.

任特征理论进行秘书职业能力模型的建构,会更有针对性与完整性。

二、KSA 理论模型

通过检索美国和英国劳工部网站的相关信息,我们发现,国外对各职岗的研究多是通过 KSA(即 Knowledge、Skill 和 Ability)模式,即从职岗人的知识、素质和能力三方面进行分析的。而国内却鲜有使用这种 KSA 模式来分析职岗需求,因此,本书将尝试使用这一理念和方法来分析、构建在中国市场的环境下,社会组织中秘书这一职岗的能力模型。

(一)主要内容

所谓 KSA 模式,是美国公司招聘员工时考察应聘人员是否具备将来所要从事岗位的能力的一种模式,反映了一个人从事某种职业所必须具备的职业素质能力。其中 K(Knowledge)表示对某一特定工作领域的基本情况和原则的理解;S(Skill)表示对通过正式培训和实践经验发展基本能力所获得知识的运用;A(Ability)指发展一项具体的、特定的技能所需的一般能力。[①]

本书根据秘书职业岗位的特点,对 K、S、A 三项要素的定义进行了具体划分:K(Knowledge)代表知识储备,S(Skill)代表专业技能,A(Ability)代表个性素质。除此之外,本书还对这三项要素的具体内容进行了划分。知识储备这一要素可以细分为基础知识和专业知识,其中基础知识包含政治哲学、语言文学、数学统计、历史地理、法律知识、宗教文化、礼宾接待、外语应用;专业知识包括秘书学知识、调研知识、信访知识、人员选拔、编程知识、人力资源知识、客户需求评估。专业技能可以包括公文写作、办公技能、档案管理、会议组织、积极聆听、清晰陈述、主动服务、阅读理解、社会洞察力和监控技能。个性素质分为基础能力、工作能力和管理能力三部分。其中基础能力包括学

[①] 牛芳,徐金丽.基于 KSA 模式国际贸易专业课程体系改革及实践模式构建[J].江苏科技信息,2015(27):25-28.

习能力、表达能力、保密能力、应变能力、抗压能力、心理调适能力、语音识别能力、信息收集能力;工作能力包含鉴别能力、决断能力、公关能力、策划能力、组织协调能力、人际沟通能力、逻辑思维能力、观察分析能力、演绎推理能力、归纳推理能力、灵活分类能力;管理能力主要有领导能力、组织管理能力、形象管理能力、全局统筹能力、危机处理能力、时间管理能力。

(二)适用性分析

KSA 模式最初应用在岗位招聘中,帮助招聘人员从众多应聘人员中选出与岗位匹配度最高的候选人。由于各个岗位具有独特的工作性质和人员要求,所以在招聘中对 K、S、A 三个要素的具体内容也有不同的标准和要求。而在国内,秘书/助理/服务于领导(管理者)工作的部门(以下简称为"秘书")的岗位标准还没有一个系统的论述和体系,因此 KSA 模式对秘书职业能力模型的构建具有重要的意义。

三、能岗匹配原理

能岗匹配的主要含义包括两个方面:"一是指某个人的知识、才华、能力在该岗位能获得充分发挥和展示,把工作做得有声有色,个人有成就感,即所谓人得其职。二是指该岗位所要求的知识、才华、能力都已具备,这个岗位在工作链条的职能和任务完成得最好,与各方面配合得最好,即所谓职得其人。"[①]这种匹配包含着"恰好"的意思。因此,本书所探讨的秘书职业能力模型追求的正是"人得其职"与"职得其人"的匹配。

(一)主要内容

能岗匹配理论的内容分为五个部分。

第一,要承认每个人在能级方面的区别与不同。能级是指一个人的知识储备、专业能力、个人素养、性格特点等多方面的要素。每个个体都有自己独

---

① 廖泉文. 招聘与录用[M]. 北京:中国人民大学出版社,2015:31-35.

特的个性,与其特性所对应的又是不同的责任和标准,所以我们不能要求每个人所对应的能级都是一样的。

第二,能够认识到人有所长。古人云:"闻道有先后,术业有专攻。"众所周知,不同的专业所对应的能级要求和标准都是不相同的,也正是由于有这些不同,社会上不同种类的职业才有存在的必要性,因此承认个人专长也是一项必要因素。

第三,将岗位能级所对应的要求进行了进一步的划分,同一系列但是层次不同的岗位所对应的能级也不相同。由于工作岗位有不同的层次,因此具体岗位所要求的职责也有所不同。例如处于较高层次的秘书人员就应具有较强的决策能力、全局统筹能力、组织协调能力等,处于较低层次的秘书人员就应具备较强的专业知识、沟通能力等。

第四,对同一层次所具备的能级进行横向对比。由于不同岗位对专业知识、能力、技巧方面的要求不同,所以同一层次不同系统的岗位所对应的能级标准也是不同的。显然,同处于较低层次的秘书和车间工作人员所具备的职业能力是不相同的。

第五,具体解释能级与岗位间的对应关系。当能级大于岗位的具体要求时,通常会出现人员流失的情况,优质人才流失的速度也会很快;当能级小于岗位的具体要求时,人岗匹配未达到最优模式,因此会产生生产力下降、效益低下的情况;当能级与岗位具体要求基本相匹配时,这时便是组织发展比较成熟的阶段,能够做到人得其职、职得其人,最大限度发挥每一位员工的优势,使得管理者能够带领团队更好地完成既定目标。①

(二)适用性分析

每个人身上所具有的能力素质都不尽相同,秘书岗位的工作人员也一样。如何才能使这些岗位上的人员能够"人得其职"和"职得其人"? 能岗匹配原则能够很好地解决这个问题。它的根本目的是合理使用人力资源,提高

---

① 袁方.基于"能岗匹配"的领导人才综合评价体系[J].中国人力资源开发,2008(8):95-97.

人力资源投入产出比率。秘书岗位人才的能力应与岗位要求的职责相匹配，即能职匹配，才能发挥出应有的高比率人才优势。秘书职业能力模型构建的目的之一就是让广大读者在进行自我能力评估时对于各级各类各部门的秘书工作岗位要求有清晰的认识，为自己的求职和工作带来便捷。

第四节 研究内容与可能创新点

一、研究内容

本书的主要内容如下。

第一章为绪论。首先，阐述本课题研究问题的提出与具体的研究意义（包括理论意义与实践意义）；然后，对本课题的所采用的主要研究方法与技术路线进行介绍；再次，对所涉及的胜任特征理论、KSA 理论模型、能岗匹配原理内涵及其适用性进行分析，以期奠定本课题的理论基础；最后，对本书的主要研究成果及可能存在的创新点进行阐述。

第二章为秘书职业：流变、类型与岗位特色。主要对现有文献中关于"秘书职业"的相关研究进行总结。首先，从情境的角度出发，对西方情境下与我国情境下的秘书职业的概念流变进行提炼；然后，从社会需求以及秘书职业发展的具体实际出发，对中西方情境下不同划分标准的秘书职业类型进行阐释；最后，从秘书在组织中所处位置、工作特点、工作任务以及实际作用等角度出发，对秘书职业的岗位特色进行总结。

第三章为素质指标：案例、访谈与理论分析。主要通过典型案例、理论分析以及实证分析（包括深度访谈与问卷调查）等方法抽取相应的秘书职业能力素质指标，进而得到秘书职业能力指标库。其中，典型案例主要来源于秘书学研究领域内的相关杂志以及实践中秘书岗位的相关招聘信息；深度访谈来源于对 70 位来自北京市政府、企事业单位的秘书从业者及组织人力资源管理者等秘书相关人员进行书面访谈;问卷调查通过对 2016 年至 2019 年我国秘书人才市场的基本需求状况调查数据的分析,对秘书岗位的思想道德素质、文化素质、业务素质以及心理素质进行讨论,从而得到现阶段社会组织对秘书职业的要求;理论分析是指基于 KSA 理论基本逻辑,对国内外组织关于秘书职业的知识、技能以及素养要求进行分析,抽取出秘书职业能力素质指标。

第四章为能力模型:构建、检验与权重确定。首先,通过小组座谈的方式,获得三维度秘书职业能力素质初步模型;然后,利用大规模问卷调查,对本课题所构建的秘书职业能力素质初步模型进行验证;最后,采用加权赋值的方法,确定秘书职业能力模型中各个具体能力素质指标的权重,从而最终建构出中国情境下的秘书职业能力模型。

第五章为应用策略:培养、培育与生涯发展。主要从秘书专业培养、职业教育、企业实践以及秘书自身发展四个角度出发,详细分析本书所解码并构建的秘书职业能力模型的具体应用策略,以期为现阶段我国秘书专业人才的教育培养、企业使用以及自身发展提供借鉴和参考。

第六章为结论与展望。主要尝试对本书的核心研究内容进行总结,对本书所解码的秘书职业能力进行讨论,并在此基础上对所提出的应用策略进行回顾。此外,指出本书在解码秘书职业能力与构建秘书职业能力指标过程中可能存在的一些局限之处,并对未来可能进行的深入研究提出设想与展望。

二、可能创新点

本书以"秘书"这一职业为研究对象,在吸取前人研究成果的基础上,以解决"专业化职业秘书人才培养与培育"的实践问题为目标,以胜任特征理论、KSA 理论模型以及能岗匹配原理为基础,通过科学调研、理论建模与量化分析的手段,基于行业特点以及岗位任职资格要求,提取秘书职业能力素质要项,并做出具体的分级行为描述,建构出相应的秘书职业能力模型,从而为秘书职业人才培养与培育做出设计。本书可能存在的创新点如下。

(1) 本书依托能力素质模型构建的基本逻辑,从组织管理、秘书从业、高校教育等层面进行调研,参考秘书职业资格考试要求及人才市场需求,使用科学量化分析的方法,首次在中国情境下尝试解码秘书职业能力,构建并验证了秘书职业能力模型。

(2) 研究的重点在于大量问卷数据的定量和定性分析,在实证研究中提高调查的信度和效度。同时,结合深度访谈与专家意见进行数据整理与分析,对秘书职业能力素质指标进行修正,进一步完善秘书职业能力模型以提高其科学性。

(3) 在秘书职业能力要素及相关分析的基础上科学建构高校秘书学专业教育教学模式、课程教学体系以及质量考评方案,为社会培养"适销对路"的高层次新型秘书人才。同时,采用秘书行业术语对秘书职业能力模型所包含的能力要素进行详细描述也有利于成果转化,为用人单位选拔、使用、培育秘书人才提供依据,推动秘书职业发展。

第二章 秘书职业：流变、类型与岗位特色

第一节 秘书职业的流变

一、秘书职业在西方情境下的流变

"秘书"一词源于拉丁文 secrstarius，意思是"可靠的职员"，英语中的"秘书"（secretary）一词由拉丁文演变而来，有"秘密""知己"的意思。① 秘书工作是随着部落或国家管理工作的出现，随着文书的出现而产生的。马克思的《摩尔根〈古代社会〉一书摘要》中记述，北美易洛魁（Iroquois）氏族部落联盟除酋长以外，还有一名经氏族成员选举产生的"助理酋长"。这名助理担任酋长的使者联络各方，执行酋长的口头指示，协助酋长处理各种事务。在举行各种典礼时，他侍立在酋长身后，酋长死去之后，他有被推举继任的可能，这样

---

① 杨剑宇.中国秘书史[M].上海：上海人民出版社，2018：1.

的助理可以在某种程度上被看作欧美早期社会的秘书或秘书长。

中世纪的欧洲各国君主都有文职辅臣,如专管国王印信的"掌玺大臣",管理宫廷事务和机密文件的"宫廷大臣""内务大臣"等。这些辅臣的英文名词叫作"secretary",中文就译作"秘书"。另外,大奴隶主和掌权或领兵的贵族也大多雇有充当参谋的"幕宾"(如日本有著名的"德川幕府"),以及拟制、管理文件信函的"书吏",即相当于现代的秘书和文员。

近代秘书形成于西方产业革命和资产阶级革命之中,是当时工业社会的产物,其概念被赋予了新的内容。秘书在工矿企业中是工矿主的亲密工作助手,是可以信赖的经营管理人员,他们通晓现代科学技术、生产流程和各种文书事务,而且绝对忠于雇主。一般来讲,厂长或者经理们管理生产、技术、销售;秘书则管理行政、人事、财务。

第二次世界大战以后,秘书在组织中的角色和重要地位逐步得到重视和提升。1952年,美国芝加哥资深秘书哈里·克林福(Harry Klemfuss)向美国商务部长提议建立秘书周,并很快被批准。世界上第一个国际秘书节诞生,即每年四月的最后一周为国际秘书周,该周的星期三即为国际秘书节。国际秘书节旨在肯定秘书在职业工作中的突出贡献,并表达对秘书的敬意,鼓励年轻人投身秘书工作。因此,每年的国际秘书节期间,全世界各国都要举行相应的庆祝活动,如新加坡每两年评选一次"最专业的秘书",表彰最具专业精神、最具杰出表现的秘书。

1981年,国际职业秘书协会(Professional Secretaries International,简称PSI)成立,原名美国全国秘书协会(National Secretaries Association,简称NSA)(成立于1942年),是当今世界有名的跨国性职业组织,成为世界上27个国家和地区交流秘书工作经验的中心,30多个国家和地区的秘书成员汇集互通信息的阵地。该组织于每年7月举行国际秘书会议,世界各地会员均可参加,会议内容涉及名人演讲、专题报告、专题讨论、专家讨论以及与办公室贡献成果相结合的非正式讨论会,[①]旨在维护秘书的合法权益,提高秘书在行

---

① 孟庆荣. 秘书学[M]. 广州:暨南大学出版社,2014:7-8.

业领域的职业地位。

在职业领域,"秘书"一词的含义在一些西方发达国家经历了从"秘书"(secretary)到"行政助理"(administrative assistant)的转变过程。在1998年8月于美国亚特兰大召开的国际代表会议与教育论坛上,国际职业秘书协会(PSI)正式更名为国际行政专业人员协会(International Association of Administrative Professionals,简称IAAP)。IAAP将行政专业人员界定为"掌握办公室技能,不需要直接监督就能表现出承担责任的能力、行使主动性和判断力,并能在职权范围内作出决定的个人"。以美国为例,按照美国劳工部的分类,秘书这一职业可以分为五大类型:(1)secretaries and administrative assistants(秘书及行政助理);(2)executive secretaries and executive administrative assistants(执行秘书及执行助理);(3)legal secretaries(法律秘书);(4)medical secretaries(医学秘书);(5)other type(其他种类/领域的专业秘书)。

进入新世纪以来,伴随着办公室角色和业务部门扩大,行政助理属于商务辅助工作领域,其职责内涵和外延相对模糊。而秘书作为具有熟练的办公室工作能力,不需要上级督促即能主动负责、积极进取,在授权范围内干练果断做出正确决定的经理(领导)助手,其在组织运营与发展中的地位越来越得到突显。总之,秘书职业已经走过了漫长的道路,从180度的改变性别优势到技术发展改善了工作流程、增加就业机会,秘书的职业角色一直是组织经营过程中不可或缺的一部分,种种迹象也表明,秘书职业将会一直保留下来,并在组织发展中起到越来越重要的作用。

二、秘书职业在中国情境下的流变

在中国古代,"秘书"一词,最初是指带有神秘色彩的图书,后演化为指保管皇家秘籍的机构或者人员。尧舜时期,就设百揆、秩宗、纳言等官职兼任秘书类工作。汉代以降,秘书工作固定为掌管奏章、辅助管理的一种职业。历史上承担秘书工作的官员,曾被称为御史大夫、尚书、长史、主簿等。但直至清末,秘书岗位名称和工作内容才真正名实相符,具体体现在以下两个方面:一是秘书摆脱了"图书"的含义,特指从事秘书工作的人或者职位;二是对秘书人员的旧式称谓退出了历史舞台,政府部门中从事秘书工作的人员或相关职位均称为"秘书"。

值得一提的是,中国的私人秘书始于清朝,称幕友,又称"幕宾""幕府",俗称"师爷",广设于清代地方衙署中。幕友是地方官的顾问与智囊,由地方官自行出资聘任,分类众多,职责明确,承担着刑名诉讼、钱谷征纳、公文拟定、财务管理等核心事务,地位较高、薪酬丰厚、身份自由、受人礼敬。幕友和书吏多是绍兴人,与绍兴人文化素养高、苛细精干、善治案牍等特点有关。因此清代官场有谚语云:"无绍不成衙"和"无幕不成衙"。

1840年鸦片战争以后,帝国主义势力入侵,中国开始沦为半殖民地半封建社会,秘书工作也随之发生了一些变化。该阶段的秘书工作机构相应增加,秘书工作也开始参照西方国家的秘书制度,逐渐出现了专门的"秘书科"以及"秘书员"等,其中秘书科的职责包括掌管机密事宜、收发奏咨函电及编纂、翻译事宜、监守部印、保管图书资料事宜等,成为中国近代史上名副其实的秘书部门。① 秘书员则指的是专门为总督、巡抚等地方大员设置的,专管机密文电函牍以及部署其他科室事宜的相关人员。

辛亥革命以后,武昌首先成立了军政府,下设秘书处掌管文书与庶务,都督府、军务部、参谋部和总督察处都设秘书员,掌管机要文件并配合各科文书事宜。此后,北洋政府效法资本主义国家的政府体制,成立国务院,设置了秘书厅,厅下设秘书长、秘书、佥事、主事等,这是我国行政建制史上秘书厅设置的由来。在总务厅下又加设了"机要科"和"文书科"。北洋政府还在其培养文官的直隶法政专门学校开设了文书课程,编辑《公文程式》讲义,成为我国文书教学的开端。该阶段也是我国秘书工作从古代型向现代型转型的时期。

---

① 陆瑜芳.秘书学概论[M].上海:复旦大学出版社,2015:40.

国民党执政时期,为了进一步强化统治,在各级政府机关建立一整套秘书机构,增加了秘书人员,扩大了秘书职权,并且对文书工作进行了改良。南京中央政府设秘书处,由秘书长主持工作,秘书处分设"总务、机要、撰拟"三科,分别负责中央政府的一般事务、文书的处理和保管、文件的撰拟。各省政府也都设秘书处,除掌管机要、文件、会议、印信之外,还兼管人事、物资、会计、编制、统计及报告事宜。县政府则普遍设秘书室,负责录事,事务员承办文书与庶务。各乡只设书记员,负责文书事务。

中华人民共和国成立后,我党在总结解放区机关秘书工作经验、改革国民党统治区秘书工作的基础上,逐步建立适应社会主义国家的秘书工作机构与制度,先后发布了一系列关于秘书工作的指示和规定。如1949年12月的《关于文电处理工作的几项规定》[1],1951年2月的《关于纠正电报、报告、指示、决定等文字缺点的指示》[2],1951年7月的《关于各级政府机关秘书长和不设秘书长的办公厅主任的工作任务和秘书工作机构的决定》[3],1955年1月的《中国共产党中央和省(市)级机关文书处理工作和档案工作暂行条例》,1964年的《关于秘密文件管理工作的暂行规定》和《关于机要秘书工作的暂行规定》等,初步建立了秘书工作的相关规范,并促使秘书工作建立起了健全、有效的工作制度以及良好的工作作风。

20世纪80年代以来,随着改革开放和经济建设的发展,我国的秘书工作也展现出新局面,具体体现在以下六个方面:一是秘书工作的正常化、制度化;二是文书以及档案工作职能的进一步加强;三是倡导情况调查、注重政策研究;四是鼓励发挥信访工作的重大作用;五是强调科学系统地培养秘书人

---

[1] 1949年12月25日,中共中央办公厅制定《关于文电处理工作的几项规定》对公文处理方面进行规定。

[2] 1951年2月1日,中共中央发出《关于纠正电报、报告、指示、决定等文字缺点的指示》对滥用省略、句法不全、交代不明、眉目不清、篇幅冗长五类缺点规定了纠正方法。

[3] 1951年7月26日,中央人民政府政务院颁布《关于各级政府机关秘书长和不设秘书长的办公厅主任的工作任务和秘书工作机构的决定》,就秘书工作机构的设置原则给予明文规定。

才,开展秘书学理论研究;六是注重走向办公自动化和秘书工作的科学管理。[①] 同时,学界在20世纪80年代初期逐渐开始对秘书的概念、分类等问题的探讨,并提出了不同于党政领导机关秘书的社会职业化的企业秘书以及私人秘书等具有行业特色的专业秘书。

新形势下,伴随着学科的前进和秘书工作的发展,在广大理论工作者和秘书从业者的共同努力下,秘书职业赢得了相当高的社会地位,并得到了全社会的广泛理解、支持和认同。然而,就对秘书这一职业的定义而言,现阶段学术界与实践界至今没有达成共识,仍然有很多种不同的声音,甚至对"秘书"这一基本概念的定义还存在着以下诸多争议。

① 岗位说:秘书在我国现代主要是指党和政府机关、企事业单位、社会团体、军队、院校内的一种行政职位或者岗位。

② 职能说:秘书或秘书从业者是组织中各级领导机关及领导人员的参谋和助手,其主要职能是协助决策、承办业务、辅助决策等。

③ 人员说:秘书是专门从事办公室程序性工作、协助领导处理政务及日常事务,并为领导决策及实施服务的人员。

④ 职务说:秘书是社会主义国家工作人员职务名称之一,其职责是协助领导综合情况、研究政策、密切各方面工作的联系,办理文书、档案、人民来信来访、会务工作以及其他日常行政事务和交办事项。在党政机关、企事业单位从事这一类工作的干部,统称为秘书工作人员,或简称为"秘书"。

纵观以上"秘书"内涵在我国情境下的发展演变,不同学者的不同说法都有一定的可取之处,都在一定程度上反映了秘书工作的职责和范围。本书认为:秘书是从事脑力劳动的职业,其职责是为居于领导地位的机构或个人决策时提供信息或意见,并为决策的贯彻执行提供必要的事务性服务。职业秘书作为社会组织中管理者的参谋和助手,起着辅助决策、协调关系的至关重要的作用。这个岗位的从业者包含了从组织基础文书、专职文秘到高级行政

---

① 陆瑜芳. 秘书学概论[M]. 上海:复旦大学出版社,2015:44-45.

助理完整的行政辅助人员体系,要求从业人员具备较强的文字和语言沟通能力,综合协调与合作能力,逻辑思维与分析能力等。这也就意味着,秘书要做好参谋辅助工作所必须具备的素质可概括为三大方面:一是秘书的岗位知识,二是秘书的专业技能,三是秘书的职业素养。

第二节 秘书职业的类型

一、秘书职业在西方情境下的类型

在发达的资本主义国家中,秘书的社会职业化已经完全实现。秘书不是官员,而是分类众多、服务领域广阔的社会职业。

(1) 美国:根据行业、职务、水平的不同将秘书分为政府秘书、行政秘书、经理秘书与公司秘书。[①]

① 政府秘书:指在联邦、地方政府和所属官方机构任职的秘书,其等级的划分与任命,依据考试成绩和有关法令而定。这类秘书需先取得打字、速记证书,再参加秘书考试,经一年试用期,三年后转为固定职业,并获资格申请担任政府各机构中的秘书工作。

② 行政秘书:也称行政助理、管理秘书,是美国行政管理协会划定的四类秘书之一。指在各类机构、公司、企业中担任行政职务的秘书,占美国秘书的大多数。按职权可分为两类:一类是属于领导职务的,如秘书长;另一类是一般行政秘书。一般行政秘书的职责是:记录上司的口述;接答及处理电话;接待来宾,安排约会;打印信函文件,处理邮件;起草信函、备忘录、各种文稿;代上司阅读、摘录资料信息;选购办公用品、设备;安排上司出差等。

---

① 陈合宜. 秘书学[M]. 广州:暨南大学出版社,2010:17-18.

③ 经理秘书：指经理的高级秘书，协助经理全面负责秘书及行政事务，制订有关计划，监督完成，有的还兼管人事。这种秘书的要求很高，需对公司的结构、政策、程序十分熟悉，要有大学学历，经过严格考试而获得特许职业秘书资格证书。俗称的资深秘书大多指这类人，工薪待遇也往往较高。

④ 公司秘书：属公司中接受董事长领导的高级秘书，其职责是监督、管理公司财务、人事，对外联络，同业协调，向董事会汇报、答复质询等。

此外，从美国劳工部网站可看出其对秘书的分类是非常详细的，秘书的类别众多，其中最主要的是行政秘书和行政助理。美国劳工部是这样要求的："行政秘书和行政助理是通过提供高级别的行政支持来开展调查，编制统计报表，处理信息的请求，执行文书工作，如准备信件，接待来访，安排电话会议，安排会议，还可以训练和监管较低级别的文员。"具体的工作头衔有行政助理、行政协调、行政秘书、执行助理、执行秘书、办公室经理、秘书等诸多分类，如图 2-1 所示。

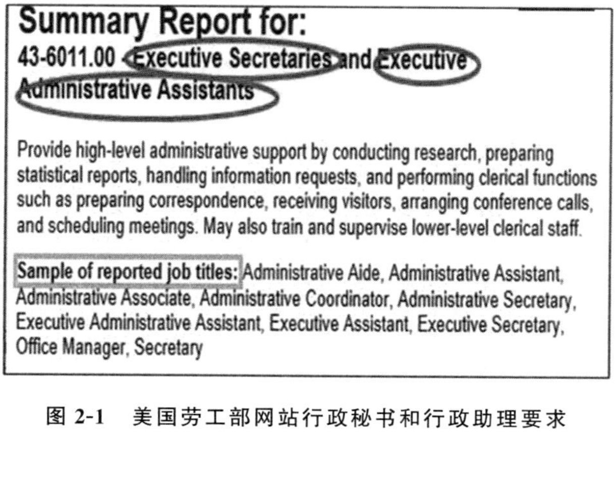

> **Summary Report for:**
> **43-6011.00 Executive Secretaries and Executive Administrative Assistants**
>
> Provide high-level administrative support by conducting research, preparing statistical reports, handling information requests, and performing clerical functions such as preparing correspondence, receiving visitors, arranging conference calls, and scheduling meetings. May also train and supervise lower-level clerical staff.
>
> **Sample of reported job titles:** Administrative Aide, Administrative Assistant, Administrative Associate, Administrative Coordinator, Administrative Secretary, Executive Administrative Assistant, Executive Assistant, Executive Secretary, Office Manager, Secretary

图 2-1 美国劳工部网站行政秘书和行政助理要求

（2）英国：秘书种类比美国简化，职级整齐划一，主要分为政府秘书、执行秘书、公司秘书与私人秘书。①

① 政府秘书：指在政府机关中供职的秘书从业者，他们是公务员，属于文官中的事务官，这是一个较独立的管理系统，不受政党干预，供职任期不受内阁更替的影响，其任用、职权、责任和晋升都有严格的规定，并划分为行政级、执行级、文书或者办事员级、助理文书级，共四级。

② 执行秘书：指英国工商企业中受高级经理雇用的私人秘书。

③ 公司秘书：是英国公司中的高级行政职员，每一公司必须配备一名专职秘书，同时可配备助理秘书或者代理秘书，以备公司秘书缺席时代行职责。

④ 私人秘书：被雇主雇佣，为雇主个人服务的秘书。

（3）日本：汲取了欧美国家的经验，又结合日本本国国情，将秘书职级划分为见习秘书、初级秘书、中级秘书以及高级秘书四个层级类型。②

① 见习秘书：担任秘书职务未满 1 年者，完成有关秘书室公文的收发、电话事务、传达命令、来宾接待等秘书主要业务，均要在这段时期内接受资深秘书的指导。

② 初级秘书：担任秘书工作 2～3 年者，除了完成见习秘书应做的业务，还需负责整理文件、回复信函、排定出差时间表、购买车票，以及到公司外接待访客等。

③ 中级秘书：具有 4～5 年以上的工作经验，可单独处理高难度的秘书业务，有些公司将中级秘书的人才调升为私人秘书。主要任务是负责调配上司的时间表，以及对外的预约。此外，有关上司个人的税金申报、银行存款的提存等均要中级秘书协助办理。同时，中级秘书还需要对新进秘书进行指导。

④ 高级秘书：必须能够给上司以有力的协助，能够提供解决问题的有效方案，工作中能发挥重要作用并取得相应成绩。他们是上司名副其实的助

---

① 孟庆荣. 秘书学[M]. 广州：暨南大学出版社，2014：25-26.
② 孟庆荣. 秘书学[M]. 广州：暨南大学出版社，2014：28.

手,基本上不处理具体日常事务,主要负责秘书室的领导工作,在公司召开董事会时则是上司的高级参谋。

二、秘书职业在中国情境下的类型

社会上对秘书人员有很多称谓,如文员、文秘、办公室主任、业务主管(培训主管)、人事助理、初级秘书、高级秘书等。因为秘书称谓的不统一给秘书职务的界定带来了困难,不利于对秘书人员进行科学的管理,还容易造成秘书角色认知的混乱和模糊。随着社会需求和秘书职业的发展变化,秘书职岗的人员分工也日益细化,本书为了进一步明确秘书在实际具体工作中的职业角色,根据不同的划分标准,将秘书分为以下几种类型。

(1)按照秘书的从属和服务对象来分,可分为公务秘书和私人秘书两类。

① 公务秘书:主要是在一些国家机关和企事业单位担任秘书工作,由组织内部考核选聘,并由国家或单位支付薪酬的公职人员,具有组织体制上的公有性、人事制度上的统一性、经济来源上的规定性和工作性质上的群体性特点。[①] 我国进入社会主义新时期后,从中央到地方,各级人民政府、企事业单位都设立秘书机构,同时对秘书人员的文化素质各方面提出更明晰的要求。1985年中央办公厅召开全国秘书工作会议,确立了新时期秘书工作总原则,并提出"三服务"[②]的工作要求,确立了公务秘书在整个政府工作中的服务位置。

② 私人秘书:主要指私人或者私人企业聘用的辅助领导工作且不由国家支付薪酬的秘书人员。[③] 最初在强化社会主义公有制的意识形态期间,私有制的事物都受到压抑,私人秘书也受到影响。直到改革开放,中国私有经

---

① 徐普平.关于公务秘书概念的探讨[J].铜陵学院学报,2005(2):100-101.
② "三服务":为直接领导服务,为相关领导服务,为人民群众服务。
③ 傅赢.中国古代的私人秘书述略[J].理论界,2007(1):190-191.

济得到迅速发展,私人秘书才再次出现并不断发展壮大,形成一个秘书职业阶层。各行各业都需要高素质的秘书专业人员辅助上级完成组织管理和运作,私人秘书不再是简单的文件收发、资料保管和公文写作,而需要具备综合处理信息、提供建议和组织沟通等能力,对私人秘书的学历和专业要求也越来越高。

（2）按照秘书在组织内部的工作分工来分,可分为行政秘书、会议秘书、文字秘书、生活秘书、信访秘书和公关秘书等。

① 行政秘书：行政秘书的工作内容以组织运营保障为主,工作内容较多元化,而且需要掌握较基础的文书写作、档案管理,熟练使用操作办公自动化设备,包括计算机、打印机、传真机、复印机等。行政秘书还需要良好的文字表达能力,有一定的英语基础,具备较强的听说能力,工作效率高,条理性强,具有较强的应变能力和团队合作精神。同时,负责办公用品的保管领用工作,办公设备的日常维护工作,帮助人事行政经理完成部门相关工作,以及其他领导交办的工作。

② 会议秘书：会议秘书的工作内容是向会展主办方提供各类文秘、勤杂、临时采购、临时司乘、向导等服务。他们主要负责会议的宣传和气氛的渲染,成立会议组织并确定会议主持人,会议礼仪、接待、保安、保密等工作培训,会议通知的起草、发送,根据反馈信息确定最终日程,会议的发言稿、议事规则,购买或借用会议用品等。从会议筹备、开展直到最后结束整个过程的会议管理工作都由会议秘书负责。

③ 文字秘书：主要是承担文书书写方面的工作。按照组织部门的要求,起草或者参与起草报告、计划、总结和其他有关公文,还负责日常的文书处理工作。负责收集各方面的信息、动态,协助部门领导进行调查研究工作,为领导决策当好参谋,负责办公室网站的维护、网页的制作及相关内容的更新工作。

④ 生活秘书：指在生活方面为领导提供服务和帮助的秘书人员。通常是专为高层次的领导人配备的。1980年中央办公厅《关于中央领导同志机

要秘书工作的暂行规定》中要求,正省部级以上领导可以配专职秘书。在军区,大军区一级及以上编制配有秘书,师团级军官不配秘书。根据2007年《检察日报》的内容,规定只有副省级官员才能配备生活秘书。对生活秘书的要求主要包括做事细心谨慎、工作高效、礼仪周全、服务周到、穿着得体、做人低调、精力充沛、超强记忆力等。因此,做好一个生活秘书很难,因为它不仅需要秘书的一般能力,而且还需要一些特有的素质,尤其是更具生活味儿的人文关怀。

⑤ 信访是人民群众参与管理国家事务和社会事务的民主权利,是社会客观矛盾的反映。因此处理信访是国家机关、企事业单位重要的任务之一,也是国家机关联系群众的重要渠道之一,做好信访有助于克服官僚主义,纠正不正之风。信访工作对于秘书来说是一项综合性很强的工作,既有辅助领导、反馈信息、协调关系等为领导服务的性质,也有直接为人民群众解决问题、回答咨询、宣传政策与法律等为群众服务的性质。2008年,国家信访局副局长王耀东撰文《国家信访局工作已由"秘书型"转为"职能型"》,开启信访工作性质的新思考。

⑥ 公关秘书:主要是具有较强的语言文字表达和公关社交能力,能熟练运用计算机等办公自动化设备来处理日常事务,是面向21世纪的从事公关文秘实践活动的高级实用型人才。对于公关秘书来说,他们需要主修的课程有公文写作、文件管理、档案管理、办公自动化、企业管理学、传播学、普通心理学、商务英语、实用英语写作、工作关系学、人力资源管理和秘书实务等。就业的方向主要是在各级党政群机关、企事业单位、乡镇企业、文化宣传部门,从事语言文字、文书秘书、文化宣传管理及公共关系建设等工作。

(3) 按照秘书从事工作的行业特征来分,可分为法律秘书、医药秘书、教学秘书等。[①]

① 法律秘书:是指具有扎实宽广的法学专业知识,熟练掌握现代法学专

---

① 何宝梅. 论秘书的分类[J]. 秘书,2007(8):4-6.

业的基本理论与方法,系统掌握国内外法律、法规及相关政策,具有较强的法律事务处理能力、法律逻辑思维能力和口头表达能力以及富有创新精神和实践能力,能在司法实践部门、基层司法行政部门和企事业单位从事法务文秘、助理等工作的高级应用型专门人才。法律秘书是既懂法律,又懂文秘的复合型人才。随着社会法律意识的逐渐增强,法律秘书会比普通文秘更有优势,可以到公检法等部门从事法官助理、检察官助理、书记员、公证员工作,到律师事务所从事律师助理工作,还可到国家机关、企事业单位从事日常行政管理工作和文秘工作。法律秘书的适用范围是相当广泛的,比单纯的秘书就业前景更加广阔。

② 医药秘书:是利用医药知识执行秘书工作,安排会见,处理信息和邮件。医药秘书没有正式的晋升途径,并不能直接就成为护士或者是医生,除非他们有了专业的学位。但是在一些大的医疗单位,医药秘书往往能获得很多的晋升机会,比如说晋升为医药秘书的主管,或者成为专门负责一类病人如妇科疾病的医药秘书等。医药秘书也可以利用他们的医药知识和经验,转向其他的行业,如保健行业、药品销售行业等。医药秘书没有特别明确的学历要求,很多专门的秘书培训学校或者是文秘大专毕业的学生都可以成为医药秘书的应聘者,当然,如果有医学或护理专业相关的培训或者学位,则对以后的发展会十分有利。

③ 教学秘书:是系(部)主任教学管理工作的助手,行政上由系(部)主任领导,还会受到教务处的指导。教学秘书会选择工作责任心强且熟悉教学管理工作的人员担任。教学秘书的工作职责主要包括:将上级教学管理部门发布的各项信息和规章制度及时准确地告知学校的教师、同学和各部门机构,使教学工作井然有序;将信息收集、整理,按程序上报给相关领导,方便领导采取合理有效的措施解决实际问题;需要配合领导处理日常工作,协助学院领导检查教师上课到岗情况和教师的备课情况,学期中要协助领导进行期中教学检查和调研;负责日常教学的管理工作;负责各种档案材料的管理;等等。

（4）按照秘书职业的纵向层次划分，可分为初级秘书、中级秘书和高级秘书。

① 初级秘书：一般是从事办公室工作，职能单一，技术含量较低，以接电话、发传真以及收发信件等服务型工作为主。初级秘书在工作内容上更倾向于事务性或普通技能性工作，如信件的处理，车旅出行的安排联络，文件的起草、打印、收发、传阅和归档等工作，同时在各部门的联系上发挥着作用，协助或负责领导的日程安排，有时还涉及领导的私人事务，具体工作内容的侧重常视领导的实际需要而不同。如，公司前台主要负责接待和联络等公关事务管理工作；在外向型贸易公司，初级秘书可能是以翻译和沟通为主；在政企合一的国有企业里，可能要承担更多的文件起草和例行公关职责；而在一个销售主导型企业里，则可能会协助总经理进行一些基本的销售管理和大客户维护工作。总体来看，初级秘书更倾向于执行和沟通层面，属于基层员工级别。

② 中级秘书：除了具备初级秘书的工作能力之外，还必须有较高的处理各种事务的能力，主要是撰写文稿、英文信函、起草报告和组织筹办会议等，为中层以上的领导服务。中级秘书侧重于在某一专属业务领域为公司高层提供决策意见和依据（对上级），并在其所属职能领域内负责高层决策的组织执行和控制（对下级）。工作以支持和影响决策为主，兼有决策的组织执行和效果控制职能，其工作特点是以自己的专业经验和能力与高层之间形成双向互动的关系，而不是单向的听命和执行，这是它与初级秘书的最主要区别。

③ 高级秘书：是秘书的最高级别，更倾向于领导、决策和激励层面，对于企业所有中层和基层员工均可直接行使领导和指挥权，是领导之下的"二把手"。通常情况下，高级秘书可以作为高层成员参与公司所有的重大经营决策并行使表决权，可经总经理任命分管公司某一职能或业务领域，在总经理或副总经理临时缺位时可代行其职责和权力。工作上不仅从事具体执行层面的工作，还应集中精力辅佐总经理做出公司战略方向的正确抉择和重大经

营决策的制定,对其分管领域内的工作也应以宏观掌控、从旁监督和激励士气的角度来推动,具体运营应交由中层部门负责人来操作。高级秘书具备秘书所需要的各种能力和素质,能够有效地辅助上级工作。他们需要具备起草重要的合同文本的能力,还要懂法律、税务知识,有应急处理能力,还要有较强的语言素养和较高的应用文写作能力,目前属于人才市场上的稀有资源,那些大公司的智囊团成员就属于高级秘书。

综上所述,按照纵向层次对秘书职业的划分包含了四层含义:第一,体现了不同级别的秘书从低到高的不同辅助层次;第二,体现了不同层次秘书工作量及相应的秘书结构比例;第三,体现了不同层次的秘书在知识、经验和能力上的级差;第四,体现了不同层次的秘书从业者在级别和工资待遇上的差别。总的来讲,秘书职业是一种具有综合性和辅助性特点的职业,要求具备较强的文字与语言表达能力、综合协调与合作能力、逻辑思维与分析能力等。

第三节 秘书职业的特点

现阶段所说的秘书职业与古代的或外国的秘书有许多的不同之处,各种层级、各个系统的秘书也有差异。总的来说,秘书有其共性的特点,有区别于其他职业的特殊属性。秘书的特殊属性明确界定了秘书岗位。

(1)从秘书所处的位置来看,具有"近身"的特点。也就是说,秘书总是处在其上司身边,是其上司身边距离最近的工作人员,有学者把秘书的这种位置称为"位居中枢位置",具有"围核性"。由此可以得出,秘书是领导身边"直接"为领导服务的工作人员,"近身"与"直接"是秘书与其他工作人员相区别的重要因素之一。以县政府为例,在县长周围直接为之服务的,是县人民政府办公室的秘书们,县的其他部门如财政局、教育局、工商局等,与领导的距离都会较远、较间接一点,这并不是说哪个部门重要与否,而是说秘书的位置在一定程度上决定了他们是最直接为领导及其核心工作服务的工作人员。

（2）从秘书的工作特点来看，具有"综合性"的特点。秘书并不专门从事某一方面的业务工作，比如财会人员专事会计、出纳等财务工作，供销人员专事原材料的采购与产品的推销等，秘书是为领导直接服务的人员。领导通常全面管理所在单位各项工作，领导的"全面性"也决定了秘书工作必须带有一定的全局性，具体表现在工作内容上就产生了"综合性"的特点。秘书需要学习各方面的知识，了解各项工作内容，并联系各个业务部门，他们虽然不能什么业务都精通，但其所起的主要"综合"作用，是区别秘书与其他工作人员的一大岗位特色。

（3）从秘书的工作任务来看，具有中介性与辅助性的特点。秘书工作的具体内容包括许多方面，不同行业和不同单位秘书的工作内容也会有差异，归纳起来包含三种性质的工作：第一种是信息性工作，诸如文书写作，为参谋咨询和协调而进行的信息收集；第二种是事务性工作，诸如会务接待、出差事务与突发事件的处理；第三种是技术性工作，诸如照相机与摄像机的使用、打印机与复印机的使用以及计算机办公软件的应用等。当然这三类不能截然分开，做好秘书工作必须掌握有关的信息，同样要做好信息工作必须使用现代技术。秘书工作的三项主要任务形成了秘书工作中介性与辅助性的特点。只有出色完成相应工作，秘书才能为领导及其主管工作提供信息、做好参谋、当好助手、配合协调。

（4）从秘书人员的作用来看，秘书职业具有明显的服务性，其中包含服务的直接性、服务的稳定性、服务的广泛性。秘书工作的中介性要求秘书提高服务意识，潜隐于后，主动服务。直接为领导服务是秘书工作的立脚点，但在指导思想上也要为同级相关领导、上下级同事以及对口单位的领导服务，只有承上启下、协调左右、沟通各方、理顺关系，才能开拓业务，出色完成工作，更好地为本级领导服务，为人民服务，这是秘书工作的出发点和归宿。

第三章 素质指标：案例、访谈与理论分析

构建职业能力模型就是胜任素质建模。秘书胜任素质建模过程的主要任务是探索、提取以及解码那些形成秘书工作绩效的至关重要的、可观察的、可衡量的各项胜任素质，并由此构建秘书职业能力素质指标库。本书主要通过典型案例、理论分析以及实证分析（包括深度访谈与问卷调查）的方法抽取相应的秘书职业能力素质指标，解码胜任秘书岗位所必需的素质内容，并基于此形成秘书这一职业的能力素质指标库，从而为秘书职业能力模型的建构奠定基础。

第一节 通过典型案例抽取能力素质指标

通过对国内外学者关于秘书职业定义、职业结构以及岗位特色等相关文献的检索、查阅和研读，以《秘书工作》《秘书之友》等国内外秘书学研究领域具有一定影响力的杂志为主要资料库，并以这些杂志中所涉及的典型案例为主要蓝本，结合新形势下对于秘书这一职业能力的新要求，根据 KSA 理论模型的基本逻辑，抽取相应的秘书职业能力素质指标，并以此为基础构建秘书职业能力素质指标库。

一、关于不同类型秘书的案例

根据不同岗位的秘书人员所负责的职能不同,学界一般将秘书人员分为私人型秘书、业务型秘书和事务型秘书,因此,本书在进行秘书职业能力素质指标抽取的过程中,也将选取涉及私人型秘书、业务型秘书和事务型秘书的案例,以求进一步提升秘书职业能力素质指标库的普适性。

(一) 私人型秘书

私人型秘书指的是为领导个人或主抓工作直接服务的秘书人员,是领导的事务处理与信息收集助手。私人型秘书所应具备的主要岗位职能有以下几项。

1. 日程安排工作

日程安排工作主要包括:准备会议并确定会议时间,安排、管理和维护领导的日程,建立领导个人工作时间表。

典型案例 3-1

> **怎样做好督查前期准备**[①]
>
> 在督查出发前一两天,召开督查人员全体会议。一是统一思想认识。说明开展这次督查活动的背景依据,阐明这次督查活动的作用意义。二是诠释方法流程。说明实地督查时先干啥、后干啥,汇报会怎么开、座谈会怎么开,到督查点查哪几个方面的问题;解释工作底稿怎么填,有关表格、督查问卷怎么用,等等。三是强调注意事项。强调每个督查环节应该注意的问题,确保在督查过程中不出纰漏和失误。进一步强调督查纪律,要求每个督查人员都要严格执行,不能违犯。四是明确材料要求。统一各督查小组撰写督查报告的格式架构,明确各小组督查报告必须体现的内容(特别是一些重要的数据),并要求各督查小组尽快形成督查报告,于某月某日前报送牵头或主管部门进行综合汇总。

---

① 张荣堂. 怎样做好督查前期准备[J]. 秘书工作,2015(10):49-50.

分析：这里提到了负责督查事务的秘书工作者的**日程安排工作**。为了能够较好地安排、监督督查小组的工作，提高各个小组的工作效率，秘书工作者需要具备一定的**领导能力、策划能力、时间管理能力**。另外，秘书工作者还需要具有**积极聆听、清晰陈述的技能**，能够领会领导的意图，并且很好地传达给各个部门的工作人员。

2. 会务性工作

会务性工作主要包括：准备报告、备忘录，汇编数据，撰写、准备会议或活动的材料，如传单或邀请；分类和分发会议记录，并对高管、委员会和董事会编制的文件进行审议和演示；编译、录制和分发会议记录等。

典型案例3-2

> **办会要有"多此一举"的习惯**[①]
>
> 方案是会议活动的"剧本"。一部剧要精彩，首先要有一个好的"剧本"，需要站在全局的高度对会议名称、主题、时间、地点、参加范围、议程、分工安排等要素多琢磨，力求做到既面面俱到、滴水不漏，又主题清晰、目标明确。例如，近期召开的一次研究经济工作的会议，按惯例参会范围为党政机关分管联系经济工作的有关部门。但考虑到经济发展进入"新常态"、下行压力较大的背景，为充分听取民营企业家的意见，进一步激发民营经济活力，我们做方案时有针对性地提出邀请部分民营企业负责人参会的建议，得到了采纳，产生了较好的效果。有时除了要对方案本身多想一点外，还应对方案的实施有充分考虑，要给筹备工作的各项环节留出足够的时间，如起草和修改文件材料需要较长的准备过程，下发通知、收集名单、布置会场等都需要打出一定的提前量。

分析：这个案例提到了秘书工作者负责会务性工作时需要具有**全局统筹能**

[①] 易志强. 办会要有"多此一举"的习惯[J]. 秘书工作, 2015(10): 53-54.

力,不仅需要考虑到会议名称、主题、时间、地点等会议本身的内容,还需要考虑到经济社会大环境大背景的因素,如案例中考虑到经济"新常态"的因素,对原本的例会进行了有针对性的改变。此外还需要对方案的实施有充分的考虑,这一点提到了秘书工作者应具备的**会议组织技能**、**策划能力**和**沟通协调能力**,只有制定好高效的时间安排计划表,才能使得会议组织的工作有条不紊地进行。

3. 沟通协调工作

沟通协调工作主要包括:协调业务活动;代表领导与外部组织的人沟通协调工作细节;建立和维护人际关系;协调指导办公室的服务等。

典型案例3-3

> **办会要有"多此一举"的习惯**[①]
>
> 会议活动特别是重大会议活动涉及的事项纷繁复杂、千头万绪。有些事情看起来风马牛不相及,但是养成多问一句的习惯,可能就会发现其中的联系和问题所在,从而防患于未然。记得在一次重要会议中,参会名单提前几天已经收齐,也确定了分组讨论名单,制作好了会议须知,会议各项筹备工作已基本完成。但在会议前一天偶然听说某单位领导因违纪正接受组织调查。习惯使然,马上就想到会议参会名单,随即多问了一句,然后又进行了核实,了解到情况属实,且这位领导的确在那次会议参会范围之内。我们立刻请对方重新报名,并调整分组名单和住宿安排,重新印刷会议须知。这是一个多问一句避免会务工作陷入被动局面的典型例子,类似情况还很多。多问一句,还具有加强沟通、集思广益的作用,有利于充分发挥每个人的主观能动性和创造性。

分析:这里强调了秘书工作者的沟通协调工作的重要性,其中涉及**人际沟通能力**、**鉴别能力**、**决断能力**和**应变能力**。案例中指出,发现某领导因违纪正接受调

[①] 易志强.办会要有"多此一举"的习惯[J].秘书工作,2015(10):53-54.

查,立刻进行核实、判断事情真伪,然后才进行一系列应变措施,可见鉴别能力和决断能力在**处理突发事件**时的作用。另外,在核实的过程和之后的协调工作中,就需要发挥**人际沟通能力**,妥善地**处理危机**,避免会务工作陷入被动局面。

典型案例 3-4

> **论秘书长的主要作用及工作特点**①
>
> 一是枢纽作用。即承上启下、联系左右、协调各方的功能。办公厅和秘书长是什么?实质上是"一把手"职位的延伸,是为主要领导和领导班子集体服务的机构和"总领"。这个"总领",不是决策和实施决策的总指挥、司令员,不是前进的"领头雁""发动机",而是领导工作得以正常开展、有效运转的枢纽、轴心,是四面八方各种"力"的交会点。

分析:这里提到了私人型秘书工作者的沟通协调工作,秘书工作者起到的是承上启下、联系左右、协调各方的作用,因此特别注重秘书工作者的**人际沟通能力**和**组织协调能力**,良好的沟通能使事务开展得更为顺利、高效。

典型案例 3-5

> **曾国藩为人处世之道对当代秘书的启示**②
>
> 在领导遇到决策难题时,秘书应积极躬身入局,帮助领导分析和解决难题,这是秘书的职责所在。当领导的某项决定不妥时,秘书要敢于阐明自己的观点,大胆提醒或"谏诤",及时为领导拾遗补漏,避免出现重大失误。秘书的配角角色、工作的辅助性质要求秘书必须把握好参谋献计的尺度,参与而不干预领导的决策,不可"主动"过头,抢了领导的风头。

分析:这里提到了秘书工作者与领导沟通中需要认清自己的定位,把握

---

① 段柄任. 论秘书长的主要作用及工作特点[J]. 秘书工作,2016(1):32-34.
② 高云蕾,拾景欣. 曾国藩为人处世之道对当代秘书的启示[J]. 秘书之友,2015(11):10-13.

好分寸和尺度,及时**为领导提供建议**、拾遗补漏,以免出现决策性的失误。这其中需要秘书工作者能够换位思考,同时具备良好的**人际沟通能力**和**逻辑思维能力**,能够想领导所想,扮演好参谋辅政助手的角色。

4. 文书类工作

文书类工作主要包括:帮助领导起草各类文书,如请示、通知、演讲稿等;撰写、分类和分发会议记录;准备合同或合规性文件;为领导准备必要信息或参考资料。

典型案例 3-6

> **我听到了办公室的心跳**①
>
> 老王是办公室的"笔杆子"。我们叫他老王,其实他并不老,而是作为办公室的"中坚力量"和"领军人物",同志们都很尊重他,于是便谓之"老"。老王写材料和指导同事们写材料是一把好手。他写的稿子成了年轻秘书的范本,跟他在一起工作让人受益匪浅。

分析:案例里提到了秘书工作者的文书类工作,且**公文写作**的这一专业技能是秘书工作者必须具备的技能,在秘书工作中占有重要地位。

典型案例 3-7

> **踏踏实实"在兵位" 日臻完美"为帅谋"**②
>
> 为领导出谋划策,必须把"公"字作为根本出发点和落脚点,跳出"小我""小利益""小圈子"的束缚,真正树立大情怀、大胸襟、大境界。办公室服务领导最直接、联系各方最广泛、保障中心工作最关键、服务机关运转最核心,坚持做到"公"字,既是我们履行参谋辅政职能的正确方向,也体现

---

① 梁永军. 我听到了办公室的心跳[J]. 秘书工作,2015(10):61.
② 王永军. 踏踏实实"在兵位"日臻完美"为帅谋"[J]. 秘书工作,2015(11):39-40.

> 了办公室党员干部的胸怀和境界。在实际工作中,有的地方和部门为争取自身利益,希望我们为他们说好话、"吹吹风",我们要求办公室党员干部站在全局的高度,既要认真听取他们的想法和诉求,又要把地方和部门的情况与全省情况有机结合,合理的积极反映,不合理的提出指导意见,帮助他们调整完善。也有少数地方和部门工作中出现问题不想让领导知道,害怕被通报、挨批评,希望我们"压一压"或"给予关照",对此我们要求办公室党员干部要站稳脚跟、坚持原则,不能当"老好人",杜绝滥用、乱用职权。

分析:这里提到了秘书工作者需要为领导准备信息或参考资料,为领导出谋划策,这就要求秘书工作者具备**信息收集能力**、**鉴别能力**、**决断能力**、**逻辑思维能力**、**全局统筹能力**等。秘书工作者在提出建议的时候,既要听取各个方面的意见和建议,通过**逻辑思维**进行鉴别和决断,对方案进行完善,也要及时进行沟通协调,传达上级意图,使得上级部门和下级各个部门之间有着密切的联系,促进相互了解和理解。此外案例强调了"公"的重要性,就是要求秘书工作者必须具有**正确的三观**、遵守**职业道德**、坚守**人格底线**,不做违心违法的事情。

典型案例 3-8

> **办公室的"杂事"**[①]
>
> 记得我第一次撰写检察工作报告时,机械地套用了往年的格式和内容,不仅篇幅较长,而且没有写出工作亮点,对工作重点也没有进行很好的梳理。人大代表和政协委员在审议时,毫不客气地提出了批评意见。这是我参加工作以来,第一次被这么多人批评,虽然很难过,但也充分认识到在办公室写材料,并不是简单的抄抄写写、复制粘贴,必须深入思考、用心去做,不断提高自己的综合能力和写作水平。

---

① 杨慧.办公室的"杂事"[J].秘书工作,2015(12):57-58.

分析：这个案例中提到了秘书工作者的文书类工作，强调了秘书工作者**公文写作**的技能，秘书工作者需要在不断的实践中积累写作经验，形成一套完整的理论体系，而不是简单地照搬模板，没有自己的**分析总结**和**思维逻辑**的辨别，秘书工作者需要不断提高自己的写作水平，以便更好地完成工作。

典型案例 3-9

> **练就发现信息的慧眼**①
>
> 2015年9月3日纪念抗战胜利70周年大阅兵是领导关注、全国瞩目的大事，河北地处京畿要地，承担着首都"护城河"的重大责任，我们及时收集有关情况，上报了《河北采取有力措施力保首都地区阅兵期间空气质量》《河北全力为抗战胜利纪念活动创造平安和谐环境》等信息，得到领导充分肯定。

分析：这篇文章重点讲述了秘书工作者在文书类工作中为领导**搜集、准备、整理信息**的工作内容，强调了秘书工作者**信息收集能力**，学会利用资源、使用方法，更加高效地完成工作。

5. 公关性工作

公关性工作主要包括：代表领导会见团体和其他代表、高管、委员会和董事会；作为公司发言人向公众介绍公司情况或进行相关宣传活动；通过信息分析和评估结果来选择最佳的解决方案等。

典型案例 3-10

> **立足平凡岗位 践行"五个坚持"**②
>
> 牢记"形象如命"。党办人的一言一行都代表着党委的形象。党办干部

---

① 王有河. 练就发现信息的"慧眼"[J]. 秘书工作，2016(1)：62-64.
② 陈仁海. 立足平凡岗位 践行"五个坚持"[J]. 秘书工作，2015(12)：33.

> 职工无论是在工作岗位,还是在公共场合,无论是与他人相处,还是自己独处,都必须像珍惜生命一样珍惜自身形象。要洁身自好,耐得住寂寞、守得住清贫、顶得住诱惑,不为名所累,不为欲所惑。特别是面对当下"乱花渐欲迷人眼"的复杂环境,要时刻保持清醒的政治头脑和坚定的政治立场,及时发声亮剑,驳斥错误言论,以一身正气传递党办人的正能量。

分析:这里提到了秘书工作者负责的公关性工作,强调了秘书工作者的**公众形象**和**公关能力**。秘书工作者有时需要代表领导进行发言或者会见其他单位的代表,因此秘书工作者就必须时刻注重自己的形象,要洁身自好、保持正直善良的品质,以充满正能量的形象出现在公众面前,将正能量传递给公众。这在一定程度上可以改变以往对秘书工作者的偏见,还可以树立单位或企业的形象。

典型案例 3-11

> **虚惊一场**[①]
>
> 晚上 11 点,市委书记陈禹正准备离开办公室,突然响起一阵急促的电话铃声。他赶紧接起电话。"喂,陈书记吗?我这里是省委总值班室,你们那儿德全酒业氨气泄漏的事怎么样了?""什么?氨气泄漏?""卫视晚间新闻口头播报,说你们德全酒业氨气泄漏,造成 100 多人中毒……""这么严重!我还没有收到报告……好的,我马上调度!"放下电话,陈书记立即拨通了市委秘书长的手机。"报告陈书记,我们也是刚刚得知。已经通知消防、公安、安监部门赶过去了,有关市领导也会去……好的,我马上让司机来接您。"20 分钟后,陈书记赶到德全酒业,只见酒厂门口已经拉起了警戒线,周围黑压压地围着上百名从厂里疏散出来的员工和闻讯前来的群

---

① 谢春松. 虚惊一场[J]. 秘书工作,2016(8):54-55.

> 众,公安人员正在现场维持秩序。陈书记赶紧问已经到场的杨市长等人:"老杨,情况怎么样了?""目前还不清楚,我们询问生产车间的负责人和职工,他们都说没有氨气泄漏和职工中毒的情况,之前安监局、卫生局也没有接到报告。为防万一,暂时已经把厂里所有人员疏散出来,消防支队已经带上装备进厂检查了。""哦?那得赶快搞清楚,到底是怎么回事。""宣传部张部长已经在组织核实报道的情况,卫生局正在调度市内各医院收治中毒人员的情况。"大约半小时过去了,几位身着特种装备的消防员从厂里走出来。在向消防支队长口头汇报后,一位消防员快步来到陈书记等领导面前敬礼:"报告,经全面检查,未发现氨气泄漏,也未发现其他消防隐患。"……

分析:在此摘录完整的案例,是想要确保信息的真实性、准确性、及时性。在事件发生过程中,可以看到秘书工作者负责的公关性工作,需要第一时间赶赴现场了解情况、核实事实,以便开展接下来一系列的公关措施,将损失降到最低。其中强调了秘书工作者的**应变能力**和**危机处理能力**。

典型案例 3-12

> **秘书网络危机公关策略分析**[①]
> 党政机关秘书人员在网络危机公关过程中必须发挥六个方面的职能:① 认真负责,全面掌握相关舆情;② 积极面对,有效缓冲危机程度;③ 深入调研,准确了解事实真相;④ 坚持原则,及时发布应对信息;⑤ 跟踪问效,防止处置不当问题发生;⑥ 举一反三,彻底消除引发危机的隐患。

分析:公关性工作在秘书工作中是占有一席之地的,秘书工作者需要发挥好以上六个方面的职能,妥善处理好公关事务。这既需要秘书工作者有较

[①] 吴岚. 秘书网络危机公关策略分析[J]. 秘书之友,2015(10):15-19.

强的危机处理能力,也需要有**鉴别能力**和**决断能力**的支撑与保障。

(二) 业务型秘书

业务型秘书指的是具有指定行业相关**专业知识**、为具有行业特点的相关部门服务的秘书人员,具有较强的**专业背景**和**专业知识**。

专业知识属于秘书人员应有知识的中间层次。**行业知识**是秘书人员所服务的行业、系统的专业知识,比如在政府机关工作的秘书人员就需要具备行政管理等方面的知识,在工厂企业工作的秘书人员自然要通晓产品设计、质量管理等方面的基本知识……其他处在教育、军事、外事、医疗等不同行业的秘书人员,也应分别具有各自行业的基础知识。例如,一名涉外秘书的工作要涉及对外贸易知识,如租赁以及与之相关的国际汇兑、各国税率、保险、仲裁、索赔,涉外法规知识,还包括国内的涉外法规和国际法规,还有财会与商务知识,等等。而法律秘书/助理/服务于领导(管理者)工作部门人员的工作内容包括处理公司一切与法律有关的事务,一般是审阅合同、提出建议等,需要具有扎实宽广的法学专业知识,熟练掌握现代法学专业的基本理论与方法,系统掌握国内外法律、法规及相关政策,具有较强的法律事务处理能力、法律逻辑能力和口头表达能力以及富有创新精神和实践能力。[1]

(三) 事务型秘书

事务型秘书指的是为整个公司所有部门和所有个人服务的秘书人员,处于较为基础的地位,职责一般比较单一,所处理事务技术含量较低。包括前台接待、事务助理、客服专员等。

1. 前台接待

迎候来宾、判断来宾意向并接待、办理相关手续、接听来电、回访常见问题。

---

[1] 杨蓓蕾. 浅谈秘书人员应具备的知识、能力和性格[J]. 秘书工作,2016(6):51-53.

典型案例 3-13

工匠精神与秘书职业极致之美①

《沈夫人致后辈书》中写道：丰臣秀吉因口渴到一间庙里找小厮要茶喝。"当他要第一杯茶的时候，小厮看到他口干舌燥急着喝水的样子，就用温水给他泡茶；等到第二杯时他已经没那么渴了，小厮就换上了可以将茶味充分泡出来的热水。看着这样一个人才在庙里当和尚，丰臣秀吉不觉有些可惜，于是便任命他为自己的家臣。此人便是之后忠心耿耿跟随丰臣秀吉立下赫赫功劳的石田三成。当时石田三成还只有10岁，小小年纪就如此心细，长大了想必大有出息。"全圣姬还写道："泡咖啡乃是秘书最基本的职业技能之一，亦是对公司工作环境来说非常重要的一件事情。""对于初次来访的客人，我连他们喝咖啡时喜欢放多少伴侣、多少糖都要一一记录下来。这样等他们下次来时，我就可以直接按照他们的喜好来泡了。对此不少客人也是惊叹不已。根据访客逗留的时间长短，我给他们泡的茶也各不相同。如果是要和老板促膝长谈的客人，我就会准备很多的热水，这样他们在畅所欲言时，就不会为了加水而频频叫我进去打断他们的谈话了。上午我一般泡咖啡和绿茶，下午则一般是香草茶、菊花茶、薰衣草茶、红茶等。连垫杯子用的托盘，上午和下午也都不一样。泡咖啡时我会用钻石形的托盘，泡香草时我会用三角形托盘——也就是说，根据茶的种类的不同，选择的托盘也是不同的。"

分析：两件事都与泡茶有关，体现了秘书工作者**主动服务意识**和**社会洞察力**、**观察分析能力**还有**灵活分类能力**。虽然泡茶是件小事，但正是在这些小事中更能显示秘书对细节的关注和追求。

---

① 李丽，李忠义，宋雁超. 工匠精神与秘书职业极致之美[J]. 秘书之友，2016(1)：10-12.

2. 事务助理

收发邮件、信件，及时转交相关人员；文件、档案、资料的整理、分类、归档、记录；电话记录、打印文件、复印资料；日常报表的收集、整理、汇总、传递、上报；保持工作环境整洁、干净。

典型案例 3-14

一份"消失"的文件[①]

我所在的省委办公厅文电处实行的是主副班的值班办理制度，这和很多地方党委办公厅办理文件的机制一样。主副班的分工大体是：主班负责登记、办理文件；副班负责复印、发送文件。……我们办理批示件的大致流程并不复杂。收到信件后，第一步是主班拆开信封、取出文件，第二步是主班阅读并登记文件，第三步是主班拟写办理意见并视情请示处领导，第四步是副班按照办理意见复印并发送文件。对于值班员而言，如此日复一日，看似机械单调、循环往复，但每一次又都是第一次，因为每个批件内容不同、指向各异。这就是文电办理的难点——既要把握普遍性，又要关注特殊性，而且大量机械重复的动作，容易使人产生松懈麻痹心理。往往就在这个时候，错误也会悄然而至，甚至是以意想不到的方式给人一个措手不及。我的第一次教训就是这样发生的。当时我已经值了一年多的主班，随着经手的文件越来越多，对工作越来越熟悉，刚值主班时的紧张感慢慢淡化，认为自己办理批示件驾轻就熟没问题了。那天轮到我值主班，我像往常一样收件、拆信封、登记、办理，一切都正常进行着，到了下午确实有些懈怠，一边办理文件，一边和同事开心地聊天，一天下来也没有遇到什么特殊情况。第二天交接班后，我像往常一样回到自己的办公室，边看材料边休息。突然，电话铃声急促地响了起来，处长让我尽快过去。我匆忙跑到值班室，只见处长神色凝重地坐在那里。他焦急地

---

① 常青，饶芳. 一份"消失"的文件[J]. 秘书工作，2016(5)：45-47.

> 问我,昨天有份文件是怎么办理的,为何文件办理系统中查找不到?原来有个领导秘书打电话来,说报件部门今天与他沟通一个急件的报批进展,这个文件他昨天上午就送给我们了,怎么到现在报件部门还没有收到。我赶紧查找了昨天办理的所有文件,发现这位领导秘书送来的其他文件都收到了,恰恰缺少他催问的这份文件。还是处长有经验,问我是不是把那份文件落在信封里,根本没有拿出来。我们几个同志赶紧把昨天的信封从机要销毁袋里都找了出来,一堆人趴在地上挨个检查。果然发现,那份"要命的"文件竟然真的在其中一个信封里。于是,我们抓紧补办,以最快的速度向报件部门反馈了批示件意见。等一切处理完毕,我才真正冷静下来反思:正是由于自己的麻痹大意造成了这次失误,如果不是领导的秘书打电话问,我们很难发现这份被漏办的文件,那样的话,对工作造成的影响将更加难以弥补。

分析:**收发文件**的工作中更需要秘书工作者展现自身的**耐心**和**负责任**的态度,其中体现的**信息收集能力**、**鉴别能力**、**细致认真**与**观察分析能力**等都是需要在后续培养中注重的,要知道,千里之堤,溃于蚁穴,作为秘书工作者,要避免因为一些小失误导致严重的后果。

3. 客服专员

通过电话、邮件等通信方式对客户提出的疑问与建议做出相应的答复与受理。

二、关于不同级别秘书的案例

随着社会行业的发展,对秘书的要求也发生着变化,不同级别秘书的工作内容、工作要求和能力掌握也存在着差异。如今一些企业的招聘广告中已经对不同职责范围、不同层次的秘书作了具体要求上的区分(如:专业、职称、工作经验、基本能力和素质等),主要涉及前台文员、行政助理以及专职秘书等三个层级。

(一)前台文员

工作相对纷繁芜杂、琐碎零散,一般是单向性的命令执行和任务达成,基本上不具备反过来影响高层重大决策的可能。因此,企业在招聘前台文员时,首先,需要具备的是**形象好**和**气质佳**;其次,为人**细致耐心**、工作有条有理,还要**文笔好**,能够起草各类基础文件,且**悟性强**、**性格外向**、**善于沟通和表达**;最后,前台文员还需要具备**学习和适应**、**压力承受能力**,主动应对困难和挑战,最重要的是**服从性高**、**执行力强**,能够将工作指令严格落实。

典型案例 3-15

国内某公司招聘信息——前台文员

岗位职责:
- 负责公司各类电脑文档的编号、打印、排版和归档;
- 报表的收编以及整理,以便更好地贯彻和落实工作;
- 协调会议室预定,合理安排会议室的使用;
- 协助保洁员完成公共办公区、会议室环境的日常维护工作,确保办公区的整洁有序;
- 完成部门经理交代的其他工作。

任职资格:
- 形象好,气质佳,年龄在 20~30 岁,女性;
- 1 年以上相关工作经验,文秘、行政管理等相关专业优先考虑;
- 熟悉办公室行政管理知识及工作流程,具备基本商务信函写作能力及较强的书面和口头表达能力;
- 熟悉公文写作格式,熟练运用 Office 等办公软件;
- 工作仔细认真、责任心强、为人正直。

分析:此招聘信息中,要求前台文员形象好和气质佳,工作仔细认真、责任心强,有较强的写作能力和表达能力,完成一些较为基础但非常细致的工作。这就体现了前台文员虽然不能参与一些重大事项的决策,也不能在领导周围进行辅佐,但是却需要耐心细致地完成相关工作,是组织中较为基础却又重要的职位。

（二）行政助理

以支持和影响上级决策为主，兼有决策的组织执行和效果控制职能，其工作特点是以**专业经验**和能力与高层之间形成互动和双向的关系，而不是单向的听命和执行。同时，其虽然有可能对决策过程产生影响，但其本身还不是决策主体，只可"共谋"，不可"作主"。企业在招聘行政助理时，对他们的专业能力和经验要求是很严格的。首先，行政助理需要具备某一专业职能领域丰富的**实操经验**（如财务控制、市场营销、生产管理、行政管理等）；其次，他们还需要有**大局观念**，能兼顾整体利益和个人优势且心胸开阔、有极强的**责任感**和**事业心**；最后，他们需要具备**团队管理能力**，能够充分发挥集体合力，最重要的是要具有建立在理性框架上的激情，始终与公司立场保持高度一致。

典型案例 3-16

> **国内某公司招聘信息——经理助理/秘书**
>
> 岗位职责：
> - 产品和教育相关资料整理，文案撰写；
> - 协助部门做好其他的辅助工作；
> - 管理工作的检查、督促、落实执行情况；
> - 报表的收编以及整理，以便更好地贯彻和落实工作；
> - 负责经理对外事务的对接、协调、跟进；
> - 负责协助经理其他的日常事务。
>
> 任职资格：
> - 22～35 岁，本科以上学历；
> - 有较好的沟通表达能力及服务意识；
> - 工作有条理、细致、认真，有责任心，办事严谨；
> - 熟练电脑操作及 Office 办公软件。

分析：这则招聘信息招聘的是经理助理，这个岗位除了辅助经理的各项工作之外，还需要**监督工作**的进行情况，**协助**其他部门的工作，完成其他行政事务。这个岗位需要有一定的**写作能力**、**沟通表达能力**、**细致耐心**的品质，需要综合能力较强的人。

（三）专职秘书

从管理职能来说更倾向于领导、决策和激励层面，对企业所有中层和基层的员工均可以直接行使领导和指挥权，是领导之下的"二把手"。因此，企业在招聘专职秘书时，从"领导者"的角度对他们的基本能力和素质加以要求。首先，他们需要具备**资深行业**和**专业经验**；其次，他们需要有卓越的眼光预测未来领先趋势以及博大的胸怀，既能宽容对方也能承认自己的错误；最后，还要有**当机立断**和**勇于担责**的**决断魄力**以及百折不挠的**坚定信念**，**勤于学习**、**善于反思**、对新生事物保持**好奇心**、从多个角度考虑问题也是必不可少的。

典型案例 3-17

> **国内某公司招聘信息——经理助理/秘书**
>
> 职位描述：
> - 协助副总裁开拓业务，对接项目，协助副总裁对公司进行任务推进、团队管理；
> - 协助上级控制进度和质量，针对每日项目进度中的问题及时反馈给副总裁，并持续跟进问题并解决；
> - 擅长团队沟通交流，领会并执行上级的构思和方案并及时成文；
> - 与各部门保持良好沟通、协调，跟进领导安排的各项工作；
> - 完成领导交办的其他工作。
>
> 任职要求：
> - 本科以上学历，理解销售工作，具有三年以上相关工作经验，自我成长和进取心强；

> ▶ 具备较强的工作责任心和执行力,语言表达与沟通协调能力良好;
> ▶ 具备独立处理复杂问题和危急事件的能力;
> ▶ 具备较强的工作积极性和主动服务的意识;
> ▶ 性格活泼开朗,团队协作意识强。

分析:此则招聘信息相较于上一条来说,对于辅助某一位领导工作的针对性更强,这里需要辅助副总裁的工作,并且有较好的**协调能力**、**统筹能力**、**危机处理能力**以及**团队合作意识**、**主动服务意识**,需要能监督、跟进、反馈项目,有良好的沟通能力,这个岗位对于应聘者各方面能力和素质都有要求,需要综合竞争力较强的人才能胜任。

第二节 通过理论分析抽取能力素质指标

正如前文所述,KSA 模式对秘书职业能力模型的构建具有重要的意义,因此,本节首先通过对美国劳工部网站关于秘书岗位的相关信息进行整理,对国外职场中秘书岗位特征以及能力素质要求作一概括性了解。同时,熟悉 KSA 理论在秘书职业能力评估中的基本逻辑和相互关联性。其次,基于 KSA 理论模型,通过官方职业信息数据库(中华人民共和国人力资源和社会保障部、美国劳工统计局)、职业人才招聘机构(Office Team、LinkedIn 人才招聘、智联招聘等)以及从业者论坛(Indeed 网论坛、Quora 网等)等各种平台,分类总结归纳秘书岗位的具体要求,抽取职业能力素质指标。

一、KSA 模式下秘书职岗特征与要求概览

O* NET(Occupation Information Network)是美国的一个综合性职业信

息数据库,由美国劳工部下设的就业与培养管理局(Employment and Training Administration)组织开发,因庞大的数据量和较高的可信度被广泛应用,是求职者了解职业状况的重要信息来源。

O*NET 的职业分析信息来源于对从业者、专家、职业分析师的问卷调查,进而对美国近千种职业的工作内容、知识、技能和能力要求,具体活动,工作环境,工作作风,工作价值等进行详细的描述,并根据调查结果对某一职业各方面的内容按照重要程度进行排序,其中重要程度高于50%的内容被单独列出,作为该职业的主要参考信息。下面分别就秘书的工作任务、工具与技术、知识、技能及能力的要求内容进行选择、整理、翻译、描述,从中发现美国秘书职业发展的现状及能力素质要求(见图3-1至图3-5)。

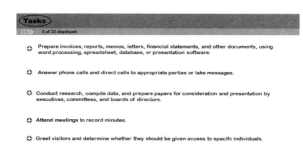

图 3-1 美国劳工部网站关于秘书任务的要求

由图 3-1 可知,美国劳工部网站关于秘书这一岗位具体工作任务的要求分类清晰且详细,主要包含以下几点。

① **准备发票、报告、备忘录、信件、财务报表等文件**,会使用文字处理、电子表格、数据库或**演示软件**。

② **接听电话**和直接转拨给相关当事人或记录信息。

③ 研究、汇编数据,并通过高管,对委员会和董事会编制的文件进行审议和演示。

④ **出席会议、记录时间。**
⑤ **接待访问者**,并决定是否应该给予特殊待遇。

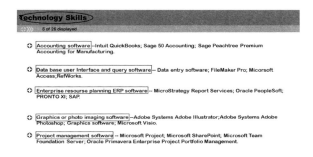

图 3-2　美国劳工部网站关于工具和技术的要求

由图 3-2 可知,美国劳工部网站关于胜任秘书这一岗位所需要的工具和技术要求包含会计软件、分析和科学软件、企业资源计划(ERP)软件、图形或照片成像软件以及项目管理软件等。

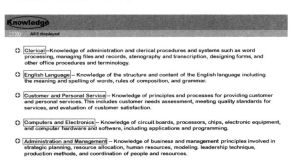

图 3-3　美国劳工部网站关于秘书知识的要求

由图 3-3 可知,美国劳工部网站对胜任秘书这一岗位的知识要求有以下几类。

① **文书知识**：关于行政管理知识和文书的程序及系统的知识，如文字处理，管理文件和记录，速记和转录，设计表格等办公程序和术语。

② **英语**：关于英语的结构和内容的知识，包括字词的含义和拼写，组成规则，以及语法。

③ **客户的个性化服务**：关于提供客户和个人服务的原则和程序的知识，包括客户需求评估，符合质量标准的服务，以及客户满意度的评价。

④ **计算机技能**：关于电路板、处理器、芯片、电子设备，以及电脑硬件和软件的知识，包括应用程序和编程。

⑤ **行政和管理**：关于参与战略规划、资源分配、人力资源建模、领导技术、生产方法，以及协调人与资源的业务和管理原则的知识。

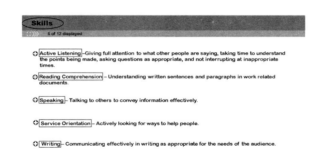

图 3-4　美国劳工部网站关于秘书技能的要求

由图 3-4 可知，美国劳工部网站对胜任秘书这一岗位的职业技能要求有以下几点。

① **积极倾听**：专注于其他人的语言表达内容，花时间去理解其所提出的观点，适当地提出问题，但不要打断别人或者在不适当的时间提问。

② **阅读理解**：在与工作有关的文件中理解写成的句子和段落。

③ **表达**：与别人交谈，有效地传达信息。

④ **主动服务**：积极寻找各种方法来帮助人们。
⑤ **写作**：根据听众的需要以书面形式进行有效的沟通。

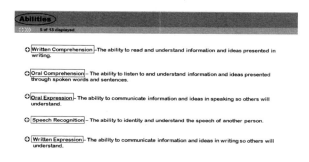

图 3-5　美国劳工部网站对秘书能力的要求

由图 3-5 可知，美国劳工部网站发布的信息中对秘书能力的要求包含以下几点。

① **书面理解**：阅读和理解以书面形式提交的信息和观点的能力。
② **口语理解**：倾听和理解通过口语和句子表达的信息和观点的能力。
③ **口头表达**：以其他人能理解的口语方式交流信息和观点的能力。
④ **语音识别**：识别和理解他人讲话的能力。
⑤ **书面表达**：以其他人可以理解的书面形式沟通信息和意见的能力。

综上，通过检索美国劳工部网站的相关信息，我们初步了解了胜任秘书这一岗位所需的知识、素质、技术以及能力等要求。为了更为全面地明确组织中胜任秘书这一岗位所需要的能力素质，本节将基于 KSA 理论模型的基本逻辑，通过官方职业信息数据库、招聘网站和从业者论坛资料对国内外组织实践中关于秘书这一岗位的知识要求、技能要求以及能力要求进行对比分析，从而抽取相应的能力素质指标。

二、组织对于秘书岗位知识的要求

知识是人类通过感知、认知、实践和经验等方式获得的信息、数据、事实、理论、价值观等方面的总和。21世纪是知识经济的时代,随着社会的进步,观念的变化,秘书的职能在不断扩大和更新。秘书岗位知识是指秘书实践工作中积累的认知与经验的总和。秘书应根据岗位工作要求不断完善和更新岗位知识结构,在基础知识和专业知识上夯实做深,同时扩大辅助知识的涉猎范围,并用发展的视角丰富知识内涵、提高职业能力、挖掘自身潜力,取得事业进步。

(一)国内组织对秘书岗位知识的要求

服务是秘书工作永恒的主题,追求完美的服务是秘书从业者不懈努力的方向。秘书工作者的学识水平和理论水平是秘书做好本职工作必备的素质,国内组织都强调秘书的专业化。随着办公现代化和通信网络的迅猛发展,现代组织对秘书的需求也由过去的精干、勤快转向熟知经营管理、懂外语和办公自动化等,这就要求秘书根据自身岗位特点建构自己的知识结构,扩宽知识领域,不断适应专业化服务的需要。

① **外语**:随着中国加入WTO(世界贸易组织),各行各业的国际交往愈加频繁。公司办理的涉外案件占有很大的比例,经常涉及外国当事人。秘书参与外事活动的机会越来越多,无论是书面的还是口头的,都要经常运用外语。同时,秘书工作人员从外文书刊报纸中直接获取最新的信息资料,将提高组织的管理工作水平,减少与世界先进水平的差距。组织管理实践中,秘书接待外宾,接听越洋电话,回复外文书信等,都对秘书从业者的外语知识提出了较高的要求。因此,秘书必须使自己成为既懂业务又懂外语的"两条腿走路"的人才。

② **基础知识**:基础知识是秘书必须具备的最基本的知识。基础知识越丰富越扎实,秘书在工作中的潜能发挥的空间就越大。秘书的基础知识主要包括自然科学知识和社会科学知识两个方面,可以归纳为以下几类。政治哲

学类：主要指哲学、政治经济学、逻辑学等知识。学习这些知识，目的在于使秘书从业者树立正确的世界观和方法论。这是培养德才兼备的秘书从业者的需要，是秘书业务才能的灵魂。语言文学类：主要指现代汉语、文学、艺术、文章写作等知识，重点是语言知识和基本写作知识。另外，还应学习美学知识和心理学知识，树立健康的审美观念，了解人的心理活动特点，掌握人的心理活动规律，提高人际交往与公关能力。数学统计类：主要指高等数学、管理数学、统计学等知识，这是现代化管理培养新型秘书从业者的需要。历史地理类：主要指中国近代史、世界近代史、中国经济地理、本地的近代历史与地理知识。当下的社会发展无一不受历史的影响与地域地理的限制，了解掌握历史文化变迁的相关知识，就可以从较高的层次和广阔的视域理解宏观的世界经济，理解不同国家的社会状况与特点。法律知识类：主要指法学概论以及中国改革开放以来的人大、国务院颁布的一系列法律规定，如经济法基础、经济合同法、专利法、中外合资经营企业法实施条例等。宗教文化类：秘书要尽可能全面了解掌握不同民族、不同地域的文化传统，因为不同的民族、地域文化是造成不同观念、不同思维模式甚至是不同宗教信仰的重要因素。秘书工作者起到桥梁和纽带作用的必要基础是首先认识和理解不同的文化。导游与礼宾接待类：现代秘书工作者陪同宾客参观浏览的机会较多，缺失此类知识，可能会延误工作，影响交往。除此之外，秘书还必须精通组织的业务，熟悉组织的经营活动和发展战略，及时收集处理与组织相关的产、供、销、科技、市场等信息，懂得政务、财务、统计、管理、市场、营销等方面的知识。

③ **专业知识**：精深的专业知识是秘书知识结构中具有职业特点的主要部分，是形成秘书专业特长的主要知识。没有精深的专业知识，就不能成为合格的秘书从业者，也不可能做好秘书工作。秘书人员的专业知识可分为两大部分：一是秘书学专业的基础知识；二是秘书所在行业的行业专业知识。

秘书的专业基础知识主要包括以下内容：第一，秘书学知识。秘书从业者对秘书学要有较深的研究。秘书学不仅对秘书、秘书部门、秘书工作等一系列理论构建有较全面科学的论述,而且对秘书学专业的实践具有重要的指导作用。因此,秘书学知识自然成为秘书学专业知识中的核心部分。第二,调研知识。秘书从业者需要具备调研方面的知识,做好前期调研,为领导决策提供科学的依据和预案。协调各方关系,做好决策过程中的调研。抓好落实,做好决策后的调研反馈。第三,信访知识。秘书工作者经常会处理来信来访,与各方人士打交道,不掌握信访知识是不好开展工作的。第四,人员选拔知识。秘书从业者应该具备人员选拔知识,为领导和部门从应聘者中选出最适合组织岗位要求的人,包括初步筛选、笔试、面试、情境模拟、心理测试、个人资料核实等知识内容。第五,编程知识。秘书从业者应该具备一定的编程知识,编辑程序让电脑执行,有方法并且高效地完成手中的任务,以适应现代组织管理的要求。

行业专业知识是指秘书工作者所在组织所从事行业的知识,是秘书工作者的"第二专业知识"。它包括本企业生产、销售情况,在行业中的地位、作用,行业基本常识性知识。在国外,对秘书职业早已按行业专业进行分类,如法律秘书、商务秘书、外事秘书、技术秘书、医药秘书等。行行有秘书,行行秘书都需要有本行业的专业知识。

除了基础知识、专业知识之外,秘书工作者还应掌握一些管理学、传播学、经济学、人际关系学、决策学、咨询学、预测学、创造学、情报学等领域的辅助知识,丰富头脑、开阔视野、扩大思路以提高工作效率,从而构成秘书工作者理想的知识结构体系。一个合格的秘书,具备以上知识是必不可少的条件。一个人的知识不是一次性教育所能解决的,而是在长期的实践活动中坚持学习逐步积聚起来的。在校学习的知识仅仅是参加工作的基础知识,其他各种知识都是在后来工作中不断学习、思考、感悟、总结而获得的,每个人都应当树立"活到老,学到老"的观念,抓紧学习机会,不断取得进步。

(二)国外组织对秘书岗位知识的要求

随着秘书的职业化,秘书在美国已成为专门的行业,拥有专门培养秘书的各类学校,有各种秘书协会和各种秘书杂志,这对美国秘书的专业化是巨大的促进。秘书学已成为一门专业性很强的独立学科，而这门学科所涉及的专业知识也不是单一的。

① **外语**：发达国家对秘书从业者的外语水平要求都很高，要求秘书熟练掌握多国语言的内容和结构，其中语言的内容主要包括单词的意义和拼写，而语言的结构则主要包括作文规则和语法。

② **知识需求**：第一，文书或办事人员要熟练掌握行政和文书程序系统，比如文字处理、管理文件和记录、设计表格和其他的办公程序与术语。第二，法律和政府方向秘书从业者要掌握法律法规、法院程序、判例、政府法规、行政命令、代理规则和民主政治进程。第三，计算机和电子技术方向秘书从业者要了解电路板、处理器、芯片、电子设备以及计算机硬件和软件，包括应用程序和编程。第四，行政和管理方向秘书从业者要掌握战略规划、资源配置、人力资源建模、领导技术、生产方法、人力资源协调等方面的业务和管理原则知识。第五，人力资源方向秘书从业者要具备人员招聘、选拔、培训、薪酬和福利的原则和程序的知识，劳动关系和谈判以及人事信息系统的知识。第六，客户和服务型秘书需要掌握客户和个人服务的原则和流程的知识，包括客户需求评估，满足服务质量标准，以及客户满意度评价。

就西方情境下不同国家的企业对于秘书从业者的具体岗位知识要求来看，国外组织在知识方面要求秘书从业者除了必须掌握有关的秘书业务知识、一般知识外，还需要广泛涉猎企业法、行政管理、簿记、心理学、商业数学、外语、经济与管理、事务和公共政策、社会问题等方面的知识。至于那些专门业务秘书，还必须具备各自有关领域的广博知识，这样才能更好地为企业服务，协助领导解决工作中的难题。

综上，通过对比国内组织和国外组织对秘书知识的要求，可以看出：不论国内组织还是国外组织，外语的学习是必不可少的，这也是当前国际形势的要求；数学统计、法律知识、地方文化和礼宾接待等知识也是秘书从业者必须具备的基础知识；人员选拔和调研知识是秘书从业者必须具备的专业知识，这算是当今时代的大趋势对秘书从业者提出的更高要求；除此之外，通过对比得出,国内组织更加注重秘书从业者在各个领域的知识储备,提倡"技多不压身",渴望多才能秘书从业者。而外国组织更加注重秘书从业者的人性化素养,秘书掌握的专业知识更多是与组织类型相关的知识,且多为客户考虑,打造办事勤劳、情商高,更能积极主动为他人提供帮助的从业者。

三、组织对于秘书专业技能的要求

专业技能是指通过经验获得或者通过教育习得、发展的,与秘书工作相关的专门技术。随着新时期秘书工作在各行各业管理决策中的地位和作用得到广泛认同,秘书工作的人员队伍变化、工作内容和活动方式发展,都为秘书职业的理论研究提供了良好的条件。由于世界经济、文化和各类社会组织多元化趋势加强,秘书工作的价值目标和职业技能也呈现多元化、日益专业化。

(一)国内组织对秘书专业技能的要求

由于秘书要在各级行政部门发挥作用,他们首先必须具备我国高级人才所应具备的职岗专业技能,协助领导进行综合管理。随着高科技的迅速发展,现代办公设备和办公手段的变革,使办公过程由无序变有序,采用程序化、规范化的管理模式,极大地提高了办公效率,同时也提高了秘书专业技能要求。

① **公文写作技能**:在秘书日常工作中涉及较多的文书撰写及修改,因此要有良好的公文写作技能。这就要求秘书有较强的文字功底和出色的文字组织能力,熟悉各种应用文格式,能够起草组织管理的综合材料。

② **办公技能**:组织要求秘书能够具备一定的计算机处理技能,熟练使用各种办公软件如 Excel、Word、PowerPoint 等,以及打印机、传真机等办公设备,还需要根据具体服务的部门掌握相应软件,如会计软件、日程安排软件、数据库报表软件、文档管理软件、人力资源软件、采购软件、项目管理软件、网页制作和编辑软件等。能够接发传真,熟悉文稿的打印和复印,掌握中英文

打字等现代化办公手段,而且熟练应用速录技能进行会议记录与整理。熟悉在网络上查找资料的方法,熟悉餐厅、酒店、航空等订票流程。

③ **档案管理技能**:秘书的日常工作会涉及档案收集整理及管理使用、协助完善组织文件和资料等内容。因此秘书能够将档案管理的知识运用到实际工作中,具备较强的档案收集和整理技能是非常重要的。秘书应执行档案管理的规章制度,处理档案的归档、立卷、编制目录、统计、检索、编研、保管、收发登记等日常工作,了解组织档案管理相关的生产经营信息,熟悉组织档案管理信息系统,加强组织档案管理意识并制定档案管理的业务流程和规章制度。

④ **会议组织技能**:组织要求秘书有一定的会议组织技能,为各种会议和活动做计划,不仅能够为领导的日程做好安排,还能够做好会议服务工作,如安排会议、招待会、工作进餐和宴会等。

⑤ **形象管理**:是指秘书不仅要对自己的内外形象进行管理,还要在接待客户、商务谈判等公关活动的过程中,使人们对组织有一个好的印象。形象管理包括如何化妆、穿着、行为举止以及各种礼仪规范等。

(二)国外组织对秘书专业技能的要求

由于国际政治、经济社会的变化,协助领导进行管理的秘书工作日益复杂、多元,网络政务、电子商务等新技术和新模式的出现,对秘书专业技能提出更高要求。秘书工作专业性加强、专业化分工势头明显。美国较早对秘书职业进行分类,不同职位有不同的专业技能要求,并用职岗说明书的形式把工作职能与岗位要求确定下来。

① **积极倾听**:要充分注意别人所说的话,花时间去理解所说的要点,在适当的时候问问题,而不是在不恰当的时候打断别人的话。

② **清晰陈述**:与他人交谈能够有效地传达信息。

③ **主动服务**:积极主动寻找帮助他人的方式方法。

④ **写作技能**:阅读和理解信息的能力,并能进行适当的书面沟通以适应听众的需要。

⑤ **阅读理解**：理解工作相关文件中的书面句子和段落。

⑥ **监控**：监控、评估自己，对其他个人或组织的绩效进行改进或采取纠正措施。

⑦ **保密技能**：秘书从业者作为领导的参谋和助手，经常会接触并掌握重要机密。这就要求秘书从业者能够遵守职业道德，养成保密习惯，做到不该看的不看，不该打听的不打听，不该问的不问，在一般场合避免谈论关于工作上的事情。

⑧ **语音识别**：识别和理解另外一个人讲话的能力。

⑨ **时间管理**：分清各种任务的轻重缓急，合理分配时间，控制过程。

⑩ **特定的行业技能**：国外组织在技能方面要求秘书从业者掌握相关行业技能，因为秘书工作的分工越来越细，专门化程度越来越高，是当今时代的一个重要特征。比如政府秘书需要具备打字和速记技能才能获得资格申请，担任政府各机构中的秘书工作；技术秘书需要掌握某方面的专业技术知识及操作技能，从事编写技术资料，承担技术项目管理和技术服务工作；通信秘书需要掌握信息传递加工技能，通晓计算机办公软件的应用技能；等等。不同的行业秘书需要具备不同的岗位技能，才能符合组织的要求。因此，作为一名职业秘书，必须掌握更多相关的工作技能。

四、组织对于秘书职业素养的要求

职业素养是一个较为宽泛的概念，是指满足职业需求所应具备的特定素质，是从业者在一定生理和心理条件基础上，通过教育培训、职业实践、自我修炼等途径形成和发展起来的，在职业活动中起决定性作用的、内在的、相对稳定的基本品质，具有职业性、内在性、稳定性、整体性和发展性等基本特征，而主要以能力呈现的方式外显于工作中。

（一）国内组织对秘书职业素养的要求

秘书工作承担着参谋助手、承上启下、协调服务、调查研究、信息监督的基本职能。国内秘书人员工作的全面性、活动的宽广性及角色的多变性要求其具备良好的职业素质和较为完善的能力结构,成为"通才""全才",以适应时代的需求和社会的发展要求。

① **基础能力**:第一,学习能力。秘书通过继续深造来不断增长知识和提高技能,通过各种手段,获取新知,并具备实践新的行动的能力。当前形势的发展瞬息万变,秘书工作者只有不断学习,才能适应形势发展的需要。第二,表达能力。在口语表达中,秘书应当准确及时、简洁规范地表述工作情况,具备丰富的词汇量、敏捷的思维和清晰的语言,同时语气、手势、表情、体态等都要恰当到位。在书面表达中,用词要准、要有严谨缜密的思维、得当的文章体式,要做到内容与形式的统一,既要有好的表现形式,又要有充实的内容,随时注意积累资料,不断提高写作水平,培养精练的文字表达能力。第三,心理调适能力。秘书需要利用一定的方法,通过特定的途径,调节自己的心理,使之适应外在变化和环境,保持心理平衡、健康。第四,应变能力。能够适应工作环境和工作内容等的变化,调整自身以适应这种变化。在特殊情况下,能够沉着冷静,利用自身的职业判断和职业素养迅速做出反应,有较高的应变能力。第五,抗压能力。能够适应高强度的工作压力。第六,信息收集能力。能够把原始的零散的材料经过归纳整理,综合分析,变成系统的、具有较强操作性和指导性的意见、建议。第七,社会洞察力。依据他人的反应,理解为什么他们这么做。

② **工作能力**:第一,协调能力。准确理解上级意图,形成目标,整合配置人、财、物等各种资源,保证资源利用的效率和实施效果,能制订具体的、可操作的行动方案。第二,人际沟通能力。秘书部门是联系上下的枢纽部门,秘书工作也起着上传下达的重要作用,因此处理好与领导及各部门的关系,增强交际能力,善于沟通,做好协调工作,是必不可少的重要环节,也有利于提高组织的运行效率,协调组织内外部关系。第三,逻辑思维能力。逻辑思维能力是指秘书需要掌握逻辑知识,培养较强的逻辑思维能力。第四,观察分析能力。工作中要注意留心观察,提高理解能力,增长见识,丰富阅

历。迅速领会上级意图、理解同事的话语有助于提高工作效率,提高自身能力。第五,鉴别能力。鉴别能力就是辨别方向、把握大局的能力。秘书工作是领导管理的辅助工作,需要有较强的鉴别能力,才能配合领导,高效完成本职工作。第六,策划能力。迅速理解上级意图,形成目标,整合人、财、物等各种资源,制订具体的、可实施的行动方案。第七,决断能力。秘书工作者的决断能力,是指按照最优化的要求,从若干准备实施的方案中选择行动对策,通过实施达到一定目标的能力。第八,公关能力。懂得一定的社交礼仪,组织与组织之间,组织与公众之间建立良好的合作关系,为本组织提供其他组织的信息,提高组织应变能力。

③ **管理能力**:第一,组织能力。为各种会议和活动做计划,并落实安排。一方面,秘书有机会出面筹备和组织一些大型会议、大的调研活动;另一方面,秘书有机会代表领导出面协调关系、处理矛盾、解决问题,这都要求秘书要有娴熟的组织才能和领导能力。尤其是负责办理某项事务时,要有科学的组织管理方法,掌握一定的处理问题的方法和技巧,才能让工作有条不紊地进行。第二,领导能力,是指一个人领导、指导、引导、带领他人或团队组织的智慧和能力。第三,统筹能力。考虑问题的全面性、关注细节、注重结果。用系统的观察、统筹兼顾安排组织好工作,协调好领导与部属及各部门之间的关系,当然还要安排领导日程并为领导准备好相关活动资料。第四,危机处理能力。即预防和有效处理突发事件的能力。在某种程度上讲,突发事件对各级政府和各级领导都是一种有害的冲击,秘书应该成为这种冲击的有效的缓冲,通过自己卓有成效的工作缓解、化解危机,给领导提供有效的参考意见。

(二)国外组织对秘书职业素养的要求

国外对秘书的素质要求,是由权威性较高的秘书协会提出,比较注重秘书工作的实际,从称职的秘书从业人员的实际素质中归纳、抽象出来的,具有层次性、针对性和可行性。比如,对一般秘书从业者提出公务信函写作、接打电话、忠诚干练等基本标准;对较高级秘书则提出承担重要责任、驾驭并正确判断重要情况、果断做出决定、足智多谋,并能够提出有价值的建议等高级标准。具体来看,一般需要秘书从业者具有以下职业素养。

① **理解和表达能力**:倾听他人口头表述而理解其信息和想法的能力,并且能够让他人理解,具备沟通信息和想法的能力。

② **阅读能力**:具备阅读和理解信息的能力。

③ **陈述**:能够与他人交谈并有效地传达信息。

④ **写作能力**:能够通过书面写作,将信息和观点充分展现给读者的能力。

⑤ **问题的敏感性**:当事情是错误的或者可能出错的时候,能够机智辨别出来,它不涉及解决问题,只是意识到有一个问题。

⑥ **信息订购**:根据特定的规则安排事物或行动,按照一定的顺序或模式设定规则的能力(例如,数字、字母、文字、图片、数学运算的模式)。

⑦ **演绎推理**:具有能将普适性规则适用于特殊情况,并解决特定情境下具体问题的能力。

⑧ **归纳推理**:结合信息片段,形成一般规则或结论的能力(包括寻找看似不相关的事件的关系)。

⑨ **分类灵活性**:生成或使用不同的规则,用于组合或以不同的方式分组事物的能力。

综上所述,中外组织对秘书职业的要求,由于文化背景、发展程度、行业重视等多种因素的影响,既有共性也存在一定的差异。国内和国外对秘书的理解和表达能力、沟通协调能力都有着很严格的要求,但是国内组织对秘书从业者的能力要求涉及方方面面,不论是基本的口语表达能力,工作中涉及的逻辑分析能力、社交能力和观察力等,还是管理中的组织领导能力以及应对突发事件的能力,国内组织都有严格要求,希望秘书能力越强越好,而国外组织更重视办公技术、组织管理等基础综合的能力,理论与实践结合,有完备的秘书管理系统。

第三节　通过书面访谈抽取能力素质指标

秘书职业是一个综合性的职业,尤其在现代社会,作为秘书人员,必须具备一定的岗位知识、专业能力以及职业素养。为了更为清晰地了解实践界对于秘书这一岗位的具体要求,本书邀请了70位秘书相关从业人员进行书面访谈,具体的书面访谈问卷见本书附录二。这里结合访谈内容,分别从岗位知识、专业技能和职业素养三方面对秘书的职业能力素质指标进行抽取。

一、岗位知识(Knowledge)

首先,接受访谈的老板、秘书、HR都认为知识储备是非常重要的。如果没有相应的知识储备,那么就无法与领导对话,并且由于知识的积累需要一段较长的时间,这些知识又往往没有线索去依循,因此秘书人员一定要注意知识的学习和积累,形成广泛的知识面,才能将工作做得更好。

在知识储备这一指标中基础知识占据很大比重。基础知识是平时学习中逐步积累起来的基本知识,涵盖社会所有范畴。专业知识更侧重于某一专业领域的学习。相比较而言,基础知识更像是盖楼房的地基,所以只要能够掌握并灵活运用基础知识,专业知识的提高问题也就迎刃而解了。

在事业单位文书科工作的秘书认为在基础知识方面,**政治哲学**、**语言文学**、**数学统计**、**历史地理**、**法律知识**、**宗教文化**、**礼宾接待**、**外语应用**都是非常重要的。举个例子,秘书人员经常需要帮助领导接待外宾,在为外宾安排食宿时,非常重要的一点就是尊重对方的宗教信仰,如果没有宗教文化这方面的知识储备,就很难开展工作。

在跨国公司中国区CEO(首席执行官)的秘书看来,**语言文学知识**是最为重要的,其次是**外语应用**、**礼宾接待**、**人力资源知识**和**历史地理知识**,这些都与秘书的具体工作内容相关。秘书在工作中需要与形形色色的人员进行沟通,在沟通的过程中,运用语言文学知识是提升沟通效果的重要方式。在当今,国际交流愈加频繁,为了适应时代大趋势,就需要秘书掌握外语应用方面的知识。同时,秘书在对外工作时往往代表着整个公司的形象,因此秘书掌握礼宾接待知识也是很有必要的。除此之外,结合实际工作,秘书还需要掌握沟通、**写作方面的知识**,以出色的工作提升自我竞争力。

一位猎头公司的人力资源专家同样将**语言文学知识**放在非常重要的位置,因为秘书人员平时需要帮助领导起草文稿以及撰写会议纪要、活动总结、书稿等文本,这些都需要丰富的语言文字知识的储备。同时她认为不同性质的单位对于基础知识的要求可能会略有不同,拿外企举例,对于外语知识的要求可能会更高。比如一家欧美的公司,由于公司沟通经常会用到英语,如果英语达不到熟练沟通的程度,那么可能就完全没有机会胜任这个职位。但是在私企、政府、事业单位,涉外的工作并不是特别多的情况下,对于外语知识的要求就会低一点。在政府或是事业单位当中,他们对于基础知识中的**政治、哲学方面**要求会更高一点,因为政府、事业单位的工作更多地涉及国家和政党公共管理方面,因此对于政治、哲学甚至宗教等方面的知识会比较看重。基础知识中的**数学统计**、**历史地理**、**法律知识**、**礼宾接待**等也需要根据实际情况进行了解。

同为人力资源方面的资深工作人员,一位外企中国区人力资源总监与猎头公司的人力资源专家都认为具备**外语应用知识**是一个秘书所需要的。同时,他还认为了解礼宾接待知识是非常重要的,因为秘书在接待礼宾时,不仅代表了自己的个人素养,更代表了整个公司的外在形象,如果不懂开门、引领等礼仪,在接待时将会闹出笑话。同时,与此相关的**宗教文化**也是秘书所需要掌握的,如果有些领导不太了解这方面的知识和文化,那么就需要秘书学习掌握并且能够及时提醒领导有关宗教文化的注意事项。

一位外企中国区的负责人提出,由于外企工作中经常涉外沟通,就需要秘书至少可以熟练地运用一门**外语**,其中最常见的就是英语,当然也有其他国家的企业存在个别要求。一位文化传媒领域股份制公司的董事长认为**语言文字**、**法律知识**、**外语应用**都是非常重要的,而**数据统计**、**礼宾接待**则是比较重要的。他认为当下社会处在大数据时代,各部门会上报许多数据给领导,秘书就需要帮助领导进行数据的统计分析,因此数学统计知识及操作能力是比较重要的。而礼宾接待由于会有专门的行政部门负责,秘书在这个过程中主要是协助、联络以及上传下达,因此,秘书对于礼宾接待的知识也需要有一定的了解。除此之外,他还提出**财务知识**的重要性,因为秘书人员有的时候需要帮助领导处理财务上的一些事务,所以需要他们有一定的财务知识,能够看得懂财务报表。**法律知识**储备方面,秘书工作者在各级单位或组织中居于承上启下、沟通左右、协调内外的"中枢"地位,承担着推进、落实管理工作的重要任务。因此,在工作实践中,秘书工作者除了应具备相应的**法律知识**以外,还必须牢固树立法治思维,而法治思维正是依法治国、合法行事的应有之义。

专业知识方面,在事业单位文书科工作的秘书认为**秘书学知识、调研知识、信访知识**都是非常重要的。秘书学知识能够帮助秘书了解秘书职业发展的历史,对秘书职业有更好、更明确的角色定位;调研知识能够使得秘书人员很好地完成调研工作;信访知识能够使得秘书人员在遇到信访问题时更有底气而不至于慌张……这些知识都能够让秘书人员更好地处理事务,开展工作。而立足于办公室秘书的岗位,人员选拔、编程知识、人力资源知识、客户需求评估这些专业知识就属于"重要"的范畴。

在猎头公司人力资源专家看来,**客户需求评估**是非常重要的,因为秘书需要服务于自己的领导或是服务于自己的部门,因此秘书一定要对客户的需求有一定的了解和评估,同时她也提到秘书人员也需要适当了解有关**秘书学的知识**、**调研知识**、**信访知识**、**人员选拔知识**、**人力资源知识**和有关文件管理、活动策划方面的知识。

文化传媒领域股份制公司董事长认为**秘书学知识**是秘书人员的知识基础,因此是非常重要的。此外,调研知识、人力资源知识都是比较重要的。因为秘书需要经常到一线调研、了解情况,因此调研知识也比较重要。同时,秘书需要通过工作了解一些工作人员能否胜任其工作,并给予领导反馈,因此,人力资源知识对于秘书来说也是比较重要的。除此之外,**办公软件和保密知识**也都非常重要。

需要注意的是,秘书工作者的知识储备需要根据时代的发展和社会的进步不断更新。从工作角度而言,由于大部分秘书的工作会涉及法律法规、监管要求的内容,而这些规章制度往往在不断地修订,因此每个秘书人员都必须不断学习。从个人的角度而言,随着信息时代的不断发展,对计算机、互联网技术的知识掌握及操作要求越来越高,因此秘书人员需要与时俱进,熟悉掌握日常办公软件及管理软件的运用,还有一些制作、编程软件等方面的知识和应用也需要有一定的学习。随着社会的发展进步,秘书人员还需要加强对理科知识的学习,依据自身对文秘及计算机两方面知识的积累,对办公自动化系统进行更为合理的更新与改造,使之更适合现实工作的需要,从而达到高效工作的目的。① 因此,秘书人员只有不断更新自己的知识储备,开阔眼界,才能保证自身的工作能够紧跟时代的脚步。

二、专业技能(Skill)

专业技能是秘书职业的基本技能,这一部分内容主要针对秘书的各项技能进行调查和分析。

第一,**公文写作、办公技能、档案管理、会议组织、积极聆听、清晰陈述、主动服务、阅读理解**这些技能都是秘书日常工作所需要的基本能力,也被众多受访者公认为是"非常重要"的专业技能。

某知名央企的董事会秘书特别指出**档案管理**是一个非常重要的技能。档案管理分为很多种类,除了一些专门档案会交给专业部门处理以外,一些

---

① 高音. 秘书教育如何适应办公自动化新环境[J]. 秘书之友,2016(1):22-24.

日常性工作档案都需要秘书亲自整理。此外,某外企中国区人力资源总监也特别强调了公文写作和清晰陈述的重要性。他认为秘书在上岗前要积极主动培养自己的语言文字能力和阅读理解能力,以便日后帮助领导完成各项文字工作。除此以外,某跨国公司中国区 CEO 秘书和某跨国企业中国区负责人认为,秘书的主要工作集中于办公领域,因而秘书需要掌握相应的办公技能。在现代化的信息社会中,办公自动化已经普及,打印机、复印机等现代办公设备和 Office、Photoshop 等计算机办公软件等的应用,大大地提高了办公效率,因此秘书也必须具有熟练使用现代化办公设备和软件的能力。

在会议组织方面,政府机关和事业单位与其他类型单位有所不同,筹办大型会议时秘书工作人员应把握好"重、早、统、细、实"五字要领。"重"即领导重视,每一次大型会议的筹办,都离不开领导的重视。领导的重视能够凝聚合力、增强信心,确保工作顺利推进。"早"指提早准备,大型会议都要坚持提早谋划、提早介入、提早准备,提前拉出"时间表"、绘出"路线图"、挂出"责任书"。"统"为统筹分工,一个地区、一个单位专门从事会议筹办的力量是有限的,因此更需要这些有限力量统筹协调、分工协作。在统筹方面,四川眉山市委办公室提出了较好的解决方案:使用与会人员住地附近的市级部门的会议室,市级部门办公室干部作为会务人员,市委办公室负责牵头揽总,既交任务,又教方法,召开会务联络员培训会进行培训,逐级分配,逐级验收。市级部门干部也可以把这当成一次学习提高的机会。这样既解决了场地和人手不够的难题,又减轻了会务工作压力,保证了会务工作质量。"细"是抓好细节,在会议筹备中,应注重抓关键工作的细节落实。召开会议明确任务、细化分工,让办会人员心中有数。例如,在承办全国性的大型会议时,针对参会代表对眉山不熟悉的实际,眉山相关会务组实施"一对一"对口引导机制,按照"对口引导、热情周到、来宾至上"的原则,专门起草了会议温馨提醒短信模板,在每个会议召开前,对口引导人员"一对一"编发提醒、指引向导、全程服务。"实"则为实打实干。只有以极端负责、极其用心、极为精细的工作态度将各环节各事项落到实处,才能保证大型会议的圆满成功。①

第二,参与这一部分采访的所有受访者首先提出的一项专业技能就是**主动服务意识**。秘书作为协助服务性职业最重要的就是能够主动站在领导的立场上去思考,切实帮助领导解决问题。除此之外,由于办公厅(室)内部岗位不同、业务各异,经常出现分内分外、主动被动的矛盾:面对重要会议筹备,负责会务的人手紧张,负责值班的该不该帮一把?重要文稿出现差错,管文印的发现了要不要提醒纠正?领导同志借阅文件违反了保密规定,管机要的能不能主动纠正,等等。②这些问题都需要秘书人员正确处理,树立起主动服务的意识,而非死守职责。

其次大部分受访者还认为驾驶技术也是一项比较重要的技能,这项技能在实际生活中运用较频繁,只是这项技能如果上岗前不能熟练掌握,也可以在工作中不断摸索学习。

某事业单位文书科的秘书还提到,**保密技能**与其说是一种技能,更多的则是做人做事的原则,属于素养范畴,是秘书人员责任心和原则性的体现,是在面对诱惑时的自我把控的能力。语音识别则是属于"比较重要"的范畴。

某跨国公司的中国区人力资源总监和某跨国企业的中国区 CEO 秘书都认为**时间管理**对于秘书来说非常重要。就个人而言,秘书需要能管理好自己的时间,而在工作中,秘书还要对领导的时间进行适当管理,要明了什么时间该安排什么,什么时间不该安排什么,这样方能更好地为领导服务。

第三,某猎头公司人力资源专家在谈到这一项指标时按照秘书职岗工作的类型将专业技能进行划分,她将秘书简单地分成两种类型,一种类型是纯事务型秘书,这类秘书主要是做一些基础的、跟行政职能相关的工作,需要具有如**积极聆听**、**清晰陈述**、**主动服务**等基础能力,这些基础能力往往容易让

---

① 陈强. 筹办大型会议的"五字要领"[J]. 秘书工作,2016(8):44-45.
② 徐华西. 既讲规范 也讲效率[J]. 秘书工作,2016(4):30-31.

人忽视,但恰恰也是最重要的。秘书是服务于领导的职业,只有听清楚、想明白领导的需求,才能做好本职工作,同时秘书在一定程度上可以看作是领导和公司高层之间的传话筒,需要对平级或是合作的客户进行陈述和表述,因此一定要有清晰陈述的能力,此外,主动服务也是一项必备的技能和职业素养。

另一类型是业务型的秘书,对于一个业务要求比较高的岗位,公司往往会要求秘书具有专业学习和相关工作背景,由此可见秘书专业技能的重要性。这类秘书除了需要掌握刚才所提到的基础技能之外,还会加入拥有行业专业知识和处理有行业特点的事务性工作的要求,如**公文写作**、**办公技能**、**档案管理和会议组织**等专业性较强的技能。当然阅读理解、计算机应用和监控技能也比较重要。大部分公司在新员工入职后,都会加强对秘书专业能力的培养,提供培训的机会,让秘书的能力能够胜任相应的岗位。例如,一个对于 Excel 使用的要求很高的岗位,公司就要根据 Excel 的深度应用,对秘书进行专业的培训;如果有些秘书工作可能会涉及**财务管理**,那么公司就需要从这个方面对秘书人员做一些培训,从而提升他的相关技能并达到工作要求。在这个过程当中,公司也应该给秘书提供更多的机会,让他在工作中能够接触到更多公司各个层面的同事和业务,这样他才能对专业技能更加精通。

办公自动化运用和外语应用也都非常重要。外语应用前面已经提到过,此处不再赘述。而随着科技的不断发展,计算机与网络技术已经深入到社会生活的方方面面,互联网正在逐步改变人们的生活与工作,秘书工作也在随之悄然发生变化,开始走向办公自动化的发展之路。在办公自动化条件下,可以利用计算机和其他各种电子的、机械的办公设备,辅助开展工作,以提高办公室工作效率和质量。办公自动化系统是一个人机交互系统,即将所有信息存储在计算机内,由计算机管理、加工、处理、传输和打印,形成一个处理效率高、数据安全性好的信息系统,它的出现改变了以纸张为载体的传统的信息传递方式,实现了办公的自动化和无纸化。办公自动化,究其本身而言是一套系统、一个整体。所谓整体,并非简单地等同于多个个体之和。故而,办公自动化不能简单地等同于多个办公设备之和。与传统的办公方式相比,办公自动化的精髓就在于"自动"二字。只有充分体现"自动"的内涵,才能真正运用办公自动化技术做好各项工作。掌握办公设备的操作是自动化办公的基础,因为办公设备是办公自动化得以存在的硬件基础,没有这些硬件,办公自动化是不可能实现的。但仅仅会使用这些设备还远远不够,要知道,办公自动化的发展趋势是达到人机综合互动、事务与系统和谐发展。① 因此,秘书也必须具有熟练使用现代化办公设备和软件的能力。

通常情况下,领导没有足够的空余时间来自己开展与完成文字工作,于是这个工作便需要秘书来完成。在这样的情况下,某公司 HR 认为在对秘书进行培养时,需要加强公文写作方面的培养,以提升自身的文字能力。除了写作与表达,阅读理解能力也是秘书需要掌握的,具体而言,那便是秘书能够在工作中读懂并理解文字的内容,如此方能更好地帮助领导处理事务。某外资企业秘书认为,当下的秘书的主要工作集中于办公领域,因而秘书需要掌握相应的办公技能,如熟练地使用各种现代办公设备等。除了这些,在面对危机时,秘书要第一时间辅助领导解决问题,也就是说秘书还需要提高自我应变与决断能力。

三、职业素养(Ability)

职业素养这部分主要是对于秘书的**个性素质**进行研究,其中包含了秘书各方面的能力。

某央企董事会秘书认为,个性素质中的基础能力同基础知识一样,是一个长期积累的过程,工作能力便是在基础能力上的提高和进步。不管是在企业还是机关单位,秘书是一个辅助性岗位,它最大的特点就是不需要决策。

---

① 高音. 秘书教育如何适应办公自动化新环境[J]. 秘书之友,2016(1):22-24.

但在实际工作中,一个优秀的辅助人员所需要完成的事情往往比决策者多,完成事情所需要准备的信息也往往比实际需要的信息多,这些工作就需要依靠个人的实际工作经验进行判断,这就体现了信息收集能力这一职业素养。通常我们还会认为,一个助手的工作就是完成好上级交代的任务,但实际上并不是这样的,一个优秀的助手需要在一件事情上和上级保持心意相通,在能够读懂上级指令的同时,运用自己观察分析能力和归纳推理能力提前判断好接下来的工作并进行准备。总体而言,这些个人素质会促使秘书人员形成对事物的判断和识别能力,这些能力是秘书工作的基础,帮助他们更好地开展工作,同时这些能力也是识别秘书人员是否合格的标准。

对于秘书来说,职业素养需要综合地去看待,具体可分为基础能力、工作能力和管理能力。

在基础能力方面,某事业单位文书科的秘书认为,学习能力、表达能力、应变能力、抗压能力、心理调适能力、信息收集能力是最基本的个性素质,都是非常重要的。某猎头公司的人力资源专家提到,学习能力最为重要。当一个人申请一份工作时,他必须学习掌握工作目标的内容,这样才能向他的老板和 HR 证明他有胜任这份工作的能力,在成为一名正式的秘书之后,也需要不断学习。对秘书工作来讲,大部分的工作都是比较基础的,所以不管是要晋升还是转换业务部门,都会面临一些挑战。所以一定要事先接触和学习新岗位所需要具备的知识。同时学习能力也会促进表达能力、应变能力、抗压能力、心理调适能力和信息收集能力等其他基础能力的提升。面对当前国际国内的复杂形势,面对日新月异的发展变化,面对信息、督查、公文、调研等各项工作任务,需要多方面的知识作为基础。特别是面对工作中接触到的新领域、新对象、新事物,时时刻刻都会让人感觉到知识的匮乏、本领的恐慌。这就需要有一种敏学的精神,不断吸收新知识、新思维、新理念,不断利用新方法、新技术、新手段来发现问题、解决问题。[1] 因此组织也鼓励秘书在不影

---

[1] 邵云峰. 敏学 勤思 多践 善悟——干部成长"八字诀"[J]. 秘书工作,2016(5):60.

响工作的情况下进行更加深层次的学习。

某跨国企业的中国区域CEO秘书提到,与人交往在秘书的日常工作中占有很重要的比重,故而表达能力是秘书人员所必备的职业素养之一。在提升表达能力的同时,秘书还要注重让自己的陈述变得清晰易解。无独有偶,某跨国公司的中国区域人力资源总监也提到,与专业能力中清晰陈述相关联的表达能力是秘书所必须具备的重要素质。因为在工作中,需要能够清晰简短地告知老板接下来的安排,传递业务部门工作任务的重点,所以秘书是需要有足够的表达能力才能高效地完成工作。同时,某跨国企业的中国区域CEO秘书认为应变能力也是做好秘书工作所不可或缺的技能。

在工作能力方面,猎头公司的人力资源专家提到,在秘书工作中,与内部、外部、上级、下级、平级沟通的工作所占比重很大,因此人际沟通能力很重要。此外,领导布置下来的工作对于一个秘书来说往往是十分烦琐的,因此秘书必须在大量的信息内容当中,进行归纳和总结,分清楚主要和次要的工作任务,提前做好工作计划,因此需要具备归纳总结与逻辑推理能力。秘书在工作中不单单与领导进行交流,还会往来于各个部门。为了工作的顺利开展,需要秘书组织协调其他员工来配合工作。由此,秘书还需要拥有组织协调能力。此外,**鉴别能力、决断能力、公关能力、策划能力、协调能力、逻辑思维能力、观察分析能力、演绎推理能力、灵活分类能力**也比较重要。

在秘书人员日常的工作中,经常需要参与完成一系列方案制订工作,设计制作一个具有适切性和可行性的工作方案或策划案对于秘书的工作来说十分重要。事前确定一个较为完善且全面的方案或策划,能确保工作顺利有序地组织和开展。因此,策划能力对于秘书来说也是一项十分重要的能力。

在管理能力方面,猎头公司的人力资源专家提到,因为秘书经常会为老板安排工作,所以不能只着眼于眼前琐碎的小事,而要具有**全局意识**,具有统筹的能力。秘书的工作也许有时是突发的,面对突发情况,如果没有一定的危机处理能力,那么就会给领导和组织带来严重的后果。因此统筹能力和危机处理能力非常重要。此外,领导能力、组织能力也比较重要。与此同时,某跨国企业的中国区域 CEO 秘书认为秘书还要不断提高自己的逻辑思维能力以达到井井有条地处理事务。

值得一提的是,某猎头公司的人力资源专家还提到了私企秘书工作的**灵活度**很大,私企秘书的选择一般都是以老板个人的喜好或是倾向来决定,所以私企秘书的工作有时可能会涉及处理老板的私人事务,例如老板家庭事务的一些工作,这也需要秘书具有**随机应变**的能力。

某外资制药企业的中国区域负责人认为,秘书工作是一项服务于领导的工作,而对于领导来讲,**诚信可靠**往往是秘书必备的一项重要素养。秘书的工作需要不停地与人沟通,与人合作,具有团结友善的职业素养会促进整体工作效率的提高。所以**工作细致、懂得自我控制、做事灵活、具有分析思维**也是秘书的职业素养中比较重要的一部分。而懂得揣摩领导意愿、具有**创新思维、独立有主见**,相比较于前几点就不那么重要,当然,领导对于秘书提出的意见也会进行适当考虑。

某文化传媒领域股份制公司董事长认为,在职业素养与个性素质这一部分中,秘书需要有**守则意识、职业忠诚度、责任心、敬业意识、保密意识**,这些无论是对于秘书这个职业来说还是对于其他任何职业来说都是必需且非常重要的。只有有了这些能力和品质,秘书才能够更好地辅助领导、组织的工作。除此之外,秘书还需要善于协调工作关系,机智敏捷,领悟能力强,反应快,熟悉秘书工作的流程,合理化解矛盾。在日常的工作中,或是发生一些紧急情况,或有需要紧急处理的事务时,这些能力和素养能够帮助秘书高效且高质量地完成工作。另外,秘书作为领导或是老板周围非常重要的一个辅助工作人员,也需要注意个人的形象和气质,要端庄大方、不卑不亢。

某事业单位文书科的秘书认为,这些素养可以分为通过大学四年学习得到提升的素养和具备一定的工作经历和人生经历之后才可以获得的素养,因此大学四年的学习绝不是终点,在之后的工作中要不断锻炼自己,以获得职业素养的提升。在大学中参加一些学生工作,也能帮助大家在学生时代获得一些在课堂上无法获得的能力和素养。

某跨国企业的中国区域 CEO 秘书认为,就总体而言,知识储备维度和专业技能维度是秘书必须具备的基础素质,第三维度个性素质是岗位从业者通过大量的实习、实践获得的,所以认为第三维度必须建立在第一、第二维度达到很好储备的基础上,秘书人员对于自己的锻炼、提升也是必不可少的。秘书职业能力的建构是一项系统工程,也是一个需要全面考量、阶段培养、逐步积累、终达完善的过程。

第四节 通过问卷调查抽取能力素质指标

秘书作为实践与应用导向的一种职业,一定要充分尊重市场需求。为了更为详细地了解实践界对于秘书从业者的岗位知识、专业技能以及职业素养的相关要求,首都师范大学文学院自 2016 年 6 月开始,连续四年使用"秘书学专业社会需求市场调查问卷"(见本书附录四),针对用人单位对秘书从业人员的具体要求进行四次调查,分别获得了 2016 年、2017 年、2018 年以及 2019 年我国秘书人才市场的基本需求状况,问卷调查的内容涉及秘书这一岗位的思想道德素质、文化素质、业务素质以及心理素质。具体问卷共分为以下两个部分。

第一部分为基本信息,主要了解被调查单位的类型以及单位名称,目的在于了解不同类型的用人单位对于秘书这一岗位的具体要求。由图 3-6 可知,占比较高的是其他行业、金融证券业、教育和培训机构以及制造业。而"其他行业"中较多的行业类型为服务行业、旅游业、贸易行业等。

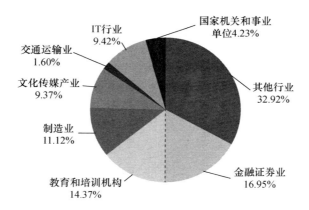

图 3-6 被调查单位的行业类型统计(2016—2019)

第二部分为调查条目,主要包括被调查单位关于秘书这一岗位的思想道德素质、文化素质、业务素质、心理素质以及其他素质的要求,目的在于有针对性地了解用人单位对秘书从业者能够胜任秘书职业岗位所应具备的能力素质。以下将从思想道德素质、文化素质、业务素质、心理素质四个方面对2016—2019年度不同类型用人单位对于秘书的能力素质要求进行分析,以期能够梳理出秘书市场对于秘书从业者岗位知识、专业技能与职业素养等方面的要求,从而得到相应的能力素质指标。

一、对于秘书岗位思想道德素质的要求

思想道德素质是一个人道德认识和道德行为水平的综合反映,包含一个人的道德修养和道德情操,体现着一个人的道德水平和道德风貌。中华民族自古便被称为礼仪之邦,道德礼仪更应融入秘书从业者的生活与工作当中。就秘书工作而言,这是一项具有综合性、服务型、辅助性、政治性的工作。秘书从业者除了要具有合理的知识结构和必要的技能外,还需要具备一定的思

想道德素质。

1. 国家机关和事业单位

2016—2019年来自于国家机关和事业单位秘书相关人员的调查结果表明（见图3-7）：国家机关和事业单位比较重视秘书从业者的"职业道德"，占比51.25%。对于其他各项思想道德素质的重视程度依次为："良好的人际关系"（35.5%）、"吃苦耐劳精神"（32.5%）、"忠于职守"（23%）、"事业心"（17%）。

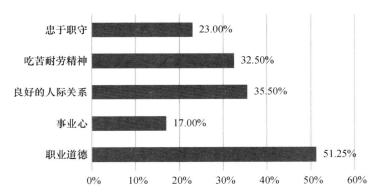

图3-7 国家机关和事业单位最看重秘书岗位的思想道德素质（2016—2019）

2. 金融证券业用人单位

2016—2019年来自于金融证券业秘书相关人员的调查结果表明（见图3-8）：金融证券业对于秘书从业者的"职业道德"最为看重，比例为67.5%，这与近些年国家对金融证券业加强监管，对于证券行业一些违法、违规和影响股市大起大落，操纵股票价格等案件的处罚和高调公布密切相关，国家对这些问题的重视和违法违规的高压态势，使得企业对于员工素质培养和要求也有了影响。排在第二位的是"良好的人际关系"，占比39.75%。再次是"忠于职守""吃苦耐劳精神"和"事业心"。

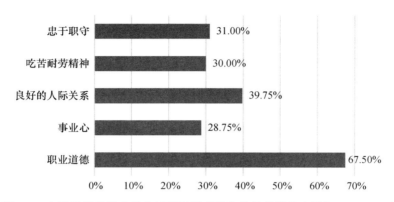

图 3-8　金融证券业用人单位最看重秘书岗位的思想道德素质（2016—2019）

3. 教育和培训机构用人单位

2016—2019 年来自于教育和培训机构秘书相关人员的调查结果表明（见图 3-9）：有 59.25% 的教育和培训机构选择了"职业道德"；位居第二位的是"良好的人际关系"，比例为 43%；选择"忠于职守"的比例为 34%，位居第三；认为"吃苦耐劳精神"和"事业心"对于胜任秘书岗位较为重要的比例分别为 27.75% 和 24%。

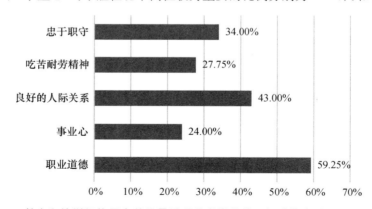

图 3-9　教育和培训机构用人单位最看重秘书岗位的思想道德素质（2016—2019）

4. 制造业用人单位

2016—2019年来自于制造业秘书相关人员的调查结果表明(见图3-10)：有71%的制造业用人单位选择了"职业道德"；选择"良好的人际关系"和"吃苦耐劳精神"的分别占比54%和41.25%；选择"忠于职守"的占比28%；选择"事业心"的占比26.25%。也就是说，制造业用人单位更加看重秘书从业者的职业道德。

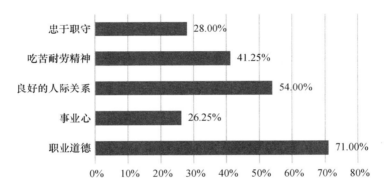

图3-10 制造业用人单位最看重秘书岗位的思想道德素质(2016—2019)

5. 文化传媒业用人单位

2016—2019年来自于文化传媒业秘书相关人员的调查结果表明(见图3-11)：有64.5%的文化传媒业用人单位选择了"职业道德"；选择"吃苦耐劳精神"和"良好的人际关系"两个选项的比例分别为46%和43%；选择"忠于职守"和"事业心"两个选项的占比分别为41.75%和33%。

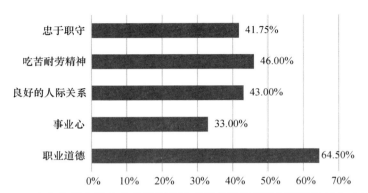

图 3-11 文化传媒业用人单位最看重秘书岗位的思想道德素质(2016—2019)

6. IT 行业用人单位

2016—2019 年来自于 IT 行业用人单位秘书相关人员的调查结果表明（见图 3-12）：选择"职业道德"的比例为 79.5%；选择"良好的人际关系""忠于职守"与"吃苦耐劳精神"的比例差不多，均在 45% 左右。

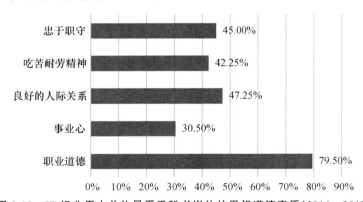

图 3-12 IT 行业用人单位最看重秘书岗位的思想道德素质(2016—2019)

7. 其他行业的用人单位

2016—2019 年来自于其他行业秘书相关人员的调查结果表明（见图 3-13）：

在其他行业的用人单位中,选择"职业道德"的比例仍然很高,为68.5%;其次是"良好的人际关系",比例为42.5%;选择"忠于职守"和"吃苦耐劳精神"的比例分别为37.5%和36.25%;选择"事业心"的比例较少,仅为26.75%。

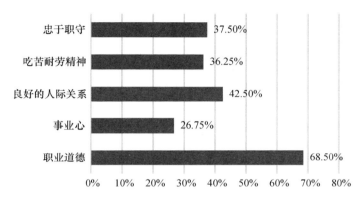

图3-13　其他行业用人单位最看重秘书岗位的思想道德素质(2016—2019)

8. 所有行业的用人单位

图3-14反映的是2016—2019年全部类型用人单位最看重秘书从业者在思想道德素质方面的情况。可以看出,在所有思想道德素质中,"职业道德"仍然是位居首位的,而且各行业数据图的基本趋势保持一致;位居第二位的是"良好的人际关系",比例为42.75%;"吃苦耐劳精神"和"忠于职守"的比例十分接近,分别为35%和34.75%;而"事业心"排名最后,比例为31.25%。

总体来说,在秘书的任职资格体系中,"职业道德"是最根本、最重要的构成因素,它是知识、能力和心理等其他构成因素的核心和灵魂。而秘书岗位的重要性在于其对于任何组织来说,都是不可或缺的职位。这样的标准对秘书从业者职业道德养成和个人发展的引导,具有一定的参考价值。只有拥有了良好的职业道德,秘书从业者才能在秘书工作实践、秘书职业生涯中正确地认识和找到自我,正确地把握秘书角色,达到主、客观的和谐统一,最大限度地发挥秘书职业的整体社会功能和秘书从业者个体的社会作用,做一个符

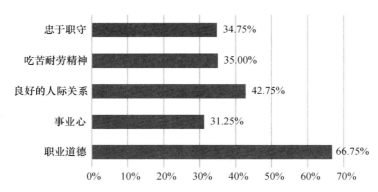

图 3-14 所有行业用人单位最看重秘书岗位的思想道德素质(2016—2019)

合角色要求、为自身所认同、又为社会所接受、有所作为的优秀秘书从业者。[1]

同时,与其他具有辅助性职能的工作相比,秘书工作具有中介性的特征,这种特征一方面决定了秘书工作带有"纽带"和"桥梁"的作用,另一方面也决定了秘书工作是非独立性的辅助工作。所以具有良好的人际关系也是考量一个秘书工作者是否称职的重要标准之一。同时,忠于职守、吃苦耐劳精神、事业心是任何职业都应该具备的素质,也是一名秘书工作者应该具备的素质。以上这些素质不是孤立的存在,也不是非此即彼的关系,而是一种相互融合的关系,只是根据不同的岗位和组织类型决定了哪些素质对于秘书从业者胜任秘书岗位更为重要。

二、对于秘书岗位文化素质的要求

文化素质指人在文化方面所具有的较为稳定的、内在的基本品质。文化素质不单纯指学校教的科学技术方面的知识,更多的是指所接受的人文社科

---

[1] 杨群欢. 传统美德与职业伦理——中国当代秘书价值观的合理定位[J]. 学术交流,2008(2):51-54.

类的知识,包括哲学、历史、文学、社会学等方面的知识。不同行业对于秘书从业者胜任秘书岗位的文化素质要求有何不同?下文将按照不同行业类型对秘书岗位所应具备的文化素质要求进行分析。

1. 国家机关和事业单位

2016—2019年来自于国家机关和事业单位秘书相关人员的调查结果表明(见图3-15):国家机关和事业单位比较重视秘书从业者的"公文写作知识",占比45.33%。公文在国家机关和事业单位的工作中具有重要作用,它是进行问题答复、工作指导、情况汇报、经验交流的重要载体。因此,大量国家机关和事业单位将"公文写作知识"认定为秘书从业者文化素质的重要一项。

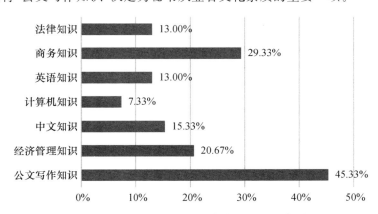

图3-15　国家机关和事业单位最看重秘书岗位的文化素质(2016—2019)

2. 金融证券业用人单位

2016—2019年来自于金融证券业秘书相关人员的调查结果表明(见图3-16):金融证券业对于秘书从业者的经济管理知识重视程度最高,占比41.5%,其次为"公文写作知识"与"商务知识",占比分别为40.25%与36.75%,这与金融证券业用人单位的经济性质与行业属性密切相关。这也说明,金融证券业秘书从业人员的业务能力和行业知识水平越来越被重视。

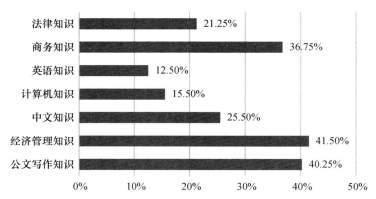

图 3-16　金融证券业用人单位最看重秘书岗位的文化素质（2016—2019）

3. 教育和培训机构用人单位

2016—2019 年来自于教育和培训机构秘书相关人员的调查结果表明（见图 3-17）：选择"公文写作知识""商务知识"与"经济管理知识"的比例位居前三位，分别为 48.25%、45.25% 与 35.25%；其他文化知识类能力素质指标比例，除"中文知识"和"法律知识"外，均在 20% 以下，这也就是说，教育和培训机构更加注重秘书从业者在公文写作、商务以及经济管理方面的知识。

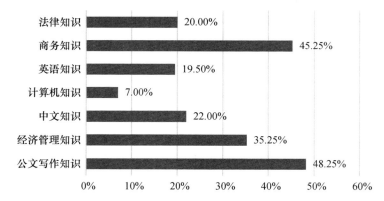

图 3-17　教育和培训机构用人单位最看重秘书岗位的文化素质（2016—2019）

4. 制造业用人单位

2016—2019年来自于制造业秘书相关人员的调查结果表明(见图3-18)："公文写作知识"是用人单位最看重的文化素质,占比57.25%;其次是"商务知识"与"经济管理知识",占比分别为49.25%与46.25%。"中文知识""法律知识""计算机知识"与"英语知识"相对占比较低。这也就是说,制造业用人单位更加看重秘书从业者公文写作知识、商务知识与经济管理知识的运用能力。

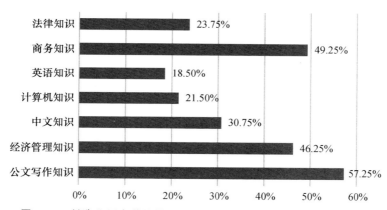

图3-18 制造业用人单位最看重秘书岗位的文化素质(2016—2019)

5. 文化传媒业用人单位

2016—2019年来自于文化传媒业秘书相关人员的调查结果表明(见图3-19):文化传媒业用人单位选择"公文写作知识"的比例最高,达50.25%,这表明超过一半的文化传媒业用人单位认为,秘书从业者应该具备一定的公文写作能力。

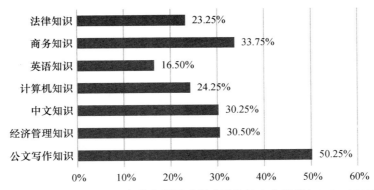

图 3-19　文化传媒业用人单位最看重秘书岗位的文化素质(2016—2019)

6. IT 行业用人单位

2016—2019 年来自于 IT 行业秘书相关人员的调查结果表明(见图 3-20)：IT 行业用人单位对于秘书从业者的"公文写作知识"最为重视,占比 67.75%；其次为"商务知识",占比 44.75%；再次为"经济管理知识"与"计算机知识",均在 40% 左右；而对"中文知识"则不太重视,占比仅为 25.5%。这就是说,秘书职业在 IT 行业更具职业倾向性,如文字编辑或文书处理等。

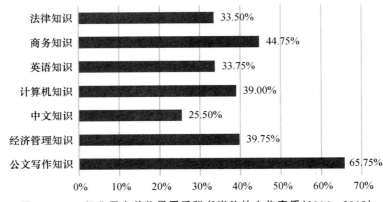

图 3-20　IT 行业用人单位最看重秘书岗位的文化素质(2016—2019)

7. 其他行业的用人单位

2016—2019年来自于其他行业秘书相关人员的调查结果表明(见图3-21)：在其他行业中,秘书从业者的"公文写作知识"最被看重,占比高达61.25%,这也就是说,"公文写作知识"依旧是用人单位最看重的秘书从业者的文化素质。

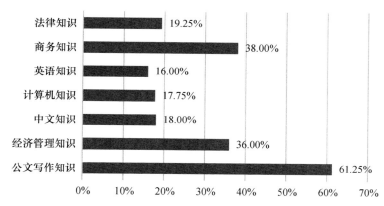

图 3-21　其他行业用人单位最看重秘书岗位的文化素质(2016—2019)

8. 所有行业的用人单位

图 3-22 反映的是 2016—2019 年全部类型用人单位最看重秘书从业者在文化素质方面的情况。可以看出,在所有文化素质中,"公文写作知识"位居第一,占比为 53.75%;其次,"商务知识"与"经济管理知识"的所占比重也较大,分别为 39.75%与 37%;而"计算机知识"与"英语知识"所占比例相对较低,仅为 17.25%。但必须强调的是,这不意味着计算机知识与英语知识对于秘书从业者来说不重要,只是相对公文写作等知识来说重要性程度较低。

以上数据启示我们,对于秘书从业者最应具备的文化素质,为大多数用人单位所认同的就是公文写作知识。无论是哪个行业的秘书工作,都离不开公文写作。根据不同用人单位的行业性质分析,偏经济类的用人单位可能更

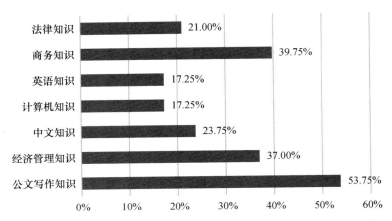

图 3-22　所有行业用人单位最看重秘书岗位的文化素质(2016—2019)

看重经济管理知识；偏商务性质的用人单位则更看重商务知识。同时，在秘书学专业的教育培养以及学生自身的知识和技能养成中，一定要避免视野狭窄，忽视秘书学专业教育与秘书职业实践的衔接与匹配。今天的秘书职业活动早已超越传统意义上秘书工作的内涵，正从"管家型"秘书向"管理型"秘书转变，秘书学专业的学生一定要熟练掌握多领域知识，成为"通才"，而公文写作技能将成为秘书工作能力展现的基础。

三、对于秘书岗位业务素质的要求

业务素质是从业人员在完成业务活动过程中综合能力的体现。业务素质通常包括主观心理特征、专业业务技巧等。主观心理特征可理解为顺利完成业务活动的个性心理特征，例如心态及态度。专业业务技巧可理解为顺利完成业务活动的个人业务能力，例如应变能力、沟通能力等，这些能力配合良好的业务状态统称为业务素质。用人单位最看重秘书的哪些业务素质？下文将按照不同行业类型对秘书岗位所应具备的业务素质进行分析。

1. 国家机关和事业单位

2016—2019年来自于国家机关和事业单位秘书相关人员的调查结果表明(见图3-23)：国家机关和事业单位对秘书从业者的"口头表达能力""沟通和组织管理能力"以及"书面表达能力"最为重视，可见秘书从业者"上传下达"的作用日益凸显。因此，进入国家机关和事业单位的秘书从业者应努力提高自己交流沟通的能力和语言沟通技巧等。此外，创新和应变能力的重视程度相对较低，仅占约一成。

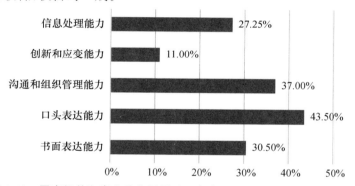

图3-23 国家机关和事业单位最看重秘书岗位的业务素质(2016—2019)

2. 金融证券业用人单位

2016—2019年来自于金融证券业秘书相关人员的调查结果表明(见图3-24)：金融证券业对于秘书从业者的"沟通和组织管理能力"最为看重，占比为59%；其次为"口头表达能力"与"书面表达能力"，占比分别为49.25%与38.75%；"创新和应变能力"与"信息处理能力"位居后两位，占比分别为34.25%与22.25%。

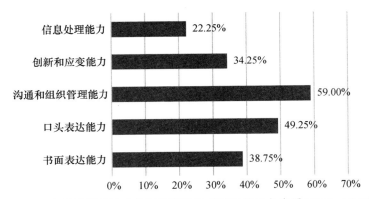

图 3-24　金融证券业用人单位最看重秘书岗位的业务素质(2016—2019)

3. 教育和培训机构用人单位

2016—2019 年来自于教育和培训机构秘书相关人员的调查结果表明(见图 3-25)：教育和培训机构对于秘书从业者的"沟通和组织管理能力"最为看重，占比为 64.25%；其次为"口头表达能力"，占比为 44.25%。此外，作为教育和培训机构中的秘书从业者，其"书面表达能力"也是用人单位较为看重的业务素质。在该类用人单位中，选择"信息处理能力"与"创新和应变能力"这两个选项的比例较小，占比分别为 23% 与 20.25%。

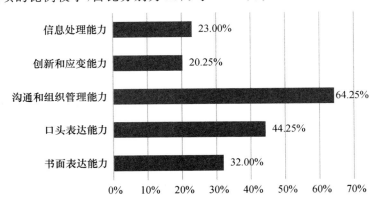

图 3-25　教育和培训机构用人单位最看重秘书岗位的业务素质(2016—2019)

4. 制造业用人单位

2016—2019年来自于制造业秘书相关人员的调查结果表明(见图3-26)：超过七成的制造业用人单位选择了"沟通和组织管理能力"；超过一半的制造业用人单位选择了"书面表达能力"；选择"口头表达能力"与"信息处理能力"的制造业用人单位也超过了四成。由此可见，沟通和组织管理能力、表达能力以及信息处理能力一直是近年来制造业用人单位较为关注的部分，而准备从事制造行业秘书工作的人员也应着重于该方面能力的提高。

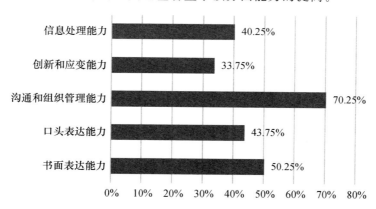

图3-26　制造业用人单位最看重秘书岗位的业务素质(2016—2019)

5. 文化传媒业用人单位

2016—2019年来自于文化传媒业秘书相关人员的调查结果表明(见图3-27)：该行业用人单位最看重的秘书从业者的业务素质为"口头表达能力""沟通和组织管理能力"与"书面表达能力"，占比分别为52％、47.25％与37.5％。"信息处理能力"与"创新和应变能力"占比相对较低。

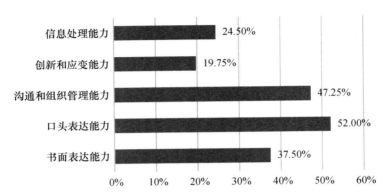

图 3-27　文化传媒业用人单位最看重秘书岗位的业务素质(2016—2019)

6. IT 行业用人单位

2016—2019 年来自于 IT 行业秘书相关人员的调查结果表明(见图 3-28)：IT 行业用人单位对秘书从业者的"沟通和组织管理能力""书面表达能力"与"口头表达能力"更为重视，占比均在五成以上。而"创新和应变能力"与"信息处理能力"占比相对较低，分别为 39.5% 与 31%。

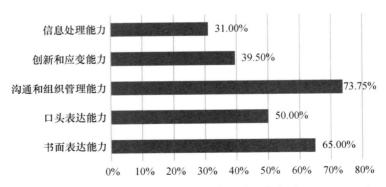

图 3-28　IT 行业用人单位最看重秘书岗位的业务素质(2016—2019)

7. 其他行业的用人单位

2016—2019年来自于其他行业秘书相关人员的调查结果表明（见图3-29）：在其他行业的用人单位中，秘书从业者最被看重的业务素质是"沟通和组织管理能力"，超过六成的用人单位选择了该选项。其次为"口头表达能力"与"书面表达能力"，占比分别为47.5%与41.75%。仅有29.25%与25.25%的用人单位选择了"创新和应变能力"与"信息处理能力"。

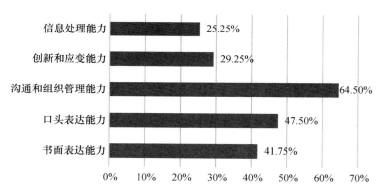

图3-29 其他行业用人单位最看重秘书岗位的业务素质（2016—2019）

8. 所有行业的用人单位

图3-30反映的是2016—2019年全部类型用人单位最看重秘书从业者在业务素质方面的情况。在秘书从业者的各项业务素质中，用人单位最看重的三项素质为"沟通和组织管理能力""口头表达能力"与"书面表达能力"。这是由于秘书是一个沟通上下、协调左右的岗位，即秘书工作就处于领导以及与之发生关系的社会人群之间的枢纽地位。[①]

---

① 徐瑞新，安成信，李欣. 秘书学导论[M]. 北京：高等教育出版社，1993：18.

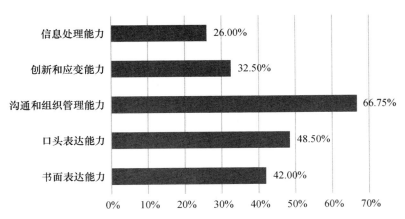

图 3-30 所有行业用人单位最看重秘书岗位的业务素质(2016—2019)

伴随着社会信息化、网络化的高速发展,社会分工愈加细化,各行业、各领域管理工作中的领导决策活动与辅助性工作已分离,为领导实施有效管理提供辅助性服务的秘书从业者在各个工作领域内的作用愈加突出,这些变化要求秘书要具有相关的专业知识作为工作储备,这就是说,实践界越来越强调要想胜任秘书这一岗位需要掌握相应的专业知识,如企业、商务等经济部门的秘书要分别掌握会计学、经济学、统计、金融、保险、税务、企业管理以及法律等方面的专业知识;科技秘书应该熟悉技术、工程术语等;法律秘书则要求熟悉法律,对法律条文有全面、正确的理解。专业知识的掌握是沟通和组织管理能力得以展现的基础,具备出色的沟通和组织管理能力是完成本职工作,实现组织高效发展的重要助力,这就需要广大秘书从业者不断锻炼和强化自身的这种能力。

四、对于秘书岗位心理素质的要求

心理素质是人的整体素质的组成部分,是以自然生理素质为基础,在后天环境、教育、实践活动中,通过主体与客体间的相互作用,而逐步发展形成的心理潜能、能量、特点、品质与行为的综合。良好的心理素质是秘书人员不可缺少的基本素养,也是决定秘书活动及工作绩效的重要因素。秘书工作的职业特点决定了秘书人员必须具备多方面的心理素质。

1. 国家机关和事业单位

2016—2019 年来自于国家机关和事业单位秘书相关人员的调查结果表明(见图 3-31):国家机关和事业单位最在意的是秘书从业者"易于投入、热情工作"的态度,占比为 43.5%;其次是"自主、主动工作"心理,占比为 31.75%;再次为秘书从业者的"开放乐观"与"自信心",占比分别为 27.25% 与 21.25%;"追求卓越、渴望成功"的占比最低,仅为 11.5%。这也就是说,国家机关和事业单位并不需要其秘书从业者具有十分远大的理想抱负,而更需要他们以积极饱满的状态投入日常工作中。

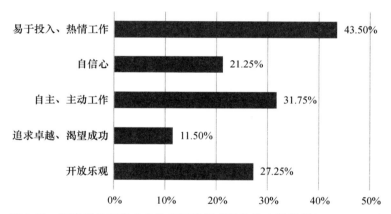

图 3-31　国家机关和事业单位最看重秘书岗位的心理素质(2016—2019)

2. 金融证券业用人单位

2016—2019 年来自于金融证券业秘书相关人员的调查结果表明(见图 3-32):金融证券业对秘书从业者的"易于投入、热情工作"的心理重视程度最高,占比为 56.5%;其次为"自主、主动工作"与"自信心",占比分别为 49% 与 37.5%;"开放乐观"与"追求卓越、渴望成功"的占比较低,均在 20% 左右。

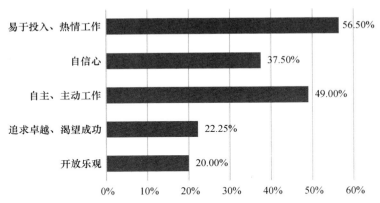

图 3-32 金融证券业用人单位最看重秘书岗位的心理素质（2016—2019）

3. 教育和培训机构用人单位

2016—2019 年来自于教育和培训机构秘书相关人员的调查结果表明（见图 3-33）：在教育和培训机构中，用人单位对秘书从业者最为重视的心理素质是"自主、主动工作"与"易于投入、热情工作"的心理；其次，有 31% 的教育和培训机构表示秘书从业者应具有"自信心"；选择"开放乐观"和"追求卓越、渴望成功"的比例分别为 24% 和 12.5%。

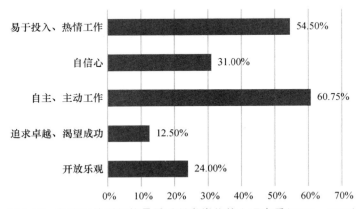

图 3-33 教育和培训机构最看重秘书岗位的心理素质（2016—2019）

4. 制造业用人单位

2016—2019年来自于制造业秘书相关人员的调查结果表明(见图3-34):制造业用人单位对于秘书从业者是否"易于投入、热情工作"最为重视,占比为60.75%;其次是"自信心"(43.25%)与"自主、主动工作"(40.25%);选择"开放乐观"与"追求卓越、渴望成功"的比例较少,分别为20%与22.25%。

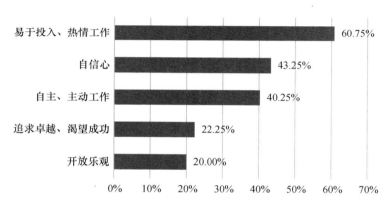

图3-34 制造业用人单位最看重秘书岗位的心理素质(2016—2019)

5. 文化传媒业用人单位

2016—2019年来自于文化传媒业秘书相关人员的调查结果表明(见图3-35):占比最高的是"易于投入、热情工作"的心理,占比为37.75%;其次是"自主、主动工作",占比30%。文化传媒业用人单位对秘书从业者心理素质中的"自信心""开放乐观""追求卓越、渴望成功"的重视程度较低,占比均在20%以下。

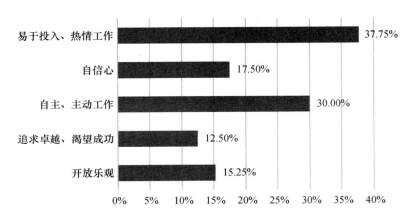

图 3-35 文化传媒业用人单位最看重秘书岗位的心理素质(2016—2019)

6. IT 行业用人单位

2016—2019 年来自于 IT 行业秘书相关人员的调查结果表明(见图 3-36)：IT 行业用人单位对于秘书从业者的"自主、主动工作"最为重视,占比为 70.25%；其次为"易于投入、热情工作"的心理,占比为 55%；而"追求卓越、渴望成功""自信心"与"开放乐观"的占比均低于 35%。

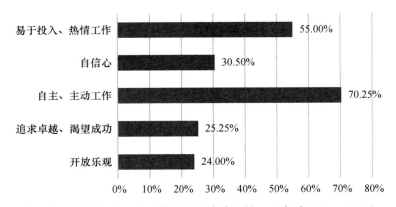

图 3-36 IT 行业用人单位最看重秘书岗位的心理素质(2016—2019)

7. 其他行业的用人单位

2016—2019年来自于其他行业秘书相关人员的调查结果表明(见图3-37):"易于投入、热情工作"与"自主、主动工作"的比例均超过50%;"自信心"与"开放乐观"的占比在35%左右;选择比例最低的是"追求卓越、渴望成功",仅为14.25%。

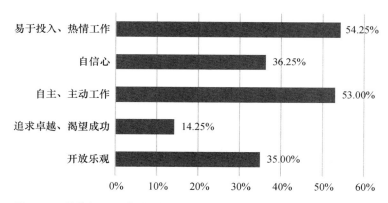

图3-37 其他行业用人单位最看重秘书岗位的心理素质(2016—2019)

8. 所有行业的用人单位

图3-38反映的是2016—2019年全部类型用人单位最看重秘书从业者在心理素质方面的情况。在秘书从业者的各项心理素质中,"易于投入、热情工作"与"自主、主动工作"两项心理素质指标位居前列,不相上下。其背后的内在逻辑在于,由于秘书是一个服务型岗位,所以秘书从业者需要以极强的热情和主动性对待工作,因此,热情和主动性是秘书从业者最重要的两项心理素质,它们一方面可以提高工作效率,另一方面又可以保证工作质量。

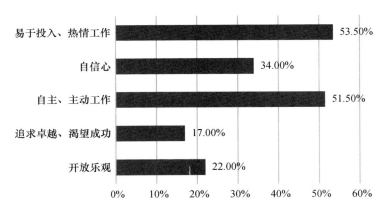

图 3-38 所有行业用人单位最看重秘书岗位的心理素质(2016—2019)

"开放乐观""追求卓越、渴望成功"以及"自信心"也是很重要的心理素质,但是对于秘书从业者来说并不是最重要的。作为一名优秀的秘书从业者,以上素质都应该具备,同时应该明确哪些素质更重要。不同的行业、不同的组织在不同的发展阶段,可能会对其秘书从业者具有不同的心理素质要求。因此,广大秘书从业者应该根据自己的职业生涯发展规划以及所处的组织实际,着重锻炼并提高自身相应的心理素质。

第四章 能力模型：构建、检验与权重确定

一般来讲，能力素质模型就是基于能力素质指标库的提升与升华。本章将重点对前文中通过案例、访谈以及理论分析所解码得到的秘书职业能力素质指标库进行进一步处理与提炼。首先，通过小组座谈的方式，获得三维度秘书职业能力素质初步模型；然后，利用大规模问卷调查，对本书所构建的秘书职业能力素质初步模型进行验证；最后，采用加权赋值的方法，确定秘书职业能力模型中各个具体能力素质指标的权重，从而最终建构出中国情境下的秘书职业能力模型。

第一节 秘书职业能力模型的初步构建

基于前文在相关文献资料研究基础上，依据 KSA 理论的基本逻辑，结合典型案例分析、深度访谈、问卷调查以及相关理论分析，得到了秘书从业者胜任秘书岗位所需的职业能力素质指标共计 82 项，形成了秘书职业能力素质指标库，具体见表 4-1。

表4-1 秘书职业能力素质指标库

秘书职业能力素质指标库
日常工作安排、领导能力、策划能力、时间管理能力、积极聆听、清晰陈述、会务性工作、全局统筹能力、会议组织技能、策划能力、沟通协调能力、协调工作、人际沟通能力、鉴别能力、决断能力、处理突发事件、处理危机、组织协调能力、为领导提供建议、逻辑思维能力、公文写作、正确的三观、遵守职业道德、坚守人格底线、信息收集能力、公关能力、良好的品质、专业背景、专业知识、法律知识、社会洞察力、灵活分类能力、收发文件、耐心、负责任、处理客户信息、良好的形象、服从性、执行力、秘书学知识、信访知识、档案学知识、传播学知识、实操经验、人力资源管理知识、大局观念、责任感、事业心、团队管理能力、监督工作、承担责任、学习能力、好奇心、善于反思、政治哲学、语言文学、数学统计、历史地理、宗教文化、礼宾接待、外语应用、办公技能、档案管理、主动服务、阅读理解、保密技能、观察分析能力、演绎推理能力、全局意识、随机应变能力、诚信可靠、创新思维、工作细致、懂得自我控制、做事灵活、具有分析思维、职业忠诚度、语音识别、形象管理、抗压能力、情绪稳定、心理调适能力

基于以上秘书职业能力素质指标库，我们从不同层级邀请了10位企事业单位中与秘书这一岗位联系较为密切的相关人员进行小组座谈，其中4位为政府机关、企事业单位领导（北京市某城区区长、某央企副总经理、私企董事长、跨国企业市场总监）、4位从事秘书管理工作的人员（北京市某城区区委办主任、某跨国企业人力资源总监、某猎头公司人力资源总监、IT企业总裁办副主任）以及2位从事秘书教育工作的高校教师（均为首都师范大学秘书学系专职教师），对前文所解码得到的秘书职业能力素质指标进行讨论，并基于KSA理论模型与胜任力理论的基本逻辑，初步获得三维度秘书职业能力素质初步模型，共确认了52项秘书职业能力素质，如表4-2所示。

表 4-2 秘书职业能力素质初步模型

	维度	能力素质指标
秘书职业能力素质初步模型	岗位知识	政治哲学、语言文学、数学统计、历史地理、法律知识、宗教文化、礼宾接待、外语应用、秘书学知识、调研知识、信访知识、人员选拔、编程知识、人力资源知识、客户需求评估
	专业技能	公文写作、办公技能、档案管理、会议组织、积极聆听、清晰陈述、主动服务、阅读理解、监控技能、保密技能、语音识别、形象管理、时间管理、书法技能、驾驶汽车
	职业素养	学习能力、表达能力、应变能力、抗压能力、心理调适能力、信息收集能力、社会洞察力、鉴别能力、决断能力、公关能力、策划能力、协调能力、人际沟通能力、逻辑思维能力、观察分析能力、演绎推理能力、归纳推理能力、灵活分类能力、领导能力、组织能力、统筹能力、危机处理能力

第二节 秘书职业能力模型的实证检验

为了进一步检验本书所构建的三维度秘书职业能力模型的准确性，本书利用社会网络资源，从用秘书、作秘书、管秘书三个方面寻找了包括领导、秘书从业者以及人力资源管理者等秘书这一职业岗位的相关人员，要求他（她）们对本书所构建的秘书职业能力素质初步模型的核心能力素质指标进行重要性判断，以求在一定程度上验证模型的合理性和适用性。此次调查共发放700份问卷，回收有效问卷680份，有效回收率为97.14%。有效样本行业涵盖国家机关和事业单位、金融证券业、教育和培训机构、制造业、文化传媒业、高新技术产业等诸多行业，因此，研究所取得样本比较全面地覆盖各行各业不同组织相关职位的调查对象，具有一定的代表性。

一、岗位知识维度的验证

(一) 政治哲学

在受访人群中,28.6%的人认为政治哲学这一项是有点重要的,14.2%的人认为这一项是重要的,认为这一项是比较重要和非常重要的人均为28.6%。其中50%的人力资源管理及相关岗位人员认为这一项有点重要,剩余的50%认为这一项比较重要;25%的秘书岗位从业者认为这一项重要,25%的秘书岗位从业者认为这一项比较重要,50%的秘书岗位从业者认为这一项非常重要。

由图4-1可以看出,大部分受访者认为政治哲学知识对于秘书从业者来说是有点重要、比较重要或非常重要的,说明领导、HR及相关岗位人员和秘书工作者都比较看重秘书从业者的政治哲学的知识储备。

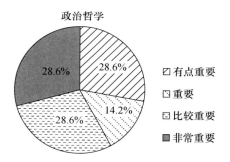

图4-1 政治哲学指标百分比情况

(二) 语言文学

在受访人群中,14.3%的人认为语言文学这一项是重要的,14.3%的人认为语言文学这一项是比较重要的,71.4%的人认为这一项是非常重要的。其中50%的人力资源管理及相关岗位人员认为这一项重要,剩余的50%认为这一项非常重要；25%的秘书岗位从业者认为这一项比较重要，75%的秘书岗位从业者认为这一项非常重要。

由图4-2可以看出，认为语言文学知识非常重要的受访者占了非常大的比例。语言文学是秘书和助理日常工作的基础，是与人交流沟通、办文的基础。因此，语言文学的知识对于秘书和助理来说是十分重要的。

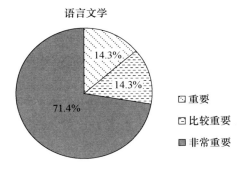

图4-2 语言文学指标百分比情况

（三）数学统计

在受访人群中，14.3%的人认为数学统计这一项是不重要的，14.3%的人认为这一项有点重要，42.8%的人认为这一项比较重要，28.6%的人认为这一项非常重要。其中50%的人力资源管理及相关岗位人员认为这一项有点重要，剩余的50%认为这一项比较重要；25%的秘书岗位从业者认为这一项不重要，25%的秘书岗位从业者认为这一项比较重要，50%的秘书岗位从业者认为这一项非常重要。

由图4-3可以看出，有接近一半的受访者认为数学统计知识对于秘书从业者来说是比较重要的。这也就是说，具有一定的数学统计知识对秘书和助理的工作会有帮助。

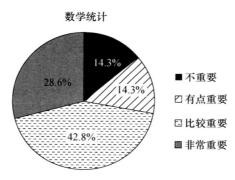

图 4-3　数学统计指标百分比情况

(四) 历史地理

在受访人群中,14.2%的人认为历史地理这一项是不重要的,认为这一项重要、比较重要、非常重要的人均为 28.6%。其中 50% 的人力资源管理及相关岗位人员认为这一项重要,剩余的 50% 认为这一项比较重要;25% 的秘书岗位从业者认为这一项重要,25% 的秘书岗位从业者认为这一项比较重要,50% 的秘书岗位从业者认为这一项非常重要。

由图 4-4 可以看出,认为历史地理知识对于秘书从业者来说重要、比较重要和非常重要的受访者的比例一致。历史地理知识可以帮助秘书和助理更轻松地解决工作中遇到的一些相关问题,并在礼宾接待和日程安排方面成为必要知识。

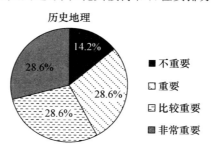

图 4-4　历史地理指标百分比情况

(五) 法律知识

在受访人群中,认为这一项有点重要和重要的人均为 14.3%,认为这一项比较重要的人为 28.6%,认为这一项非常重要的人为 42.8%。其中 50% 的人力资源管理及相关岗位人员认为这一项重要,剩余的 50% 认为这一项比较重要。25% 的秘书岗位从业者认为这一项有点重要,25% 的秘书岗位从业者认为这一项比较重要,50% 的秘书岗位从业者认为这一项非常重要。

由图 4-5 可以看出,有接近一半的受访者认为法律知识对于秘书从业者来说非常重要。秘书和助理所服务的组织可能会有涉及法律方面的工作和事务,因此有法律知识的积淀会让秘书和助理更好地帮助组织和领导来应对相应的工作。

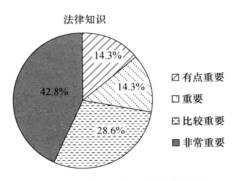

图 4-5　法律知识指标百分比情况

(六) 宗教文化

在受访人群中,认为这一项不重要和比较重要的人均为 28.6%,认为这一项非常重要的人为 42.8%。其中 50% 的人力资源管理及相关岗位人员认为这一项比较重要,剩余的 50% 认为这一项非常重要;25% 的秘书岗位从业者认为这一项不重要,25% 的秘书岗位从业者认为这一项比较重要,50% 的秘书岗位从业者认为这一项非常重要。

由图4-6可以看出,有接近一半的受访者认为宗教文化知识对于秘书从业者来说非常重要,也有四分之一的受访者认为宗教文化知识不重要。宗教文化知识在外企、跨国企业、国际公司这类涉及外国事务和客户的组织会有较多的涉及,在国内少数民族及宗教信仰地区设厂或有商贸活动的企事业单位及政府机关也会有所涉及。

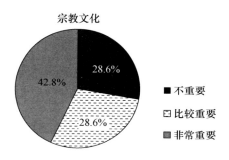

图4-6 宗教文化指标百分比情况

(七)礼宾接待

在受访人群中,42.9%的人认为这一项比较重要,57.1%的人认为这一项非常重要。其中50%的人力资源管理及相关岗位人员认为这一项比较重要,剩余的50%认为这一项非常重要;25%的秘书岗位从业者认为这一项比较重要,75%的秘书岗位从业者认为这一项非常重要。

由图4-7可以看出,全部的受访者都认为礼宾接待对于秘书岗位从业者来说比较重要或非常重要。秘书作为一个辅助性的岗位,经常需要接待外宾,礼仪和接待的质量在很大程度上会影响客户或来访者对组织的第一印象和看法。因此,礼宾接待知识非常重要,需要秘书和助理系统掌握。

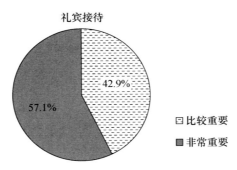

图 4-7 礼宾接待指标百分比情况

（八）外语应用

在受访人群中，12.5%的人认为这一项比较重要，87.5%的人认为这一项非常重要。其中全部的人力资源管理及相关岗位人员都认为这一项非常重要；25%的秘书岗位从业者认为这一项比较重要，75%的秘书岗位从业者认为这一项非常重要；全部的领导和主管都认为这项知识和能力非常重要。

由图 4-8 可以看出，全部的受访者都认为外语应用对于秘书从业者来说比较重要或非常重要，甚至有接近 90% 的受访者都认为它非常重要。由于全球化和国际化的影响，越来越多的组织、机构都有国际业务，这也就决定了秘书和助理需要有较高的外语水平来辅助开展组织的国际业务。

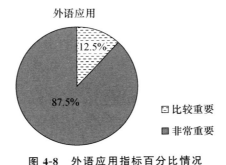

图 4-8 外语应用指标百分比情况

(九) 秘书学知识

在受访人群中,认为这一项不重要、有点重要、重要的人均为 14.2%,认为这一项比较重要、非常重要的人均为 28.7%。其中 50% 的人力资源管理及相关岗位人员认为这一项有点重要,剩余的 50% 认为这一项比较重要;25% 的秘书岗位从业者认为这一项不重要,25% 的秘书岗位从业者认为这一项重要,50% 的秘书岗位从业者认为这一项非常重要。

由图 4-9 可以看出,受访者认为秘书学知识的重要程度的比例较为平均,每个重要程度都有涉及,但还是有接近一半的受访者认为秘书学知识对于秘书从业者来说比较重要或非常重要。秘书学知识是秘书和助理从业和工作的基础,但是秘书学知识在工作中的适用范围还是要依照组织性质及业务的情况而定。

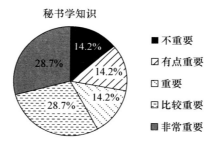

图 4-9 秘书学知识指标百分比情况

(十) 调研知识

在受访人群中,认为这一项有点重要、比较重要、非常重要的人均为 28.6%,认为这一项为重要的人是 14.2%。其中 50% 的人力资源管理及相关岗位人员认为这一项有点重要,剩余的 50% 认为这一项比较重要;25% 的秘书岗位从业者认为这一项有点重要,25% 的秘书岗位从业者认为这一项重要,50% 的秘书岗位从业者认为这一项非常重要。

由图 4-10 可以看出,受访者认为调研知识重要程度的比例较为平均,且没人认为其不重要。秘书和助理的工作中是否会使用到较多的调研知识也是依据组织工作性质以及工作内容而定的。

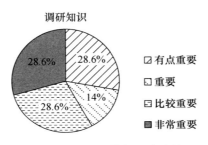

图 4-10 调研知识指标百分比情况

(十一) 信访知识

在受访人群中，认为这一项有点重要、重要、非常重要的人均为 28.6%，认为这一项比较重要的为 14.2%。其中 50% 的人力资源管理及相关岗位人员认为这一项有点重要，剩余的 50% 认为这一项比较重要；25% 的秘书岗位从业者认为这一项有点重要，25% 的秘书岗位从业者认为这一项重要，50% 的秘书岗位从业者认为这一项非常重要。

由图 4-11 可以看出，受访者认为信访知识的重要程度的比例较为平均。信访知识在秘书和助理工作中的应用程度也是视情况而定的。

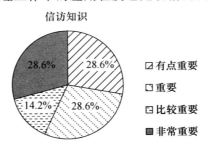

图 4-11 信访知识指标百分比情况

(十二) 人员选拔

在受访人群中,33.3%的人认为这一项有点重要,50%的人认为这一项重要,有16.7%的人认为这一项比较重要。其中50%的人力资源管理及相关岗位人员认为这一项有点重要,剩余的50%认为这一项比较重要;25%的秘书岗位从业者认为这一项有点重要,75%的秘书岗位从业者认为这一项重要。

由图4-12可以看出,有一半的受访者认为人员选拔知识对于秘书从业者来说重要。认为比较重要和非常重要的受访者的比例较小。由于秘书和助理的工作性质,他们在日常工作中会接触到组织内部很多人,他们可以为组织内部的人员选拔提供一些建议和意见。因此,秘书和助理具备一些人员选拔相关知识会对组织管理有一定的帮助。

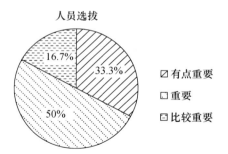

图4-12　人员选拔指标百分比情况

(十三) 编程知识

在受访人群中,认为这一项不重要、有点重要、比较重要的均为16.7%,认为这一项重要的有49.9%。其中50%的人力资源管理及相关岗位人员认为这一项有点重要,剩余的50%认为这一项比较重要;25%的秘书岗位从业者认为这一项不重要,75%的秘书岗位从业者认为这一项重要。

由图4-13可以看出,有一半的受访者认为编程知识对于秘书从业者来说重要。认为比较重要和非常重要的受访者的比例较小。秘书和助理的工作基本不会涉及编程知识，但是在某些组织内，可能会需要秘书具有一定的编程知识。

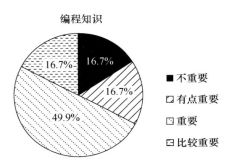

图4-13　编程知识指标百分比情况

（十四）人力资源知识

在受访人群中，认为这一项有点重要和非常重要的人均为14.3%，42.8%的人认为这一项重要，28.6%的人认为这一项比较重要。其中50%的人力资源管理及相关岗位人员认为这一项有点重要，剩余的50%认为这一项比较重要；75%的秘书岗位从业者认为这一项重要，25%的秘书岗位从业者认为这一项非常重要。

由图4-14可以看出，有接近一半的受访者认为人力资源知识对于秘书从业者来说重要。组织内大多都有HR或人力资源管理相关岗位的工作人员，秘书和助理一般不会涉及太多有关人力资源的工作。但是秘书和助理的工作需要具有全局性和全面性，他们可以综合各方面情况给予人力资源管理工作一些建议和意见。

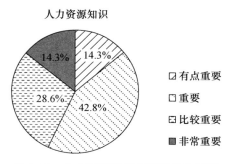

图 4-14 人力资源知识指标百分比情况

(十五) 客户需求评估

在受访人群中,28.6%的人认为这一项不重要,42.8%的人认为这一项重要,认为这一项有点重要和非常重要的人均为 14.3%。其中 50%的人力资源管理及相关岗位人员认为这一项有点重要,剩余的 50%认为这一项非常重要;25%的秘书岗位从业者认为这一项不重要,75%的秘书岗位从业者认为这一项重要。

由图 4-15 可以看出,有近一半的受访者认为客户需求评估对于秘书从业者来说重要。认为有点重要和非常重要的受访者的比例较小。秘书时常会伴随领导会见一些客户,评估客户的需求可以有效完成本职工作并帮助组织更好地运行和发展。

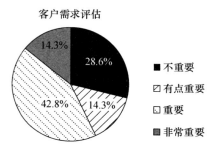

图 4-15 客户需求评估指标百分比情况

二、专业技能维度的验证

(一) 公文写作

在受访人群中,12.5%的人认为这一项重要,25%的人认为这一项比较重要,有62.5%的人认为这一项非常重要。其中50%的人力资源管理及相关岗位从业人员认为这一项比较重要,剩余的50%认为这一项非常重要;25%的秘书岗位从业者认为这一项重要,75%的秘书岗位从业者认为这一项比较重要;50%的领导和主管认为这项比较重要,其余50%的领导和主管认为这项非常重要。

由图4-16可以看出,有超过一半的受访者认为公文写作技能对于秘书从业者来说非常重要,有四分之一的受访者认为比较重要。写公文是秘书工作中非常重要的内容,办文是秘书最重要的工作之一,与组织运营有关的公文大多都会经过秘书来处理。因此,秘书需要有良好的公文写作的技能。

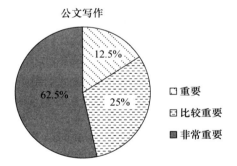

图 4-16 公文写作指标百分比情况

(二) 办公技能

在受访人群中,认为这一项技能重要和比较重要的人均为14.3%,认为这一项非常重要的有71.4%。其中50%的人力资源管理及相关岗位人员认为这一项技能比较重要,剩余的50%认为这一项非常重要;25%的秘书岗位从业者认为这一项技能重要,75%的秘书岗位从业者认为这一项比较重要。

由图4-17可以看出,有接近四分之三的受访者认为办公技能对于秘书从业者来说非常重要。现代化的办公软件、办公设备和办公手段几乎已经成为秘书工作的重要载体,因此,秘书需要熟练掌握办公现代化的技能以适应发展和需要。

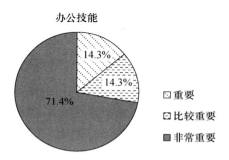

图4-17 办公技能指标百分比情况

(三)档案管理

在受访人群中,12.5%的人认为这一项技能是重要的,37.5%的人认为这一项是比较重要的,有50%的人认为这一项是非常重要的。其中50%的人力资源管理及相关岗位人员认为这一项技能比较重要,剩余的50%认为这一项非常重要;25%的秘书岗位从业者认为这一项技能重要,25%的秘书岗位从业者认为这一项比较重要,50%的秘书岗位从业者认为这一项非常重要;50%的领导和主管认为这项技能比较重要,其余50%的领导和主管认为这项技能非常重要。

由图4-18可以看出,有一半的受访者认为档案管理技能对于秘书从业者来说非常重要。任何组织都会产生文件、档案,这也是秘书工作中较为重要的内容。因此,秘书要能熟练、妥当地开展档案管理工作,留存、整理档案,方便查找。

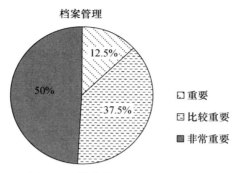

图 4-18　档案管理指标百分比情况

(四) 会议组织

在受访人群中,12.5%的人认为这项技能重要,25%的人认为这项比较重要,62.5%的人认为这项非常重要。其中,50%的人力资源管理及相关岗位人员认为这项技能比较重要,其余50%的人认为这项非常重要;25%的秘书岗位从业人员认为这项技能重要,25%的人认为这项比较重要,其余50%的人认为这项非常重要。

由图 4-19 可以看出,有接近 90% 的受访者认为会议组织技能对于秘书从业者来说比较重要或非常重要,占了很大比例。这是因为办会是秘书工作中最重要的内容之一,秘书需要组织各类的会议,因此,秘书要有良好的会议组织技能。

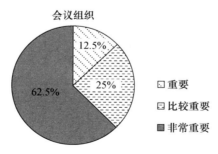

图 4-19　会议组织指标百分比情况

(五)积极聆听

在受访人群中,16.7%的人认为这项技能重要,83.3%的人认为这项技能非常重要。其中,全部的人力资源管理及相关岗位人员认为这项技能非常重要;25%的秘书岗位从业者认为这项技能重要,其余75%的人认为这项技能非常重要。

由图4-20可以看出,有接近90%的受访者认为积极聆听技能对于秘书从业者来说非常重要,占了很大比例。秘书和助理首先要有能积极去聆听别人在说什么的态度,这样才能更多地从别人的讲话中获得信息,更好地开展工作。

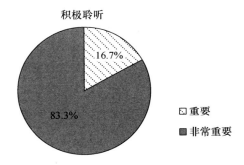

图4-20 积极聆听指标百分比情况

(六)清晰陈述

在受访人群中,14.3%的人认为这项技能重要,85.7%的人认为这项技能非常重要。其中,全部的人力资源管理及相关岗位人员认为这项技能非常重要;25%的秘书岗位从业者认为这项技能重要,其余75%的人认为这项技能非常重要。

由图4-21可以看出,有接近90%的受访者认为清晰陈述技能对于秘书从业者来说非常重要,占了很大比例。秘书是领导和他人之间的桥梁和纽带,有上传下达的重要职能,因此,秘书和助理要能清晰陈述出想要表达的内容和意图,不造成话语歧义等问题。

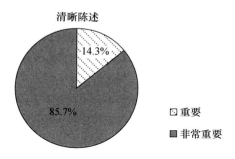

图 4-21 清晰陈述指标百分比情况

（七）主动服务

在受访人群中，14.3%的人认为这项技能重要，85.7%的人认为这项技能非常重要。其中，全部的人力资源管理及相关岗位人员认为这项技能非常重要；25%的秘书岗位从业者认为这项技能重要，其余75%的人认为这项技能非常重要。

由图 4-22 可以看出，有接近90%的受访者认为主动服务技能对于秘书从业者来说非常重要。主动服务是一种工作态度，秘书和助理作为辅助性人员，要有主动服务的意识和行动，这样才能积极工作，更好地完成各项事务。

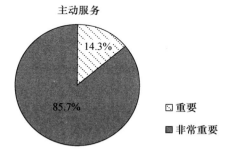

图 4-22 主动服务指标百分比情况

(八)阅读理解

在受访人群中,14.3%的人认为这项技能重要,14.3%的人认为这项技能比较重要,71.4%的人认为这项技能非常重要。其中,50%的人力资源管理及相关岗位人员认为这项技能比较重要,其余50%的人认为这项技能非常重要;25%的秘书岗位从业者认为这项技能重要,其余75%的人认为这项技能非常重要。

由图4-23可以看出,有接近四分之三的受访者认为阅读理解技能对于秘书从业者来说非常重要。秘书和助理在工作中经常需要阅读文件等文字类材料,因此,有良好的阅读理解技能可以帮助秘书和助理更好地了解信息,理解内涵主旨。

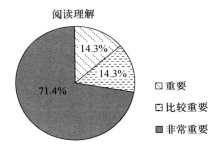

图4-23 阅读理解指标百分比情况

(九)监控技能

在受访人群中,16.7%的人认为这项技能重要,66.3%的人认为这项技能比较重要,16.7%的人认为这项技能非常重要。全部的人力资源管理及相关岗位人员认为这项技能比较重要;25%的秘书岗位从业者认为这项技能重要,50%的人认为这项技能比较重要,其余25%的人认为这项技能非常重要。

由图4-24可以看出,有超过一半的受访者认为监控技能对于秘书从业者来说比较重要,小部分受访者认为非常重要。秘书服务于领导,服务于组织,在很多时候都需要肩负起监控工作、评价绩效的责任,因此,掌握一定的监控技能可以帮助秘书更好地工作。

·第四章 能力模型：构建、检验与权重确定·

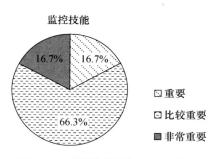

图 4-24 监控技能指标百分比情况

（十）保密技能

在受访人群中，14.3%的人认为这项技能重要，85.7%的人认为这项技能非常重要。其中，50%的人力资源管理及相关岗位人员认为这项技能比较重要，其余50%的人认为这项技能非常重要；全部的秘书岗位从业者都认为这项技能非常重要。

由图4-25可以看出，有接近90%的受访者认为保密技能对于秘书从业者来说非常重要。秘书的工作有时会涉及组织及领导较为私密或需要保密的事务，秘书要有良好的职业道德素质，有良好的保密技能，这样才能被他人所信任，才能更好地服务于组织。

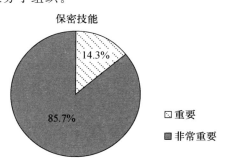

图 4-25 保密技能指标百分比情况

· 125 ·

(十一) 语音识别

在受访人群中,66.7%的人认为这项技能重要,33.3%的人认为这项技能非常重要。其中,全部的人力资源管理及相关岗位人员认为这项技能比较重要;50%的秘书岗位从业者认为这项技能比较重要,其余50%的人认为这项技能非常重要。

由图4-26可以看出,有三分之一的受访者认为语音识别技能对于秘书从业者来说非常重要,剩下三分之二的受访者则认为重要。秘书在工作中会与许多人进行沟通交流,也会经常参加会议,因此,能识别讲话的语音及意思对于秘书快速且准确地掌握重要信息是有帮助的。

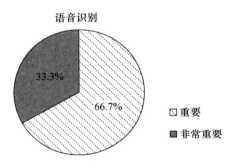

图4-26 语音识别指标百分比情况

(十二) 形象管理

在受访人群中,57.1%的人认为形象管理是重要的,42.9%的人认为非常重要。其中,50%的人力资源管理及相关岗位人员认为这项技能比较重要,剩余50%的人认为这项技能非常重要;75%的秘书岗位从业者认为这项技能比较重要,其余25%的人认为这一项非常重要。

由图4-27可以看出,有接近一半的受访者认为形象管理技能对于秘书从业者来说非常重要,剩下的受访者则认为重要。秘书和助理经常会与很多人打交道,因此他们的形象很大程度上会影响他人对组织形象的看法。因此,秘书要能较好地管理自己的形象。除了秘书和助理本人的形象之外,还要多多关注和管理组织整体的形象,这也是秘书工作的一部分。

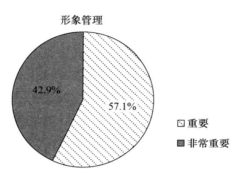

图 4-27　形象管理指标百分比情况

(十三) 时间管理

在受访人群中,42.9%的人认为时间管理是重要的,57.1%的人认为非常重要。其中,50%的人力资源管理及相关岗位人员认为这项技能是重要的,剩余50%的人认为这项技能非常重要;25%的秘书岗位从业者认为这项技能比较重要,剩余75%的秘书岗位从业者认为这项技能非常重要。

由图4-28可以看出,有超过一半的受访者认为时间管理技能对于秘书从业者来说非常重要,剩下的受访者则认为重要。秘书和助理要能较好地管理好自己的时间,这是高效工作的基础。同时,也要能管理好领导的时间,为领导合理安排时间和工作提供建议。

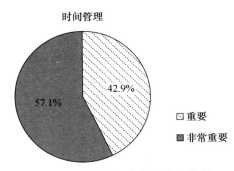

图 4-28　时间管理指标百分比情况

(十四) 书法技能

在受访人群中,16.7%的人认为这项技能不重要,16.6%的人认为这项技能有点重要,16.7%的人认为这项技能重要,50%的人认为这项技能比较重要。其中,50%的人力资源管理及相关岗位人员认为这项技能有点重要,其余50%的人认为这项技能比较重要;25%的秘书岗位从业者认为这项技能不重要,25%的秘书岗位从业者认为这项技能重要,其余50%的人认为这项技能比较重要。

由图 4-29 可以看出,有一半的受访者认为书法技能对于秘书从业者来说比较重要。一手好字可以提升别人对一个人的印象和看法,秘书作为经常需要和文字打交道的人,掌握一定的书法技能也是有必要的。此外,在某些文化传播类公司,书法技能也有可能是秘书和助理的必备技能。

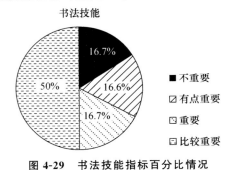

图 4-29　书法技能指标百分比情况

(十五) 驾驶汽车

在受访人群中,14.3%的人认为这项技能不重要,14.3%的人认为这项技能有点重要,28.5%的人认为这项技能重要,42.9%的人认为这项技能比较重要。其中,50%的人力资源管理及相关岗位人员认为这项技能有点重要,其余50%的人认为这项技能比较重要;25%的秘书岗位从业者认为这项技能不重要,25%的秘书岗位从业者认为这项技能重要,其余50%的人认为这项技能比较重要。

由图4-30可以看出,有接近一半的受访者认为驾驶汽车技能对于秘书从业者来说比较重要。汽车驾驶不是秘书工作必要的组成部分,但是掌握驾驶汽车的技能在某些情况下也可以帮助秘书更好地完成工作,也能应对一些紧急情况。

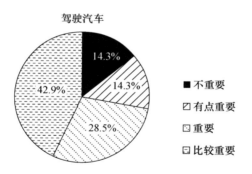

图4-30 驾驶汽车指标百分比情况

三、职业素养维度的验证

(一) 学习能力

在受访人群中,14.3%的人认为这项素质比较重要,85.7%的人认为这项非常重要。其中,全部的人力资源管理及相关岗位人员认为这项素质非常重要;全部的秘书岗位从业者认为这项素质非常重要。

由图 4-31 可以看出,有接近 90% 的受访者认为学习能力对于秘书从业者来说非常重要,占了很大比重。秘书和助理在工作中会遇到许多之前不了解、不知道的内容,这就需要他们多学习。具有良好的学习能力可以让秘书和助理在工作表现中更加出色。

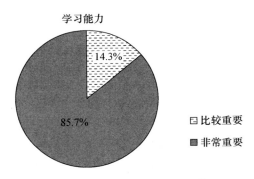

图 4-31 学习能力指标百分比情况

(二) 表达能力

在受访人群中,16.7% 的人认为这项素质比较重要,83.3% 的人认为这项非常重要。其中,50% 的人力资源管理及相关岗位人员认为这项素质比较重要,其余 50% 的人认为这项非常重要;全部的秘书岗位从业者认为这项素质非常重要。

由图 4-32 可以看出,有接近 90% 的受访者认为表达能力对于秘书从业者来说非常重要,占了很大比重。秘书要能够清晰、准确地表达出思想和想法,利于他人的理解,这样工作才能更加顺畅。

第四章 能力模型：构建、检验与权重确定

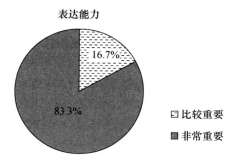

图 4-32　表达能力指标百分比情况

（三）应变能力

在受访人群中，14.3%的人认为这项素质比较重要，85.7%的人认为这项非常重要。其中，50%的人力资源管理及相关岗位人员认为这项素质比较重要，其余50%的人认为这项非常重要；全部的秘书岗位从业者认为这项素质非常重要。

由图 4-33 可以看出，有接近 90% 的受访者认为应变能力对于秘书从业者来说非常重要，占了很大比重。秘书的工作中会遇到一些突发事件和需要随机应变的情况，秘书要有良好的应变能力来应对各类事件。

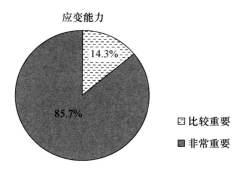

图 4-33　应变能力指标百分比情况

(四) 抗压能力

在受访人群中,42.9%的人认为这项素质比较重要,57.1%的人认为这项非常重要。其中,全部的人力资源管理及相关岗位人员认为这项素质比较重要;全部的秘书岗位从业者认为这项素质非常重要。

由图4-34可以看出,有超过一半的受访者认为抗压能力对于秘书从业者来说非常重要,余下则认为比较重要。秘书的工作有时会有较大的压力,秘书要有能承受这些压力的能力,从而更好地完成工作。

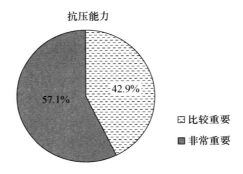

图4-34 抗压能力指标百分比情况

(五) 心理调适能力

在受访人群中,16.7%的人认为这项素质比较重要,83.3%的人认为这项非常重要。其中,50%的人力资源管理及相关岗位人员认为这项素质比较重要,其余50%的人认为这项素质非常重要;全部的秘书岗位从业者认为这项素质非常重要。

由图4-35可以看出,有接近85%的受访者认为心理调适能力对于秘书从业者来说非常重要,占了很大比重。秘书要能积极地调试自己的心理、状态、情绪,不被不良的心理状况主导,这样才能更好地完成工作。

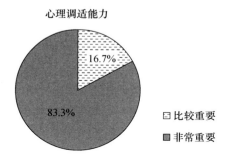

图 4-35 心理调适能力指标百分比情况

(六) 信息收集能力

在受访人群中,14.3%的人认为这项素质有点重要,28.6%的人认为这项比较重要,57.1%的人认为这项非常重要。其中,全部的人力资源管理及相关岗位人员认为这项素质比较重要;全部的秘书岗位从业者认为这项素质非常重要。

由图 4-36 可以看出,有超过一半的受访者认为信息收集能力对于秘书从业者来说非常重要,超过四分之一的受访者认为比较重要。秘书要具备信息收集的能力,从多种渠道收集信息,帮助组织发展。

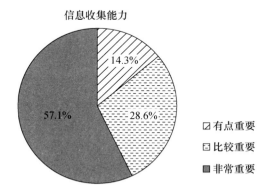

图 4-36 信息收集能力指标百分比情况

(七) 社会洞察力

在受访人群中,33.3%的人认为这项素质重要,16.7%的人认为这项比较重要,50%的人认为这项非常重要。其中,全部的人力资源管理及相关岗位人员认为这项素质比较重要;25%的秘书岗位从业者认为这项重要,其余75%的人认为这项非常重要。

由图4-37可以看出,有一半的受访者认为社会洞察力对于秘书从业者来说非常重要。秘书要能洞察、洞悉他人、其他组织以及整个社会大环境的各种做法、现象以及趋势和走向,从而帮助组织更好地发展。

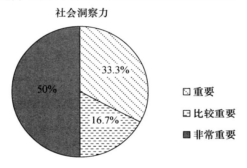

图4-37 社会洞察力指标百分比情况

(八) 鉴别能力

在受访人群中,66.7%的人认为鉴别能力是比较重要的,33.3%的人认为是非常重要的。其中,50%的人力资源管理及相关岗位人员认为这项素质是比较重要的,其余50%的人认为这一项是非常重要的;75%的秘书岗位从业者认为这项素质是比较重要的,剩余25%的秘书岗位从业者认为这一项是非常重要的。

由图4-38可以看出,有三分之一的受访者认为鉴别能力对于秘书从业者来说非常重要,剩下的三分之二则认为比较重要。秘书要能鉴别信息、事务,有较好的鉴别能力和辨别能力,才能更好地完成工作。

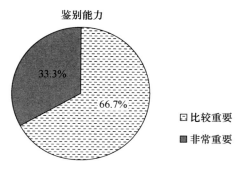

图 4-38　鉴别能力指标百分比情况

(九) 决断能力

在受访人群中,50%的人认为决断能力是比较重要的,50%的人认为是非常重要的。其中,25%的秘书岗位从业者认为这项素质是比较重要的,剩余75%的秘书岗位从业者认为这项素质是非常重要的;人力资源管理及相关岗位人员全部认为这项素质是比较重要的。

由图 4-39 可以看出,认为决断能力非常重要和比较重要的受访者各占一半。秘书要能在经过分析之后果断地决定一些事务,不能拖拉,否则不利于工作的顺利开展。

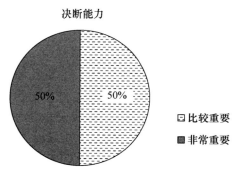

图 4-39　决断能力指标百分比情况

(十) 公关能力

在受访人群中,66.7%的人认为公关能力是比较重要的,33.3%的人认为是非常重要的。其中,75%的秘书岗位从业人员认为这项素质是比较重要的,剩余25%的秘书岗位从业人员认为这一项是非常重要的;50%的人力资源管理及相关岗位人员认为这项素质是比较重要的,其余50%的人认为这一项是非常重要的。

由图4-40可以看出,有三分之一的受访者认为公关能力对于秘书从业者来说非常重要,剩下的三分之二则认为比较重要。在组织中,一般有专门负责公关工作的人员,但是秘书具备一定的公关能力和素养也可以更好地服务领导,帮助组织运行和发展。

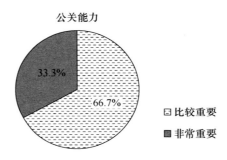

图 4-40 公关能力指标百分比情况

(十一) 策划能力

在受访人群中,14.3%的人认为策划能力是有点重要的,28.6%的人认为是比较重要的,57.1%的人认为是非常重要的。其中,50%的人力资源管理及相关岗位人员认为这项素质是比较重要的,其余50%的人认为这项是非常重要的;25%的秘书岗位从业者认为这项素质是比较重要的,剩余75%的秘书岗位从业者认为这项是非常重要的。

由图4-41可以看出,有接近90%的受访者认为策划能力对于秘书从业者来说比较重要或非常重要。秘书经常需要策划组织内部的一些活动、大型会议等,具有良好的策划能力可以让秘书更加出色、顺利地完成工作。

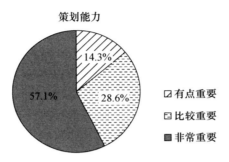

图 4-41　策划能力指标百分比情况

(十二) 协调能力

在受访人群中,37.5%的人认为协调能力是有点重要的,62.5%的人认为是非常重要的。其中,25%的秘书岗位从业者认为这项素质是比较重要的,剩余75%的秘书岗位从业者认为这一项是非常重要的;50%的领导和主管认为这项素质是比较重要的,其余50%的人认为这一项是非常重要的;50%的人力资源管理及相关岗位人员认为这项素质是比较重要的,剩余50%的人认为这一项是非常重要的。

由图 4-42 可以看出,有超过一半的受访者认为协调能力对于秘书从业者来说非常重要,其余的受访者则认为比较重要。秘书在工作中常常需要协调许多工作,领导的工作、自己的工作、各个部门的工作可能都需要秘书进行一些协调与处理。因此,具有协调能力才可以让工作更加高效地完成。

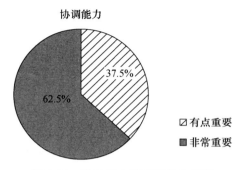

图 4-42 协调能力指标百分比情况

(十三) 人际沟通能力

在受访人群中,25%的人认为人际沟通能力是比较重要的,75%的人认为是非常重要的。其中,25%的秘书岗位从业者认为这项素质是比较重要的,75%的秘书岗位从业者认为这一项是非常重要的;50%的领导和主管认为这项素质是比较重要的,其余50%的人认为这一项是非常重要的;人力资源管理及相关岗位人员全部认为这项素质是比较重要的。

由图 4-43 可以看出,有四分之三的受访者认为人际沟通能力对于秘书从业者来说非常重要,其余四分之一的受访者则认为比较重要。秘书的工作需要与他人进行大量的人际沟通,秘书需要掌握一些话术技巧,具有良好的人际沟通能力,才能达到更好的沟通效果。

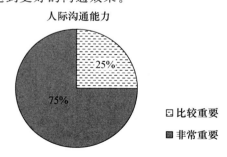

图 4-43 人际沟通能力指标百分比情况

(十四) 逻辑思维能力

在受访人群中,42.9%的人认为逻辑思维能力是比较重要的,57.1%的人认为是非常重要的。其中,25%的秘书岗位从业者认为这项素质是比较重要的,75%的秘书岗位从业者认为这一项是非常重要的;50%的人力资源管理及相关岗位人员认为这项素质是比较重要的,其余50%的人认为这一项是非常重要的。

由图4-44可以看出,有超过一半的受访者认为逻辑思维能力对于秘书从业者来说非常重要,其余的受访者则认为比较重要。秘书在工作中,要有清晰的逻辑思维能力,才不会导致工作的混乱和错误。

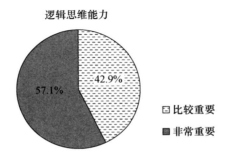

图4-44 逻辑思维能力指标百分比情况

(十五) 观察分析能力

在受访人群中,42.9%的人认为观察分析能力是比较重要的,57.1%的人认为是非常重要的。其中,25%的秘书岗位从业者认为这项素质是比较重要的,其余75%的秘书岗位从业者认为这一项是非常重要的;50%的人力资源管理及相关岗位人员认为这项素质是比较重要的,其余50%的人认为这一项是非常重要的。

由图4-45可以看出,有超过一半的受访者认为逻辑思维能力对于秘书从业者来说非常重要,其余的受访者则认为比较重要。秘书在工作中要能积极观察他人、事物以及现象,并作出一定的分析。逻辑思维能力的习得,有利于秘书工作的高效完成以及组织的发展和前进。

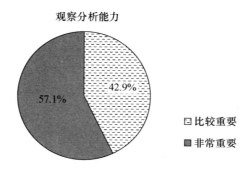

图 4-45 观察分析能力指标百分比情况

(十六) 演绎推理能力

在受访人群中,50%的人认为演绎推理能力是比较重要的,50%的人认为是非常重要的。其中,25%的秘书岗位从业者认为这项素质是比较重要的,其余75%的秘书岗位从业者认为这一项是非常重要的;人力资源管理及相关岗位人员全部认为这项素质是比较重要的。

由图 4-46 可以看出,认为演绎推理能力非常重要和比较重要的受访者各占一半。秘书具有一定的演绎推理能力可以运用一般规则于具体问题,做出符合逻辑的解答,更好地完成工作。

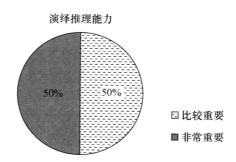

图 4-46 演绎推理能力指标百分比情况

第四章 能力模型：构建、检验与权重确定

(十七) 归纳推理能力

在受访人群中，33.3%的人认为归纳推理能力是比较重要的，66.7%的人认为是非常重要的。其中，25%的秘书岗位从业者认为这项素质是比较重要的，其余75%的秘书岗位从业者认为这一项是非常重要的；50%的人力资源管理及相关岗位人员认为这项素质是比较重要的，其余50%的人认为这一项是非常重要的。

由图 4-47 可以看出，有三分之二的受访者认为归纳推理能力对于秘书从业者来说非常重要，其余三分之一的受访者则认为比较重要。秘书在工作中要能总结归纳工作内容、工作方法等，并举一反三，进行推理，这样才能让工作更加高效。

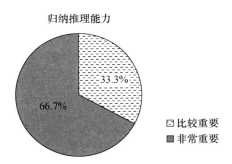

图 4-47 归纳推理能力指标百分比情况

(十八) 灵活分类能力

在受访人群中，33.3%的人认为灵活分类能力是比较重要的，66.7%的人认为是非常重要的。其中，25%的秘书岗位从业者认为这项素质是比较重要的，其余75%的秘书岗位从业者认为这一项是非常重要的；50%的人力资源管理及相关岗位人员认为这项素质是比较重要的，其余50%的人认为这一项是非常重要的。

由图 4-48 可以看出,有三分之二的受访者认为灵活分类能力对于秘书从业者来说非常重要,其余三分之一的受访者则认为比较重要。秘书要能将工作中的一些事务灵活分类、统筹处置,以达到更好的目标和效果。

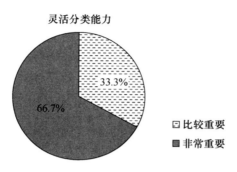

图 4-48 灵活分类能力指标百分比情况

(十九)领导能力

在受访人群中,42.9%的人认为领导能力是重要的,28.6%的人认为是比较重要的,28.5%的人认为是非常重要的。其中,25%的秘书岗位从业者认为这项素质是重要的,25%的秘书岗位从业者认为这一项是比较重要的,其余50%的秘书岗位从业者认为这一项是非常重要的;50%的人力资源管理及相关岗位人员认为这项素质是重要的,其余50%的人认为这一项是比较重要的。

由图 4-49 可以看出,有超过一半的受访者认为领导能力对于秘书从业者来说比较重要或非常重要,其余一部分的受访者则认为重要。秘书在工作中有时会按照领导和主管的要求,协调项目运作,带领一个团队进行工作,这时就需要秘书具有一定的领导能力。

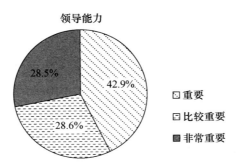

图 4-49　领导能力指标百分比情况

(二十) 组织能力

在受访人群中,16.7%的人认为组织能力是重要的,33.3%的人认为是比较重要的,50%的人认为是非常重要的。其中,25%的秘书岗位从业者认为这项素质是重要的,25%的秘书岗位从业者认为这一项是比较重要的,其余50%的秘书岗位从业者认为这一项是非常重要的;50%的人力资源管理及相关岗位人员认为这项素质是比较重要的,其余50%的人认为这一项是非常重要的。

由图4-50可以看出,有一半的受访者认为组织能力对于秘书从业者来说非常重要。根据职能的要求,秘书从业者须按照领导意图和计划安排组织各类活动,如果缺乏现代科学组织管理能力,就无法做好工作。

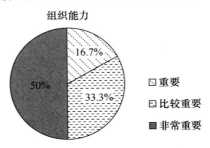

图 4-50　组织能力指标百分比情况

· 143 ·

(二十一) 统筹能力

在受访人群中，16.7%的人认为统筹能力是重要的，50%的人认为是比较重要的，33.3%的人认为是非常重要的。其中，75%的秘书岗位从业者认为这项素质是比较重要的，其余25%的秘书岗位从业者认为这项素质是非常重要的；50%的人力资源管理及相关岗位人员认为这项素质是重要的，其余50%的人认为这一项是非常重要的。

由图4-51可以看出，有一半的受访者认为统筹能力对于秘书从业者来说比较重要，三分之一的受访者则认为非常重要。秘书的工作决定着秘书要能站在全局和全面的角度来安排、分析工作，更好地为领导、为组织服务。

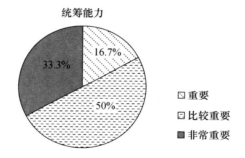

图4-51 统筹能力指标百分比情况

(二十二) 危机处理能力

在受访人群中，12.5%的人认为危机处理能力是有点重要的，12.5%的人认为是重要的，25%的人认为是比较重要的，50%的人认为是非常重要的。其中，25%的秘书岗位从业者认为这项素质是比较重要的，其余75%的秘书岗位从业者认为这一项是非常重要的；50%的领导认为这项素质是有点重要的，其余50%的人认为这一项是重要的；50%的人力资源管理及相关岗位人员认为这项素质是重要的，其余50%的人认为这一项是非常重要的。

由图4-52可以看出，有一半的受访者认为危机处理能力对于秘书从业者来说非常重要,四分之一的受访者则认为比较重要。组织运营过程中,很可能会出现一些突发情况或危机状况,秘书要能迅速反应并给出合理的应对方案,进行危机处理。

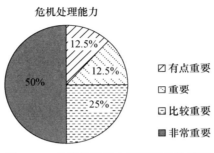

图 4-52 危机处理能力指标百分比情况

第三节 秘书职业能力模型的权重确定

为了进一步确定本书所构建的秘书职业能力模型中各个具体能力素质指标的权重,本书将岗位知识、专业技能、职业素养三个维度所包含的具体能力素质指标进一步划分为基础要素、核心要素以及个性化要素三种类型,其中基础要素为秘书从业者需要掌握和拥有的秘书基础性素质,核心要素是指秘书从业者需掌握的、最为核心的秘书从业素质,而个性化要素则强调秘书从业者在特定工作环境与要求下所需要掌握、拥有的素质要素,以确保在特殊工作情况下,完成秘书工作与任务。

本书将问卷调查所获得 680 份样本进行了再次分析,根据被调查者关于每一项秘书职业能力素质指标的重要性选择分别进行赋值,然后根据赋值和每个能力素质指标的重要程度的权重对其进行运算,最后得出一个综合的百分比以体现该项能力素质指标的重要程度。能力素质指标总和百分比在80%及以上则代表该能力素质指标为核心要素,50%至80%则代表该能力素质指标为基础要素,50%及以下则说明该能力素质指标为个性化要素。本书所构建的秘书职业能力模型所包含的各个能力素质指标的详细权重如下。

一、岗位知识维度各能力素质指标的权重

权重是指某一因素或指标相对于某一事物的重要程度。其不同于一般的比重,体现的不仅仅是某一因素或指标所占的百分比,强调的是因素或指标的相对重要程度,倾向于贡献度或重要性。本书采用主观赋权的权重计算方法,对秘书在岗位工作中需要具备的事实型和经验型信息展开问卷调查,获取各项能力素质指标的重要性排序。在对重要性选择进行赋值运算后,形成秘书岗位知识维度各能力素质指标权重分布,如图4-53所示。

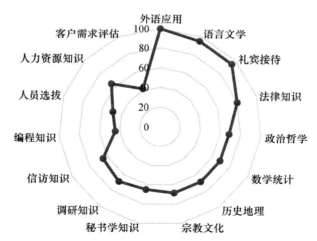

图4-53 岗位知识维度各能力素质指标权重分布图

（一）核心要素

由图 4-53 的统计分析可知，岗位知识维度各能力素质指标综合得分在 80% 以上的指标为外语应用、语言文学、礼宾接待和法律知识，即构成了岗位知识维度的核心要素指标。这四个岗位知识的核心素质指标在秘书工作中得到最广泛的运用与实践，是秘书从业者必不可少的岗位核心知识。表 4-3 为岗位知识核心要素各项素质权重表。

表 4-3 岗位知识核心要素各项素质权重表

各项权重	指标			
	外语应用	语言文学	礼宾接待	法律知识
不重要	0	0	0	0
有点重要	0	0	0	0.143
重要	0	0.143	0	0.143
比较重要	0.125	0.143	0.429	0.286
非常重要	0.875	0.714	0.571	0.428
总体权重	3.875	3.571	3.571	2.999
所占百分比	100.0%	95.0%	95.0%	80.0%

其中，外语应用是秘书岗位知识中权重最高的核心要素，占比为 100%。外语应用是指精通并熟练运用一种或多种外国语言。外语应用被领导、人力资源及相关岗位人员和秘书从业者一致认为是最重要、最为核心的秘书岗位知识素质，是秘书岗位工作中一项基本且要求过硬的知识储备。目前在我国，英语是最常用的应用外语，但其他语言的应用，例如德语、法语、西班牙语、阿拉伯语以及中国周边国家的语言，如韩语、日语、马来语等，也都在越来越开放、国际化的市场经济中拥有更多的需求。掌握多种外语是秘书从业者重要的一项知识素质。除此之外，中国方言南北差异大，现代标准汉语普通话是以北方官话为基础方言，因此，掌握一门普遍适用的南方方言也是语言

应用素质的延伸。

权重占比在秘书岗位知识核心要素中处于第二位的是语言文学，占比为95％。语言文学包括现代汉语、文学、艺术、文章写作、美学等知识，重点是语言知识和基本写作。这项素质的重要程度是由秘书岗位的工作内容决定的。秘书岗位的工作内容主要是围绕着文本的撰写与处理，所谓的"笔头功夫"是秘书从业者必须具备的重要知识。这也就是为什么许多高校将秘书学专业设置在文学院/中文系里的原因。政府部门的高级领导一般都会配备专门负责文稿撰写与修改的秘书，以满足领导工作中发言、发文的需要。

权重占比在秘书岗位知识核心要素中与语言文学同样处于第二位的是礼宾接待，占比为95％。这说明，秘书从业者在完成基本工作之余，还需主动学习国际与国内礼仪，国家与地方的历史文化、风土人情、社交礼仪、接待管理、礼宾心理等相关知识。礼是内在修养，仪是外在体现。秘书从业者只有不断地学习，提高自身修养，才能更好地诠释礼与仪，在工作需要的时候完满展现。从外交角度看，秘书在接待礼宾时，不仅展现个人素养，更代表了整个组织的对外形象甚至是文化内涵，一个好的形象会带给客户良好的身心感受与体验。

权重占比在秘书岗位知识核心要素中处于第三位的是法律知识，占比为80％。法律知识主要指法学概论以及1985年以来的人大、国务院颁布的一系列法律法规，如《中华人民共和国民法典》《中华人民共和国专利法》《中华人民共和国外商投资法实施条例》等。不论是何性质的组织，还是个人，法律都是规定我们行为的底线。在实际的秘书工作中，与组织有关、与市场经济相关的经济法、专利法等基本法律知识是必不可少的。秘书在为领导提供信息或建议时，把握法律的准绳才能使工作有效率地开展。

综上所述，外语应用和语言文学都属于语言文化，外语应用侧重于语言口语化的应用，而语言文学则侧重于语言书面化的应用；礼宾接待与法律知识都是中国人所追求的"规则"的外在体现,礼宾接待是"规则"的优化与升华,而法律知识则是"规则"的底线与准绳。秘书从业者只有掌握这四项岗位知识的核心素质并灵活运用,才能完成和满足各类秘书事务性工作的内容与要求。

(二)基础要素

由图 4-53 的统计分析可知,岗位知识的基础要素这一部分共包括八个素质,分别为历史地理、政治哲学、调研知识、数学统计、宗教文化、秘书学知识、人力资源知识和信访知识。这一类基础要素是秘书从业者应普遍具备的能力,且应用范围广、基础性强,能够帮助秘书从业者更好地处理工作中的基础性事务。上述八个素质的百分比情况如下(见表 4-4):历史地理占比 68.6%,政治哲学占比 68.6%,调研知识占比 68.6%,数学统计占比 68.6%,宗教文化占比 68.5%,秘书学知识占比 65%,人力资源知识占比 64.8%,信访知识占比 64.7%。下文将上述八个素质大致分为三部分进行阐述。

表 4-4 岗位知识基础要素各项素质权重表

各项权重	指标							
	历史地理	政治哲学	调研知识	数学统计	宗教文化	秘书学知识	人力资源知识	信访知识
不重要	0.142	0	0	0.143	0.286	0.142	0	0
有点重要	0	0.286	0.286	0.143	0	0.142	0.143	0.286
重要	0.286	0.142	0.142	0	0	0.142	0.428	0.286
比较重要	0.286	0.286	0.286	0.428	0.286	0.287	0.286	0.142
非常重要	0.286	0.286	0.286	0.286	0.428	0.287	0.143	0.286
总体权重	2.574	2.572	2.572	2.571	2.570	2.435	2.429	2.428
所占百分比	68.6%	68.6%	68.6%	68.6%	68.5%	65.0%	64.8%	64.7%

第一部分是文史知识,包括历史地理、政治哲学和宗教文化。作为一名

优秀的秘书工作人员,所具备的能力不应仅限于行政事务、礼宾接待,还应广泛涉猎文史知识以及社会文化知识,以更好地应对常规性工作。文史知识在秘书工作中的应用很难具体局限于某一部分内容,因为这类知识是作为秘书处理工作时所必须具备的基础性知识,所以它所辐射的工作范围也很广泛,例如在帮助领导预订机票、规划差旅行程时便需要用到历史地理知识;在协助领导撰写工作报告等材料时,秘书人员便需要对当时的政治政策有一些了解和学习;在对来宾进行接待和安排食宿活动时,秘书需要非常注意相应的宗教文化禁忌,以免产生不必要的麻烦。

第二部分是运用和分析数据的知识与能力,这一部分包括调研知识和数学统计。秘书工作是一个辅助性的工作,这就要求秘书人员应掌握与工作相关的各方面知识和能力,数学分析运用就属于其中的基础能力。虽然秘书从业者的工作性质不同于财会人员,但是在面对年终报表、年终总结这些含有数据的分析报告时,掌握一定的数据分析知识,并正确运用相应数据,才能更好地帮助领导进行决策。

第三部分是具体人事行政事务知识,这一部分包括秘书学知识、人力资源知识和信访知识。在大多数的工作单位,秘书工作都是与行政工作息息相关、密不可分的,它们不仅在工作性质上具有共同点,在具体工作事务上也有重合之处。例如在筹备大型会议时需要用到一些行政事务和秘书学(会议组织)知识;帮助领导进行招聘选拔时秘书人员需要用到一定的人力资源管理的知识;在特殊工作单位和党政机关、事业单位则会应用到一些信访知识及法律知识,以上三点都充分体现了秘书工作与行政工作的共通之处。所以,秘书从业者在具备秘书知识的同时,也应广泛学习行政管理知识,以便自己在应对工作时更加游刃有余。

(三) 个性化要素

由图 4-53 可知,在岗位知识这部分的个性化要素中,有人员选拔、编程知识和客户需求评估三项素质。这三项素质在秘书日常工作中的应用程度和广泛性没有核心要素和基础要素中的素质应用那么广泛,但是这三项素质也是不可忽视的,因此属于个性化的素质。它们在某些工作中或某些情况下发挥着非常重要的作用,可以帮助秘书或助理更好地完成工作。表 4-5 为岗位知识个性化要素各项素质权重表。

表 4-5 岗位知识个性化要素各项素质权重表

各项权重	指标		
	人员选拔	编程知识	客户需求评估
不重要	0	0.167	0.286
有点重要	0.333	0.167	0.143
重要	0.500	0.499	0.428
比较重要	0.167	0.167	0
非常重要	0	0	0.143
总体权重	1.834	1.666	1.571
所占百分比	48.9%	44.4%	41.9%

人员选拔主要指从应聘者中选出最适合组织岗位要求的人,包括初步筛选、笔试、面试、情境模拟、心理测试、体检、个人资料核实等内容,它的占比是 48.9%。秘书如果具备一定的人员选拔知识,可以对于组织内部的人员选拔、录取、晋升给予具有一定适切性的建议,帮助组织聘用更为合适的人选,做到人岗匹配,推动组织的发展。在组织内部人力资源管理方面存在需要改进之处的时候,秘书的人员选拔知识就可以为组织内部的人员选用提供服务。许多组织都有其专门负责人力资源管理工作的部门或人员,因此秘书一般不需要为此工作,但当秘书和助理对于某个岗位或是某些职员更加了解的时候,秘书和助理的人员选拔的相关知识就可以派上用场。

编程知识主要指运用计算机代码解决问题,让电脑执行运算程序等方面的知识,它的占比是 44.4%。在大多数人看来,编程工作是一项复杂且专业性较强的工作。一般情况下,除非是专业的编程人员或是具有一定的编程知识的人，普通人是较难胜任此类工作的。所以，编程知识对于秘书和助理来说并不是非常必要。但如果秘书在电子科技产业、IT行业或是其他相关的一些组织中工作，具有一定的编程知识就成为秘书和助理有效开展工作的必需。秘书和助理具有一定的编程知识更容易理解工作中遇到的相关问题，也能更好地为组织服务。同时，如果具有一定的编程知识，秘书和助理也可以利用这些知识去编写一些利于提高个人工作效率的程序，既可以提高工作质量，也可以为秘书和助理本人加分。

客户需求评估主要指为客户和个人服务的原则及流程知识，包括客户需求评估，满足服务质量标准，以及客户满意度评价，它的占比是41.9%。在许多组织里都会有专门的业务部门或是市场部门来面对客户，与客户相关的工作也都是由这些部门来完成，秘书和助理能直接面对客户的时候并不是很多。但当秘书和助理陪同领导去会见客户或合作伙伴的时候，如果秘书和助理有一定的客户需求评估相关的知识，就可以即时准确地把握商务沟通的重点，会让工作进行得更加顺利。秘书在面对这些客户或合作伙伴的时候也能更好地了解他们的需求，为领导提供意见和建议。此外，一起工作的同事、秘书所服务的部门和领导都可以看作是秘书的"客户"，通过客户需求评估相关的知识，来评估组织内"客户"的需求，以便更好地进行沟通，为他们服务，同时也可以给人留下更好的印象。

虽然这三个个性化要素所占的比重并不是很高，但是我们也不能忽视它们。也许很多时候，正是这些个性化的素质能为秘书工作锦上添花。

二、专业技能维度各能力素质指标的权重

在对秘书岗位工作所需具备的专业技能进行多维评估分析后，形成秘书岗位专业技能维度下各项能力素质指标的权重分布，如图4-54所示。

第四章 能力模型：构建、检验与权重确定

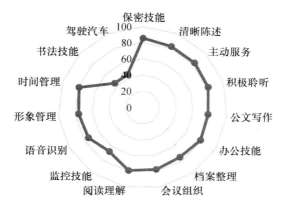

图 4-54 专业技能维度各能力素质指标权重分布图

（一）核心要素

由图 4-54 可知，专业技能维度的核心要素指标分别为保密技能（85.7％）、清晰陈述（82.5％）、主动服务（82.5％）和积极聆听（81.5％）。这四个专业技能的核心素质指标体现了秘书工作中应该具备的职业态度与专业技能，是秘书从业者在日常工作中获得领导信任、完成工作任务的必要保障。表 4-6 为专业技能核心要素各项素质权重表。

表 4-6 专业技能核心要素各项素质权重表

各项权重	指标			
	保密技能	清晰陈述	主动服务	积极聆听
不重要	0	0	0	0
有点重要	0	0	0	0
重要	0	0	0	0
比较重要	0.143	0.143	0.143	0.167
非常重要	0.857	0.857	0.857	0.833
总体权重	3.857	3.714	3.714	3.666
所占百分比	85.70％	82.5％	82.5％	81.5％

保密技能是秘书专业技能中权重最高的素质指标,占比为 85.7%。保密技能是从业者遵守职业道德规范,严守工作机密的技术与能力。领导、人力资源及相关岗位人员和秘书从业者认为信息资源的合理保护与利用是做好秘书工作的一把"安全锁"。保密技能得到如此大权重的占比,与组织领导十分重视机密内容的保护密不可分。秘书服务领导,接触组织机密的机会较多,因此,领导及组织更加重视秘书的保密工作及其保密技能。秘书从业者要想在工作中做好保密工作,不仅需要知晓、遵守秘书职业道德规范,还需要对与保密工作相关的法律法规、程序流程、保密常识等进行学习与掌握。在日常工作中,秘书从业者需要对组织内部的文件分类、归档,并按照文件划分的密级进行存放和拿取,并按照涉密规定进行相关操作。秘书从业者在工作中要时刻注意保密工作的严格有序进行。

权重占比在秘书专业技能核心要素中处于第二位的是清晰陈述,占比为 82.5%。清晰陈述是指具有与他人交谈时能够有效地传达信息的技能。此项素质的重要程度是由秘书岗位的工作内容决定的。前文提到,待人接物、上传下达是秘书岗位重要的工作内容之一,秘书从业者在工作中有着大量涉及与他人沟通协调和与其他部门协同合作的工作内容,因此拥有清晰陈述的技能才能使秘书从业者在发挥组织纽带与连接作用时确保信息传递准确无误,促进工作任务顺畅完成。同时,掌握清晰陈述技能的秘书从业者在接受信息时,同样会有更好的理解信息的能力。

此外,权重占比与清晰陈述同处于第二位的还有主动服务,占比同为 82.5%。拥有积极主动的服务技能与工作态度,是秘书从业者在专业技能方面必须具备的核心素质之一。主动服务是指具有积极主动寻找帮助他人的方式方法的技能。这也是由秘书工作的性质与内容决定的。秘书岗位是从属于组织内核心部门或核心个人的辅助性岗位,其所承担的工作职责与工作内容皆是围绕组织核心业务展开。因此,主动服务成为秘书职业属性所要求的工作态度和基础性技能。主动服务并非全指工作态度与专业意识,还需要掌握一定的方式方法才能使"服务"水平得到保证。熟悉且灵活运用预见需求抢先提供服务、观察服务对象的肢体语言、了解服务对象的生活习惯与心理活动、积累服务内容的操作经验等主动服务技能,才能使服务质量在技巧学习与专业态度的有机统一中得到不断强化与提高。

权重占比在秘书专业技能核心要素中处于第三位的是积极聆听,占比为81.5%。积极聆听是指充分注意对方所说的话,理解其中的要点,适当地提出问题的技能,同时亦是一种沟通技巧,在领导下达和布置工作任务时尤为重要。秘书岗位的工作内容与重心是围绕领导的日常工作而进行的,准确无误地接受信息并正确理解信息是积极聆听的核心过程,也是协助领导工作的关键。完整的积极聆听并不止于默默倾听,更重要的是在倾听的基础上,适时提出开放式或针对性的相关问题,并及时向领导反映感受想法与内容总结,以便确认理解内容的准确性。积极聆听与主动服务同样是技能学习与专业态度的有机结合,需要秘书从业者在知识学习与实践操作中进行训练。同时,手中的一支笔也是秘书从业者达到良好聆听效果的"良友"。

综上所述,秘书专业技能的四大核心素质指标——保密技能、清晰陈述、主动服务和积极聆听均体现了领导、人力资源及相关岗位人员和秘书从业者对秘书专业技能掌握与积极工作态度方面的更高要求。秘书从业者只有不断学习、反复训练、逐步积累,将职业技能与工作实践相结合,才能拥有更出色的工作表现。

(二)基础要素

在专业技能这一部分能力素质指标中,基础要素一共含有九项素质指标,分别是阅读理解、办公技能、时间管理、公文写作、会议组织、形象管理、档案管理、语音识别、监控技能。这九项素质是领导、人力资源及相关岗位人员、秘书从业者普遍认为在秘书工作中应用较为广泛的技能,是秘书和助理在日常工作中处理工作事务的基础技能,可以帮助秘书和助理更好地完成工作。表4-7为专业技能基础要素各项素质权重表。这九项素质按照相近程度和使用范围可划分为四部分。

表 4-7 专业技能基础要素各项素质权重表

各项权重	指标								
	阅读理解	办公技能	时间管理	公文写作	会议组织	形象管理	档案管理	语音识别	监控技能
不重要	0	0	0	0	0	0	0	0	0
有点重要	0	0	0	0	0	0	0	0	0
重要	0.143	0.143	0	0.250	0.250	0	0.375	0	0.666
比较重要	0.143	0.143	0.429	0.125	0.125	0.571	0.125	0.667	0.167
非常重要	0.714	0.714	0.571	0.625	0.625	0.429	0.500	0.333	0.167
总体权重	3.571	3.571	3.571	3.500	3.500	3.429	3.375	3.333	3.000
所占百分比	79.3%	79.3%	79.3%	77.8%	77.8%	76.2%	75.0%	74.1%	66.7%

第一部分是处理外界所给予信息的技能。这部分包括阅读理解和语音识别，它们的百分比分别是 79.3% 和 74.1%。阅读理解是指理解工作相关文件中的书面句子和段落的技能，语音识别是指识别和理解其他人讲话内容的技能。这两个技能都是接收和处理外界所给予的信息的技能，阅读理解更多是接收和处理书面上文字信息的技能，语音识别更倾向于接收和处理口语所表达信息的技能。在如今这个信息量非常庞大的社会，人们每天都会相互传送各种各样的信息。秘书和助理经常需要处理文字、文件，与他人进行交流，对于外界给予的信息进行接收和处理。秘书和助理要能帮助所服务的组织、部门或是领导接收信息，并且从众多庞杂的信息中过滤掉无用信息，筛选出有用信息，从而进行处理转化，使信息变成直观可用的有效信息。在日常处理公文、阅读邮件等工作中，阅读理解的技能就非常重要，而在和领导、其他同事甚至是客户、合作伙伴交流时，语音识别的能力就显得尤为重要。因此，秘书和助理需要注意这方面技能的锻炼和提升，从而能更好地接收、处理并理解外界和他人所给予的信息，更好地完成工作。

第二部分是监控技能，占比66.7%。监控技能是指具有监控、评估个人或组织的绩效并进行改进提议或采取纠正措施的技能。这类工作一般是由专门部门或人员负责，对于秘书和助理来说可能并没有其他技能的重要程度高。但是秘书作为领导的参谋，需要帮助组织和领导多加留意组织管理的运营状况和存在的问题，通过认真观察和分析来给组织或领导提供一定的建议和可行性方案与措施，从而帮助组织更好地发展。

第三部分是秘书工作的基本办公技能，这部分包括办公技能、公文写作、会议组织和档案管理，所占百分比分别为79.3%、77.8%、77.8%和75.0%。办公技能是指一个人工作中必备的内涵素养以及基本工作所必需的技能，一般包括以下三个方面：首先是要具备良好的文字处理能力，这是保证秘书日常工作的基础。其次是具备电脑应用能力，秘书工作者要能够独立操作计算机，熟练使用Word、Excel、PowerPoint、Outlook等办公自动化软件。最后是能够熟练运用各类办公自动化设备，如复印机、传真机、打印机、碎纸机、扫描仪、刻录机等。这些硬件与软件的应用都是与秘书实际工作息息相关的，是秘书有效开展工作的辅助工具，所以秘书人员在入职前应接受相关培训，从而利用软硬件设施更好地完成相应工作。

公文写作是指公务文书的起草与修改，是撰写者代机关立言，体现机关领导意图和愿望的写作活动。公文写作技能是秘书在日常工作中应用最为广泛的技能，不论是在政府机关、事业单位还是国有企业、外资企业，都需要秘书根据领导意图撰写相应文稿和报告。在撰写公文时秘书应注重逻辑性、简明性、可靠性、规范性等几大特点和要求，公文内容应符合国家法律法规、政策规定以及上级机关的相应要求，确保情况属实、观点明确、条理清晰、层次分明。

会议组织是会议召开的重要环节，也是秘书日常工作的主要组成部分。良好的会议组织工作不仅是会议活动顺利召开的保证，更是员工沟通协作能力的体现。在进行会议筹备工作前，秘书应充分了解此次会议的目的、内容、性质、人员、场地、时间等一系列问题，进行有组织、有计划的分工，随后再根据会议的安排选定地址,安排主会场和分会场,并确定食宿地点等具体问题。秘书人员在入职前应接受会议组织及相关课程的培训,建立一套会议组织的工作方法,同时还应通过参观大型展会等方式来进行学习和补充。

档案整理是对收集来的档案分门别类组成有序体系的一项业务,是档案管理中的一项基础性工作。档案管理技能并不是每位秘书人员都需要具备的专业技能,因为有些组织会雇用专业档案管理公司来负责这项业务。但是承接档案管理外包的服务公司通常是按年交接或集中交付档案材料的方式进行工作,所以日常的档案管理工作还是需要秘书人员亲力亲为。秘书人员应在平时工作时就养成归纳总结的好习惯,定期对所在部门的资料进行整理,方便年底的归档工作。

第四部分是秘书需要掌握的两种管理能力,分别为时间管理能力和形象管理能力。时间管理能力是指通过事先规划和运用一定的技巧、方法与工具实现对时间的灵活有效运用,从而实现个人或组织的既定目标,这一素质占比79.3%。良好的时间管理能力是工作质量和效率的保证,秘书人员应重视这一项能力,并有计划地去训练自己养成良好的时间管理习惯。在进行时间安排的过程中,秘书首先应详细周到地考虑工作计划,确定实现工作目标的具体手段和方法,预定出目标的进程及步骤。随后制订工作计划,将事务整理归类,并根据轻重缓急来进行安排和处理。最后还要为计划提供预留时间,掌握一定的应付意外事件或干扰的方法和技巧,随机应变。

形象管理能力是指通过对个人衣着、服饰、妆容、礼仪进行有效管理,建立起属于自己的良好的个人形象,这个素质占比76.2%,从百分比不难看出多数受访者对这项能力还是较为重视的。秘书在工作时应着正式合体的服饰,谈吐举止和蔼大方,注重礼貌礼节。秘书人员良好的形象就像是公司一张无形的名片。

(三)个性化要素

专业技能维度的个性化要素中含有书法技能和驾驶汽车两个素质指标,分别占比44.5%和44.4%。这两个素质之所以属于个性化要素,是因为它们并不是大多数秘书和助理人员所必需的技能,而是在特殊的环境或是行业中需要。表4-8为专业技能个性化要素各项素质权重表。

表4-8 专业技能个性化要素各项素质权重表

各项权重	指标	
	书法技能	驾驶汽车
不重要	0.166	0.143
有点重要	0.167	0.143
重要	0.500	0.429
比较重要	0.167	0.285
非常重要	0	0
总体权重	2.001	2.000
所占百分比	44.5%	44.4%

如果在文化传媒业组织工作,书法技能对于秘书和助理来说可能就是一项需要具备的技能。在工作中,秘书会碰到需要手写来完成的工作,掌握书法技能会让书写工作完成得更加得心应手,写出一手好字也会为秘书本人加分。

驾驶汽车的工作一般不会由秘书和助理来完成,但是这项技能是一项可以应急且非常有用的技能。假如领导临时有事需要外出,行政派车又不方便,那么秘书和助理驾驶汽车的技能就可以派上用场。秘书和助理被临时派出去做事,并且有可以驾驶汽车的条件时,驾驶技能也可以让秘书在工作中更加省时省力。这个技能不仅在工作中可以用到,在日常生活中的用处更加普遍。因此,秘书和助理可以去学习汽车驾驶技能,让工作、生活更加高效。

三、职业素养维度各能力素质指标的权重

随着社会的发展和企业竞争的日益加剧,秘书工作的重要性越来越受到

重视,秘书日渐成为组织内参与管理的特殊助手,他们不仅要熟练掌握办公室的工作技巧,还需要具备各种能力,成为全才型秘书。职业素养维度的各项能力素质直接影响秘书工作的效率,是秘书工作顺利圆满完成所需的个性心理特征,其权重分布,如图4-55所示。

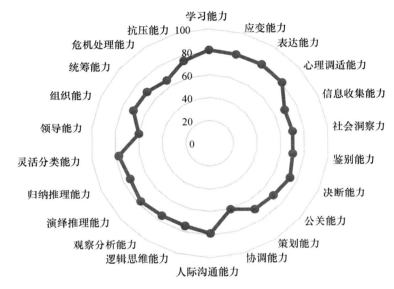

图4-55 职业素养维度各能力素质指标权重分布图

(一)核心要素

由图4-55可知,职业素养的核心要素分别为学习能力(81.6%)、应变能力(81.6%)、表达能力(80.7%)和心理调适能力(80.7%)。这四项职业素养的核心要素指标在秘书工作中得到最广泛的运用与实践,是秘书从业者必不可少的核心职业素养。表4-9为职业素养核心要素各项素质权重表。

表 4-9 职业素养核心要素各项素质权重表

各项权重	指标			
	学习能力	应变能力	表达能力	心理调适能力
不重要	0	0	0	0
有点重要	0	0	0	0
重要	0	0	0	0
比较重要	0.143	0.143	0.167	0.167
非常重要	0.857	0.857	0.833	0.833
总体权重	3.857	3.857	3.833	3.833
所占百分比	81.6%	81.6%	80.7%	80.7%

其中,学习能力成为秘书职业素养中权重最高的素质,占比为81.6%。拥有良好的学习能力被领导、人力资源及相关岗位人员和秘书从业者一致认为是贯穿秘书职业生涯最核心的秘书职业素养,是秘书从业者保持工作能力与获取发展空间的动力和源泉。学习能力是指通过各种手段和途径进行学习,从而增长知识和提高技能,是习得所有其他能力的基础和必要条件。思维力、记忆力、创造力、想象力、理解力等智力因素是学习能力的内在体现,而注意力、观察力、语言表达能力、模仿能力、实际操作能力、运算能力、视听感知能力等则是学习能力的外在体现。秘书从业者不论身处何种性质组织、服务于何种对象、从事何种工作内容,学习能力都是贯穿其职业生涯的基本和核心素养。只有拥有良好的学习能力,秘书从业者才能快速适应职岗环境与工作任务,并能做到与时俱进,在学习与实践中获得发展。

权重占比在秘书职业素养核心要素中与学习能力同样处于第一位的是应变能力,占比同为81.6%。应变能力是指调整自身适应工作环境和工作内容等的变化,在特殊情况下能够沉着冷静,审慎利用自身的职业判断和职业素养迅速做出反应。此项素质指标的重要程度是由秘书岗位的工作内容决定的。待人接物、上传下达是秘书岗位重要的工作内容之一,秘书从业者在工作中大量涉及沟通协调、处理事务与问题、联合多部门协作等工作内容,因此拥有良好的应变能力才能使各项繁杂事务得到妥善处理,甚至是在特殊或危急情况下,秘书从业者仍然能运用良好的应变能力做出符合情境的判断与反应。不可忽视的是,良好的应变能力并非先天具有,而是需要秘书从业者拥有丰富的工作经验与学习能力,才能在应对特殊情况时沉着冷静、审时度势,妥善处理问题。

权重占比在秘书职业素养核心要素中处于第二位的是表达能力,占比为80.7%。可见,拥有流利清晰的表达能力是秘书从业者在职业素养方面必须具备的核心素质。表达能力包括口语表达和书面表达,是指具备丰富的词汇量、敏捷的思维和清晰的语言,并能够准确及时、简洁规范地表述和说明情况。秘书从业者的服务对象为个人或以人为主体的组织部门。在日常工作中,表达能力是完成各项工作任务的基础与前提。秘书从业者不仅要对领导下达的工作任务清楚明白,还需要运用表达能力与包括领导在内的其他相关人员协调沟通,以促进工作任务的圆满完成。此外,一些秘书从业者还负有为领导提供建议与参考的任务,良好的表达能力既能使秘书从业者将心中所想完整、富有逻辑地汇报给领导,还能使领导对其建议更加清楚明白,促进信息的传达与理解。

权重占比在秘书职业素养核心要素中与表达能力同样处于第二位的是心理调适能力,占比为80.7%。心理调适能力是指利用一定的方法,通过特定的途径调节心理状态,并使之适应外在环境的变化、保持心理的平衡与健康。改变认知模式、增强人际关系的适应能力、面对压力有所认识与准备、掌握排除负面情绪的手段、注重秘书职业素养的建设是秘书从业者拥有良好心理调适能力的有力手段与方法。在时代快速发展的背景下,人们的心理压力也随之增大,人们的心理调适能力也需随之提升与发展。日新月异的社会主义市场经济对秘书从业者的职业素质也提出了更高的要求,这就需要秘书从业者不仅要直面各种工作与生活上的压力,还要与时俱进调整心理状态,不断提高适应能力、学习能力,使之适应新的发展和变化。

综上所述,学习能力和应变能力都属于秘书从业者的智力因素,学习能力侧重于人的智慧能力,而应变能力则关联于情绪智力;表达能力和心理调适能力分别是秘书从业者外在语言表达和内在心理调整的体现。值得注意的是,从数据上看,职业素养的四项核心要素的权重占比十分接近,这说明领导、人力资源及相关岗位人员和秘书从业者认为只有较全面地具备职业素养的核心要素,秘书从业者才能在日常工作和特殊情况下,更圆满地完成秘书岗位的工作要求与任务。

(二) 基础要素

职业素养这一部分比较特别,除了四项核心素质之外,剩下的18个素质都是基础素质,它们的百分比都在50%—80%之间,并且这些素质的百分比的差距并不大(见表4-10)。这18个素质分别为人际沟通能力、归纳推理能力、灵活分类能力、抗压能力、逻辑思维能力、观察分析能力、决断能力、演绎推理能力、鉴别能力、公关能力、组织能力、社会洞察力、信息收集能力、策划能力、统筹能力、危机处理能力、协调能力和领导能力。以上能力素质涵盖范围广,是秘书从业者在实际工作中应普遍具备并应用的能力素养。在某种程度上也可以反映出更多领导、人力资源及相关岗位人员和秘书从业者都渴望秘书和助理能更多地具备全方面的职业素养。秘书和助理所具备的职业素养是否全面在一定程度上会影响秘书的工作效率和工作质量。这18个秘书职业素养的基础素质,按照它们的范围以及使用度,并将相似数据进行归纳,可大致划分为六个部分。

表 4-10 职业素养基础要素各项素质权重表

各项权重	指标								
	人际沟通能力	归纳推理能力	灵活分类能力	抗压能力	逻辑思维能力	观察分析能力	决断能力	演绎推理能力	鉴别能力
不重要	0	0	0	0	0	0	0	0	0
有点重要	0	0	0	0	0	0	0	0	0
重要	0	0	0	0	0	0	0	0	0
比较重要	0.250	0.333	0.333	0.429	0.429	0.429	0.500	0.500	0.667
非常重要	0.750	0.667	0.667	0.571	0.571	0.571	0.500	0.500	0.333
总体权重	3.750	3.667	3.667	3.571	3.571	3.571	3.500	3.500	3.333
所占百分比	78.9%	77.2%	77.2%	75.2%	75.2%	75.2%	73.7%	73.7%	70.2%

(续表)

各项权重	指标								
	人际沟通能力	归纳推理能力	灵活分类能力	抗压能力	逻辑思维能力	观察分析能力	决断能力	演绎推理能力	鉴别能力
不重要	0	0	0	0	0	0	0	0	0
有点重要	0	0	0	0.143	0.143	0	0.125	0.375	0
重要	0	0.167	0.333	0	0	0.167	0.125	0	0.429
比较重要	0.667	0.333	0.167	0.286	0.286	0.500	0.250	0	0.286
非常重要	0.333	0.500	0.500	0.571	0.571	0.333	0.500	0.625	0.285
总体权重	3.333	3.333	3.333	3.285	3.285	3.166	3.125	2.875	2.856
所占百分比	70.2%	70.2%	70.2%	69.2%	69.2%	66.7%	65.8%	60.5%	60.1%

第一部分是抗压能力，它的百分比是75.2%。抗压能力也可以理解为心理承受力，是在一定困难或挫折的环境中承受压力和对抗压力的能力与素养。在很多时候，秘书和助理的工作其实充满着挑战和困难，遇到比较棘手的事情、面对不好相处的人或者是紧张的工作节奏都有可能给秘书和助理带来一定的压力。这些压力和困难会影响人的情绪，甚至会影响人的工作状态和效率。在面对这些工作中的压力和困难时，秘书和助理是否能够处理好各项事物之间的关系，并且能调节自身的心理状态和情绪在很大程度上对于秘书和助理的工作会有一定影响。因此，具备良好的抗压能力对于秘书和助理来说是非常重要的。同时，这种抗压能力不仅适用于工作，同样也适用于日常的生活。良好的抗压能力会帮助人们更好地从逆境中走出来，迎接更好的生活。

第二部分是适应环境、灵活应变与处理紧急事件的能力素养。这一部分中包括公关能力和危机处理能力。公关能力是指能更好地维护公共关系状态的能力，其中包括许多方面的能力，形象管理能力、应变能力、公众交往能力、社会适应力等，是一个较为综合的能力，它的百分比为70.2%。公共关系是组织运营中非常重要的一部分，一个组织若想发展得更加出色，必定要注意公共关系建设和相关活动的开展。在很多企业中，都有专门的公共关系部门或是公关人员。但是对于秘书和助理来说，具备一定的公关能力也可以帮助组织更好地发展，更好地辅助领导的工作。在与其他组织的人员交往以及面对企业的客户和合作伙伴时，秘书和助理需要懂得一定的社交礼仪，并且需要能较为良好地管理自己的形象，这可以帮助所在的组织提升形象，同时在一定程度上也可以帮助维护和改善组织和组织之间的关系。除此之外，秘书也可以为自己所在的组织提供一些其他组织的信息，这也可以帮助组织更好的发展。公关能力中还有一个重要的部分是应变能力，这在某种程度上和危机处理能力有一定的相关性。危机处理能力是预防和处理突发事件的能力，它的百分比是 65.8%。秘书和助理服务于组织、部门或是领导，在工作的过程中会遇到各种各样意想不到的情况，也会有各类突发事件的发生。这时就需要考验秘书和助理的危机处理能力。秘书和助理需要能够迅速地警觉到突发事件发生的可能性，先期预防；在无法预防时，要在事情发生的第一时间内报告给领导或是相应的人员，并且要能提出有适切性的建议和意见，以帮助解决突发事件。在这个过程中，秘书不仅要有良好的处理经验和方法，也要有灵活应变的能力，这样才能让突发事件更加顺利、迅速地解决，以减少组织的损失。以上两种能力是适应和应变的能力，这两种能力素养可以帮助秘书和助理更好地面对各种工作状况，帮助秘书更好地处理各类事件。

第三部分是秘书和助理在日常工作中运用得较多的能力素养，可以帮助秘书和助理更好地跟各类人交往和沟通，在很大程度上可以体现出秘书和助理的情商。这一部分包括六项素质。决断能力是指按照最优化的要求，从若干准备实施的方案中选择行动对策，通过实施以达到一定目标，它的百分比为 73.7%。秘书和助理有辅助领导、给予领导建议从而让领导做出更优决策的职能。在给予领导建议之前，秘书往往需要通过比较各方面的情况，自己预先做出一个决策和决断才能给领导提出一个最优的建议。组织能力、策划能力、统筹能力、协调能力和领导能力分别占比 70.2%、69.2%、66.7%、60.5% 和 60.1%。这五项能力素养都能体现秘书和助理协调各方面事务、考虑全局的能力。秘书需要会办事，而这五种能力都是秘书在办事中需要用到的。在办事的过程中,秘书会接触各类人,会遇到各种事,怎样安排、规划和协调各方也是对于秘书和助理的考验。具备良好的统筹能力、协调能力和领导能力会让秘书在办事的过程中考虑周全,且做到组织效益最大化。除了办事之外,秘书还有一个非常重要的职责就是办会。小到组织内部的讨论会、总结会,大到整个企业的年会、表彰会的组织都在秘书的工作范围内。在办会之前,需要有会议的策划,无论是小规模会议的议程,还是大规模会议或是活动的流程,都需要秘书的参与和把握,这五种能力在办会的过程中都会发挥作用。秘书想策划出好的会议和活动流程,就需要能在前期的准备工作中发挥组织能力、统筹能力、协调能力和领导能力,让各方能各司其职,更好地准备会议。这些能力让秘书和助理在日常的工作中能够更好地应对各类事情和各种情况,让秘书的工作能够更加得心应手,同时也为秘书和助理本人的能力表现加分。

第四部分是人际沟通能力,它所占百分比高达 78.9%,不难看出大部分受访者认为这个能力素质是秘书从业者需要具备的。秘书日常工作的很大一部分内容便是进行上传下达,秘书所具备的人际沟通能力就包括提高理解别人的能力和增加别人理解自己的可能性两方面。掌握良好的沟通方式和沟通技巧能够更好地帮助秘书化解工作中的难题,从而达到更好的沟通效果。在与他人进行沟通时,秘书人员应时刻保持高度的注意力,从而有助于通过语言和非语言符号了解对方的真实意图和心理状态,并能够更好地根据反馈来调节自己的沟通过程;在表达自己的意图和想法时,应随时注意自己是否被人充分理解。如果一时间将过多信息和内容传达给对方,则会引起信息接收方的不适,因而,所传达的信息充分而又不冗余是一个最好的状态。

第五部分是逻辑思维和推理能力,这一部分包括归纳推理能力、逻辑思维能力和演绎推理能力,它们所占百分比分别为 77.2%、75.2% 和 73.7%。秘书人员除了进行上传下达的工作以外,也需要自身对所接收的信息和工作进行理解、反思和计划,逻辑思维和推理能力便是帮助秘书更加客观公正,根据事态发展进行下一步工作预算的能力。归纳推理能力是指人们能够根据一类事物的部分对象具有某种性质,推出这类事物的所有对象都具有这种性质的能力，是一个从特殊到一般的过程。演绎推理是一个从一般性的前提出发，通过推导得出具体陈述或个别结论的过程。通常情况下，这两种推理方式相互配合使用，秘书人员应掌握一定的推理能力，从而能够对自己的下一步工作进行预判，并提前将一些可能出现的问题规避。在很多情况下，领导会询问秘书人员对下一步工作安排的意见，这时秘书不能人云亦云，应根据自己所接触到的实际情况进行清晰的判断，帮助领导做出决断。逻辑思维能力是指能够正确、合理思考的能力，即对事物进行观察、比较、分析、综合、抽象、概括、判断、推理的能力，掌握推理能力的前提是具有良好的逻辑思维能力。逻辑思维能力是秘书，甚至是每个人在工作中都需要具备的一项能力，它是考验一个人基本工作能力的必备要求，如果不具备合格的逻辑思维能力就会产生主次不分、条理不清、前后矛盾、概念混乱等问题。秘书工作者一天需要面对纷繁复杂的工作任务，如果不能很好地理清每项任务的条理与关系，就可能会出现"张冠李戴"这样的错误和笑话。

第六部分是秘书人员收集信息并对信息加工提取的能力素质，包括灵活分类能力、观察分析能力、鉴别能力、社会洞察力和信息收集能力。信息收集能力是其他四个能力素质的前提和基础，占比69.2%。秘书人员在帮助领导决断和预判工作计划时，都需要在前期进行大量信息收集的工作，从而能够将各方面的反馈意见进行整合，再进行下一步加工。信息收集不仅要及时，更要全面准确，这样才能保证接下来的加工阶段是全面客观的。鉴别能力是指在信息收集过程后，工作人员能够准确、迅速地判断出信息价值的能力。社会洞察力是指秘书从业者能够深入问题，透过问题现象看到问题本质的能力。观察分析能力是指秘书从业者对事物进行观察、剖析、分辨和研究的能力。灵活分类能力就如同字面意思，在面对众多数据、事物时可以运用灵活恰当的方法进行分类和归纳。以上四项素质占比分别为70.2%、70.2%、75.2%和77.2%。从所占百分比来看，不难发现这四种能力素质是紧密联系的，而且众多受访者也将其放在比较重要的位置。在实际工作中，这四种能力是相辅相成、共同作用的。通常情况下，看似复杂的问题,经过秘书人员进行鉴别、分类、观察分析后,就会变得简单化、规律化,从而可以被轻松、顺畅地解答出来。观察分析能力较差的秘书,面对问题时往往会不知所措,毫无头绪,思前想后不得其解,这样的工作状态会大大降低工作效率,从而间接影响领导的判断和决策。秘书人员在工作之余应有意识地培养自己对信息进行加工和处理的能力,以便在遇到问题时可以根据实际情况,运用自己熟知的方法和经验来解决。

第四节　秘书职业能力模型的最终确定

综上所述,本书构建的秘书职业能力模型进一步细化为核心要素、基础要素以及个性化要素,三类要素由下到上构成金字塔结构,见图4-56。

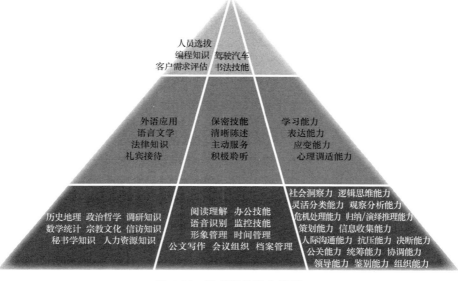

图4-56　秘书职业能力模型

核心要素是秘书职业能力模型中权重比例最大的部分,也是本模型中最重要的组成部分,代表秘书从业者需具备的最为核心的职业能力素质。其中,岗位知识、专业技能以及职业素养等各能力素质维度均包含4项具体的能力素质指标。岗位知识维度包含的具体能力素质指标为外语应用、语言文学、法律知识以及礼宾接待;专业技能维度包含的具体能力素质指标为保密技能、清晰陈述、主动服务以及积极聆听;职业素养维度包含的具体能力素质指标为学习能力、表达能力、应变能力以及心理调适能力(见表4-11)。

表 4-11 核心要素各能力素质指标解释表

能力维度	素质指标	指标内涵
岗位知识	外语应用	精通并熟练运用一种或多种外国语言
	语言文学	主要指现代汉语、文学、艺术、文章写作、美学、心理学等知识,重点是语言知识和基本写作知识
	法律知识	主要指法学概论以及1985年以来的人大、国务院颁布的一系列法律法规
	礼宾接待	主要指旅游管理学、导游基础知识、旅游心理学等知识
专业技能	保密技能	遵守职业道德,严守机密
	清晰陈述	具有与他人交谈时能够有效地传达信息的技能
	主动服务	具有积极主动寻找帮助他人的方式方法的技能
	积极聆听	具有充分注意对方所说的话,理解其中的要点,适当地提出问题的技能
职业素养	学习能力	通过各种手段和途径进行学习,从而增长知识和提高技能
	表达能力	包括口语表达和书面表达;具备丰富的词汇量、敏捷的思维和清晰的语言,能够准确及时、简洁规范地表达信息和描述情况
	应变能力	调整自身以适应工作环境和工作内容的变化,在特殊情况下,能够沉着冷静,利用自身的职业判断和职业素养迅速做出反应
	心理调适能力	利用一定的方法,通过特定的途径调节心理,使之适应外在变化和环境,保持心理平衡、健康

基础要素部分为秘书职业能力模型中底层部分,各维度所包含的职业能力素质指标数量最多,覆盖秘书的工作范围最为广泛,也是秘书从业者需要掌握与拥有的秘书基础知识和素质。其中,岗位知识维度包含8项具体能力素质指标,分别为历史地理、政治哲学、调研知识、数学统计、宗教文化、信访知识、秘书学知识以及人力资源知识;专业技能维度主要包含阅读理解、办公技能、语音识别、监控技能、形象管理、时间管理、公文写作、会议组织以及档案管理等9项具体的秘书专业技能;职业素养维度则包含18项具体的能力素质,分别为信息收集能力、社会洞察力、鉴别能力、决断能力、公关能力、策划能力、协调能力、人际沟通能力、逻辑思维能力、观察分析能力、演绎推理能力、归纳推理能力、灵活分类能力、领导能力、抗压能力、组织能力、统筹能力以及危机处理能力(见表4-12)。

表4-12 基础要素各能力素质指标解释表

能力维度	素质指标	指标内涵
岗位知识	历史地理	主要指中国近代史、世界近代史、中国经济地理、本地的近代历史与地理知识
	政治哲学	主要指哲学、政治经济学、逻辑学等知识
	调研知识	主要指通过各种调查方式获取意见和建议,进行统计分析,研究事物总特征的知识
	数学统计	主要指高等数学、管理数学、统计学等知识
	宗教文化	主要指不同民族、不同地域的文化传统、风俗习惯、宗教信仰等知识
	信访知识	主要指科学合理处理来信来访问题等方面的知识
	秘书学知识	主要指对秘书、秘书部门、秘书工作等一系列理论构建有较全面科学的论述,指导秘书专业实践的相关知识
	人力资源知识	主要指人员招聘、选拔、培训、薪酬和福利的原则和程序的知识,劳动关系和谈判,以及人事信息系统的知识

(续表)

能力维度	素质指标	指标内涵
专业技能	阅读理解	具有理解工作相关文件中的书面句子和段落的技能
	办公技能	具有中英文打字等现代化办公手段,掌握一定的计算机处理技能,熟练使用各种办公软件及办公设备
	语音识别	识别和理解另外一个人讲话的技能
	监控技能	具有监控、评估个人或组织的绩效,并进行改进或采取纠正措施的技能
	形象管理	管理内外形象,在公关活动过程中,使人们对组织有好的印象,包括如何化妆、穿着、行为举止以及各种礼仪规范等
	时间管理	分清各种任务的轻重缓急,合理分配时间,控制过程
	公文写作	具有一定的语言处理能力,熟悉各类公文的写作方法,能够撰写各类文书及应用文
	会议组织	组织与管理会议,包括会议的必要性分析、准备会议议程、确定参会人员、主持和控制会议、安排相关会务、做好会议记录、会议总结等内容
	档案管理	具有档案归档、立卷、编制目录、统计、检索、编研、保管、收发、登记等技能
职业素养	信息收集能力	把原始的、零散的材料经过归纳整理,综合分析,变成系统的、具有较强操作性和指导性的意见和建议
	社会洞察力	具有察觉社会组织的动态、观察他人的反应并理解其中意图的能力
	鉴别能力	用辩证唯物主义认识论来观察分析事物,把握事物的本质,从而辨别方向,把握大局
	决断能力	按照最优化的要求,从若干准备实施的方案中选择行动对策,通过实施以达到一定目标
	公关能力	懂得一定的社交礼仪,组织与组织之间,组织与公众之间建立良好的合作关系,为本组织提供其他组织的信息,提高组织应变能力

（续表）

能力维度	素质指标	指标内涵
	策划能力	理解上级意图,形成目标,整合人、财、物等各种资源,制订具体的可实施的行动方案
	协调能力	贯通上下、平衡关系、沟通情况、联络感情、协调各方面工作
	人际沟通能力	与领导沟通,领会领导意图;与同事和相关业务人员沟通,准确表达工作内容和要求
	逻辑思维能力	掌握逻辑知识,从多种思路、多种方法来探求同一种事物,做到举一反三,触类旁通
	观察分析能力	留心观察,提高理解能力,增加认识,丰富阅历
	演绎推理能力	具有能将一般规则适用于具体问题并产生有意义答案的能力
	归纳推理能力	结合信息片段,形成一般规则或结论的能力
	灵活分类能力	生成或使用不同的规则,用于组合或以不同的方式分组事物的能力
	领导能力	领导、指导、引导、带领他人或团队的智慧和能力
	抗压能力	在一定困难或挫折的环境中承受和对抗压力的能力
	组织能力	掌握处理问题的方法和技巧,为各种会议和活动制订计划,并安排落实
	统筹能力	考虑问题的全面性,关注细节、注重结果。用系统的观察、统筹兼顾安排好组织工作,协调好领导与部属及各部门之间的关系
	危机处理能力	给领导提供有效的参考意见,预防和有效处理突发事件的能力

个性化要素在秘书职业能力模型中所占数量较小,却是秘书从业者在特定工作环境与需求下需要掌握和拥有的素质,其主要目的是确保在特殊工作情况下,秘书人员能够完成那些具有一定特殊性要求的工作与任务。本书所

构建的秘书职业能力模型里的个性化要素主要涉及岗位知识和专业技能两个维度,其中岗位知识维度包含人员选拔、编程知识和客户需求评估这三项具体能力素质指标,专业技能维度则包含驾驶汽车和书法技能这两项具体能力素质指标(见表 4-13)。

表 4-13 个性化要素各能力素质指标解释表

能力维度	素质指标	指标内涵
岗位知识	人员选拔	主要指从应聘者中选出最适合组织岗位要求的人,包括初步筛选、笔试、面试、情境模拟、心理测试、体检、个人资料核实等内容
	编程知识	主要指能够编辑让电脑执行的程序等方面的知识
	客户需求评估	指通过对客户需求的收集、分析和评估,以了解客户对产品或服务的期望和要求。包括客户需求评估,满足服务质量标准,以及客户满意度评价
专业技能	驾驶汽车	已取得驾照并且能够熟练驾驶轿车的技能
	书法技能	具有字迹书写清晰、美观、简洁的技能

第五章　应用策略：培养、培育与生涯发展

  秘书作为社会组织内不可或缺的岗位，培养和培育秘书工作者更是至关重要的任务。本章将从秘书专业教育、职业教育、管理实践以及秘书自身发展四个方面出发，分析本书所构建的秘书职业能力模型的具体应用，以期为现阶段我国秘书专业人才的教育培养、企业使用以及自身发展提供借鉴和参考。

第一节　秘书专业教育的应用策略

  秘书专业教育指的是我国高等学校通过设置秘书学相关专业，对在校学生进行的秘书学本科教育。我国高等教育秘书专业创办于20世纪80年代初，以上海大学文学院首先招收秘书专业学生为标志。到1985年全国设立秘书专业或开设秘书学课程的高等学校已达120多所，到20世纪90年代达到300余所。2005年，仅安徽省设置秘书专业的高校就达37所，占全省高校总数的一半以上。秘书专业已经发展成为全国高校招生人数最多的专业之一。近十年来，全国又有近50所院校陆续将秘书学专业从专科提升到本科

层次。① 2012年有33所高校设置秘书学专业，2015年申报或备案成功"秘书学"专业的高校已达95所，截至2020年1月，全国设置"秘书学"专业的高校已达152所。②

自2012年教育部正式将秘书学设置为特色本科专业后，真正为秘书学打开了发展的大门。国内许多高校都独立开办秘书学专业，或将秘书学从中文专业的分支或文秘教育专业中独立出来，例如目前不断发展壮大的北京市属高校首都师范大学，其秘书学专业创立于1995年，曾经名为"汉语言文学（高级涉外文秘）"，是依托在中文系汉语言文学专业基础上的专业方向。在2015年，该专业已经成功发展，独立成为秘书学本科专业。与此同时，一些高校开始招收秘书学硕士研究生。从2017年各高校硕士研究生招生简章中可以看到，招生方向涉及有关秘书专业的多领域，如郑州大学招收秘书学与应用文体研究、中外秘书史研究方向的研究生，暨南大学招收高级秘书与行政助理学硕士研究生，还有高校招收针对秘书学及应用写作方向的研究生。这些院校对秘书学专业的建设和投入，提高了秘书学专业的形象和社会影响，也在一定程度上扭转了秘书学以往低水平办学的局面，由此可见秘书学专业的高等教育也逐渐走向全方位、多角度、深层次的全面发展。

历史的车轮迈进21世纪的今天，知识经济时代对高校秘书学专业人才培养提出了更高的要求，其中关于秘书职业能力教育呈现出两种特点：一是市场导向下的能力本位培育与训练；二是职业能力体系多元化、复杂化下的复合型人才培养。这两个特点促使高校对秘书学专业学生的职业能力教育日趋细化，在表达能力、应变能力、协调能力、创新能力、操作能力、社交能力等方面均提出了更高的要求。由于市场经济的深入发展，社会变革日趋加快，

---

① 杨树森.论我国高校秘书专业教育存在的问题及对策[J].秘书之友,2006(3):44-47.
② 大学生必备网最新数据统计：哪些大学有秘书学专业（开设秘书学专业的大学名单汇总）[EB/OL].[2020-01-22]. http://www.dxsbb.com/news/9831.html/2020-01-21.

秘书从业人员的社会需求构成也开始呈泛化趋向,为秘书专业教育发展提供了可喜的契机。

正如前文所述,本书所构建的秘书职业能力模型是笔者基于理论、实证研究,对自身与团队多年专业教育教学和社会实践操作经验的总结与升华。本章将分享首都师范大学文学院秘书学专业教学团队在学生培养过程中的一些做法与经验,尤其是根据国家政策和市场人才需求变化,历经多年磨合,修订完成的秘书学专业人才培养方案(见本书附录五),尝试对秘书职业能力模型在秘书专业教育领域内人才培养的应用策略进行提炼,以期能够为各开设秘书学专业的高等学校提供启发和方向,以市场需求为导向,为社会培养"适销对路"的高层次秘书人才。

一、增强认知培养,提升角色融入

宽泛而言,从事秘书工作的专职秘书和从事秘书性工作的各类行政人员皆属于秘书的职业岗位范畴。大部分人对于秘书的理解与定义都有一定偏差,认为秘书只是负责文书书写、整理文件等办公室基础工作,实际上秘书是服务于某人或某个工作岗位的全面管理型人才,负有协助决策与管理的职能。因此,对于高校来说,要注重秘书学专业学生岗位知识、专业技能以及职业素养的培养,造就高水平应用性复合型人才,进一步提升秘书学专业学生的专业忠诚度。

1. 强化课程设置的专业性与针对性,构建应用导向型的专业教学体系

首都师范大学秘书学专业自2012年独立成为本科专业,其专业课程设置形成"以我为主、独具特色"的有机体系,改变以往照搬或拼凑其他相关学科课程的状况。首都师范大学秘书学专业的课程设置过程中,为进一步提升所培养学生的岗位知识与专业技能,依托首都师范大学文学院中国语言文学深厚的人文底蕴和学科优势,共享语言文学基础教学资源和课程的同时,开设五个特色课程板块,分别为:秘书学基础及应用技能培养类,经济管理与组织行为理论类,信息传播与媒介资源管理类,社会适应与应用技能实训类以及商务英语水平和能力提升类。各特色板块所包含的具体核心课程见图 5-1。

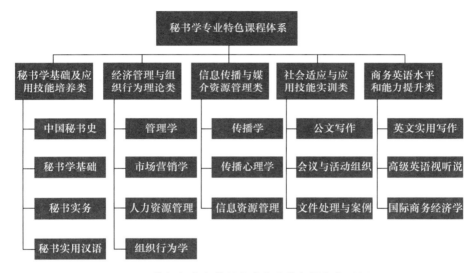

图 5-1 首都师范大学秘书学专业特色课程体系图

同时,秘书学专业作为应用型本科专业,不仅需要课程的理论教学,还需要充分发挥实践、实训教学体系的作用,着力加强学生应用能力的培养。首都师范大学秘书学专业一方面建立了由学生策划、组织、参与的系列常规化特色活动,如秘书嘉年华、秘书职业技能大赛、国际秘书节活动、高级秘书修炼系列讲座、应用文写作大赛、办公技术应用大赛、秘书学网站编辑运营等,来强化对学生秘书专业技能与职业素养的训练;另一方面,从大二开始,为秘书学专业学生提供校内各机关部处的实训机会,配备专门的实训指导教师。随着年级的升高,在校内外导师的帮助下逐步接触校外正式实习工作,完成实习实训的课程学分。不同的实习工作内容锻炼了学生们不同的工作与管理能力，例如在校档案室实训的学生，从档案管理的工作中体会并培养了鉴别能力、保密能力、归纳推理能力等；在学院各行政办公室实训的学生，在学习能力、信息收集能力、组织协调能力、人际沟通能力等多方面有了很大的提升。

2. 加深秘书学系学生的未来职业角色认知，鼓励他们更直接地感受和体会秘书岗位的日常工作

正如星美文化董事长在提到秘书专业学生个性素质培养时强调："培养秘书专业学生职业角色认知最直接、最有效的方法就是增加学生的实习经验，让他们多看、多学、多理解，只有这样才能够帮助学生真正明白组织对秘书的角色定位。"只有认识到组织对其的角色期望，才能够认真发现自己的短板所在，从而更有针对性地进行学习。

一方面，首都师范大学秘书学专业借助首都文化地缘优势，在联想集团、百度公司、团结报社、海淀区委等单位设立专业实习实践基地，定期组织学生到校内、外实训基地见习实习，在第 3—8 学期开展多层次的梯级专业实训，增强学生秘书职岗工作经验、锻炼秘书工作技能，进一步提升学生的角色融入。

另一方面，通过"认知教育—认同教育—行为教育"这一循序渐进、逐步深入的模式方法，从根本上提升学生对秘书学专业的内在认同。其中，认知教育强调通过相关见习、实习活动让学生在秘书工作实境中去感知、体验、领会以及认同秘书工作；认同教育旨在促使学生在思想观念上接受秘书职业，并将其内化于心，使学生充分了解秘书工作的复杂多样，实现价值认同与观念接纳；行为教育强调引导学生将秘书角色融会贯通于自身的专业学习以及专业实践活动中，这也正是秘书学教育开展认同教育的目的所在。同时，在以上秘书认知教育的三个阶段中，认知教育是前提条件，认同教育是核心环节，行为教育是最终目标，只有将三个阶段融为一体，才能在根本上达成专业学生对秘书职业的认识与认同。

3. 利用职业生涯规划,引导学生设定阶段性目标且分步实施,提升专业培养的针对性与有效性

职业生涯规划对于秘书学专业学生认知培养与角色融入的作用,主要体现在学生的自我管理与高校对学生的引导两个方面。

在学生的自我管理方面,鼓励学生按照秘书职业能力模型的基本逻辑,从岗位知识、专业技能以及职业素养三个维度进行对比分析,从而进一步明确自身的不足之处,进而制订切实可行的学习训练计划并付诸实施,帮助自身不断进步。

在高校对学生的引导方面,各高校应该按照SWOT分析的基本原则,客观评估自身从事秘书人才培养工作所具备的优势(Strengths)、劣势(Weaknesses)、机会(Opportunities)与威胁(Threats),如表5-1所示。

表 5-1 秘书学专业人才培养 SWOT 分析[①]

维度	内部因素	外部因素
优势	秘书学专业的最高学历;较系统的秘书学专业教育;掌握普适性的辅助管理知识;具有一定办文办会办事能力	秘书职业化进程不断推进;社会对秘书职业认同提高;对应用型人才的需求增加
劣势	实践教学力度不够; 秘书职业能力不足	对秘书职业的一些偏见; 要求具有各行业专业知识
机会	不断加强秘书学专业建设的研究;重视科学配置教师教学团队;建立实践基地和实验室;创新应用型秘书人才培养模式;加强教学内容方式等改革	秘书学专业的数量不断增长;秘书学专业办学经验不断凝练;秘书人才市场需求量不断扩大
威胁	学生不热爱、不认同秘书职业; 高校沿用学术型人才培养模式	其他专业高才生涌入就业行列; 其他专业学生有高强秘书技能

同时,从计划、组织、领导和控制等环节出发,培养秘书学专业学生的专

---

① 杨霞. 秘书学本科应用型人才培养模式改革研究[M]. 北京:北京大学出版社,2018:83.

业认同与忠诚,进而促进学生的职业发展与成长,其具体的工作思路如下。

① 引导秘书学专业学生设定阶段性目标且分步实施。职业生涯规划包括人生目标、长期目标、中期目标与短期目标。对秘书学专业学生而言,职业生涯的长期目标可以是从事管理方面的工作,也可以持续从事职业秘书工作。在大学本科四年在读期间,要指导学生设定阶段性的学习目标,如扎实学好专业知识,熟悉秘书工作的外部环境,接触职业领域的前辈精英,积极参加相关实践活动,不断完善自我以求发展。阶段性目标可以细化到学年和学期,甚至细化到每月、每周和每日的计划,同时要明确实现计划的步骤、进度和考核方法,以及协调好学习与生活的时间。

例如:大一阶段重在奠定学科基础及了解秘书职位环境。可以通过历届直系前辈的朋辈指导、各类型组织资深秘书讲座等方式,使秘书学专业学生对秘书工作内容与任职资格有初步的认识,激发专业学习兴趣,从而进行初步的职业生涯规划,合理设计学习生活。在大二阶段,重视专业知识和实操能力的结合。在学习专业核心课程的基础上,鼓励学生参与教学环节,调动学生学习热情,同时加深对核心课程的理解程度,并通过校内秘书助理岗位的实习强化职业认知和理论应用,明确职业目标。在大三阶段,通过引导学生参加人才市场招聘、搜集反馈用人单位需求、传授简历制作技巧、组织模拟面试以及系列专业活动,引导学生树立职业秘书的角色意识,增强学生就业能力。在大四阶段,做好就职前的培训以及转变角色意识,走到实际工作岗位中,利用最后一年的时间,查缺补漏,根据公司部门的具体需要,弥补专业知识,提高竞争实力。

② 通过秘书达人传授成长经历增强秘书学学生进入职场,从事秘书相关工作的自信心。为引导秘书学专业学生对秘书工作有全面而正确的认识,需要使学生正确了解和认识秘书工作的性质、内容和发展前景。通过历届优秀毕业生的朋辈指导、各类型组织资深秘书讲座等方式来传授高级秘书的成长经历以及秘书工作技能技巧,了解秘书岗位工作内容,分析秘书职业现状及发展方向,引发学生的职业向往,帮助学生有效地使用信息,进行思考,加强

学生对秘书角色的理解,明确好秘书学专业与秘书职业的关系。

③ 搭建交流平台使学生了解秘书工作,建构职业形象。与各类型社会组织建立合作关系,采用实地参观的方式或观看真实工作录像,帮助学生了解各类型秘书岗位的环境氛围。搭建秘书专业网站,通过微信公众号、微博、B站等平台定期推送秘书职场资讯、秘书须知、工作技巧等讯息以及专业活动宣传,为学生答疑解惑,同时扩大交际圈,锻炼沟通能力,积累人脉资源,扩大专业宣传。学生亲自拜访和采访从事秘书工作的校友,并通过录像、录音等方式记录访谈内容,一方面锻炼学生沟通访谈的能力,另一方面也使学生对未来秘书工作有较为清醒的认知。通过举行"我眼中的秘书""秘书职业大家谈""秘书职业之我见"等主题演讲活动的方式,激发学生自我认知、提升自主学习的能力,培养学生职业角色认知与思考。

二、加强素质教育,提升综合能力

秘书是专业性和综合性兼具的岗位,这决定了秘书从业人员需要具备较高的素质标准。为了更好地了解市场对于秘书人才的需求变化,首都师范大学秘书学系自 2016 年 6 月开始,每年使用"秘书学专业社会需求市场调查问卷"(见附录四),针对用人单位对秘书学专业人才具体要求进行了四次年度调查,主要尝试从思想道德素质、文化素质、业务素质、心理素质四个方面对不同类型用人单位(包括:国家机关和事业单位、金融证券业、教育和培训机构、制造业、文化传媒业以及 IT 行业)关于秘书从业者的素质要求进行分析。

其中思想道德素质指的是秘书从业者道德认识和道德行为水平的综合反映,包含自身的道德修养和道德情操,体现着自身的道德水平和道德风貌;文化素质强调秘书从业者在文化方面所具有的较为稳定的、内在的基本品质,不再单纯指学校教的科学技术方面的知识,更多的是指所接受的人文社科类的知识;业务素质则强调秘书从业者在完成秘书活动过程中综合能力的体现,包括主观心理特征、专业业务技巧等;心理素质则指在教育与环境的影响下,经过主体实践训练所形成的秘书从业者性格品质与心理能力的综合体现。接下来,将按照不同类型的组织对不同行业秘书从业者的素质要求进行分析。

如图 5-2 所示,2019 年的调查结果显示,国家机关和事业单位认为秘书从业者最重要的素质是业务素质,而后依次为思想道德素质与文化素质、心理素质。2018 年的调查结果显示,国家机关和事业单位认为秘书从业者最重要的素质是思想道德素质与文化素质,而后依次是心理素质、业务素质。2017 年的调查结果显示,国家机关和事业单位认为秘书从业者最重要的素质是思想道德素质,文化素质、心理素质以及业务素质的重要性趋于一致。2016 年的调查结果显示,国家机关和事业单位认为秘书从业者最重要的素质是思想道德素质与业务素质,文化素质与心理素质并不重要。

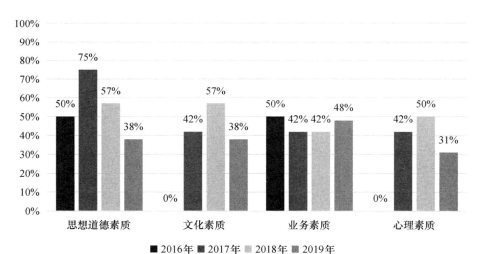

图 5-2 国家机关和事业单位对于秘书从业者的素质要求

如图 5-3 所示,2019 年的调查结果显示,金融证券业认为思想道德素质是秘书从业者最重要的素质,而后依次为业务素质、文化素质、心理素质。2018 年的调查结果显示,金融证券业同样认为思想道德素质是秘书从业者最重要的素质,而后依次为业务素质、文化素质、心理素质。2017 年的调查结果显示,思想道德素质是金融证券业秘书从业者最重要的素质,而文化素质位居第二,而后是心理素质与业务素质。2016 年的调查结果显示,思想道德素质仍是秘书从业者最重要的素质,而后依次为心理素质、业务素质与文化素质。

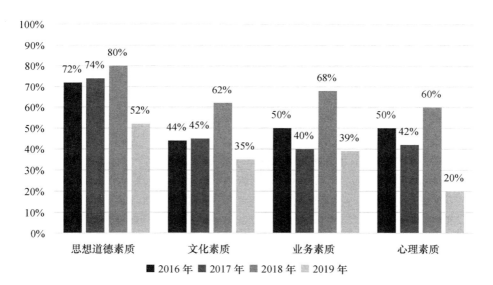

图 5-3 金融证券业对于秘书从业者的素质要求

如图 5-4 所示,2019 年的调查结果显示,教育和培训机构认为秘书最重要的素质是业务素质,其次为文化素质,而后依次为思想道德素质和心理素质。2018 年的调查结果显示,教育和培训机构认为秘书最重要的素质是文化素质,而后依次为思想道德素质、心理素质和业务素质。2017 年的调查结果显示,文化素质为教育和培训机构秘书从业者最重要的素质,业务素质位居第二,而后为思想道德素质与心理素质。2016 年的调查结果显示,思想道德素质为教育和培训机构秘书从业者最重要的素质,而心理素质、业务素质与文化素质占比均为 50%。

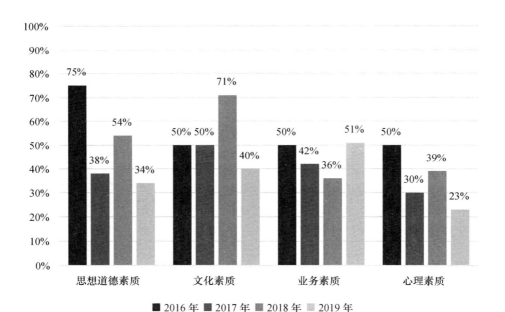

图 5-4 教育和培训机构对于秘书从业者的素质要求

如图 5-5 所示，2019 年的调查结果显示，制造业对于秘书从业者的文化素质最为看重，其次为业务素质、思想道德素质、心理素质，文化素质和业务素质相差不大，均为五成左右。2018 年的调查结果显示，制造业对于秘书从业者的思想道德素质最为看重，其次为文化素质、业务素质、心理素质，三者相差不大。2017 年的调查结果显示，制造业对于秘书从业者的心理素质与业务素质较为看重，而后为文化素质与思想道德素质。2016 年的调查结果显示，制造业对于秘书从业者的各项素质要求较为平均，均在四成左右。

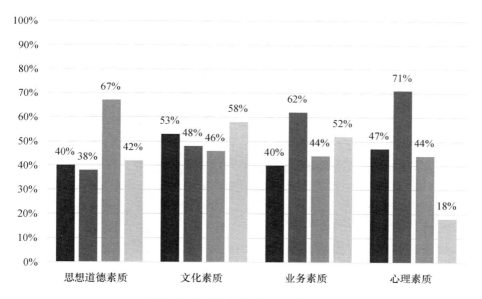

图 5-5　制造业对于秘书从业者的素质要求

如图 5-6 所示，2019 年的调查结果显示，文化传媒业认为秘书最重要的素质为业务素质，而后依次为文化素质、思想道德素质和心理素质。2018 年的调查结果显示，文化传媒业对于秘书从业者的文化素质最为看重，而后依次为思想道德素质、心理素质与业务素质。2017 年的调查结果显示，文化传媒业对于秘书从业者的业务素质与思想道德素质要求最高，而后依次为文化素质、心理素质。2016 年的调查结果显示，文化传媒业对于秘书从业者的思想道德素质、业务素质和心理素质的要求比较一致，均为 57%。

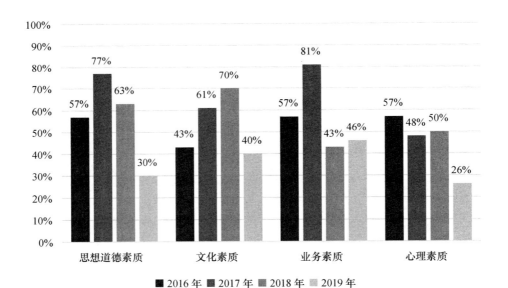

图 5-6　文化传媒业对于秘书从业者的素质要求

如图 5-7 所示，2019 年的调查结果显示，IT 行业对于秘书从业者的业务素质和思想道德素质要求最高，其次是文化素质，而后是心理素质。2018 年的调查结果显示，IT 行业对于秘书从业者的业务素质要求最高，而后依次为思想道德素质、文化素质和心理素质。2017年的调查结果显示，IT行业对于秘书从业者素质要求占据首位的是思想道德素质，文化素质位居第二，而后是业务素质与心理素质。2016年的调查结果显示，四分之三的被访IT企业认为思想道德素质是秘书从业者的最重要素质，其后依次为文化素质、心理素质与业务素质。

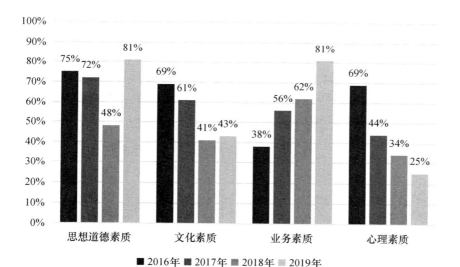

图5-7　IT行业对于秘书从业者的素质要求

最后，对所有类型受访组织从2016年至2019年的统计数据进行整体分析，能够更为全面地了解实践界对于秘书从业者的素质要求，具体分析结果见图5-8。可以看出，2019年的排序由高到低依次为：业务素质、思想道德素质、文化素质、心理素质，而2016年与2018年的排序由高到低依次均为：思想道德素质、文化素质、业务素质、心理素质。2019年的业务素质超过思想道德素质排在第一位，说明在抗压能力、自信、坚韧意志面前，秘书需要具备更强的业务能力帮助领导分担工作压力并推动组织业务的进步。同时,社会经济发展、竞争加剧也对秘书的业务能力提出了新要求。

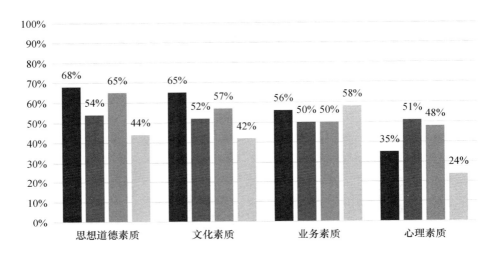

图 5-8　所有行业对于秘书从业者的素质要求

综上,对比 2016 年至 2019 年的调查数据,我们可以发现,随着时代的发展变化,不同类型组织对于秘书从业人员的要求也是与时俱进的。各类组织都十分注重秘书从业者的社会实践经历,不同组织在业务素质、心理素质等方面的着重点也不同。秘书学专业毕业生要想找到理想的工作就必须充分了解行业特点与时代变化的影响。在教育背景方面,我们发现,受过高等教育的秘书学专业人才始终是组织最为青睐的秘书选择。然而,教育水平并不能成为评判一个人发展前景的唯一因素,职业能力和个人素质才是最直接和长期性的判断标准。高等学校在培育秘书专业人才时,应当着眼长远,系统培育,针对需要提升学生的综合素质和整体竞争力。具体举措如下:

1. 夯实基础知识应对百变职场

本书所构建的秘书职业能力模型对秘书从业人员的基础知识要求涉及面广,包括政治哲学、语言文学、数学统计、历史地理、法律知识、宗教文化、礼宾接待和外语应用等,虽然有些基础知识与秘书工作看似没有直接关系,但其蕴含的逻辑思路、方式方法等都对秘书工作有重要的指导作用。其中,公文文书撰写能力毋庸置疑是秘书工作的"重头戏",除了接受公文写作等专业课程的训练外,还要加强语言文学类知识的积累。文书撰写是知识"输出"的过程,语言文学的积累则是"输入",是对自我进行的"充电",只有不断输入新鲜知识,并温故知新,才能在日新月异的当下胜任纷繁复杂的秘书工作。

政治、哲学、历史、地理等基础知识是秘书从业者知识储备中潜在却重要的部分,使秘书从业者处理应对不同类型事件具备了历史的背景、宽阔的视野和理智的观点。在大数据时代,每天都有"铺天盖地"的信息与数据产生,秘书从业者作为公司中信息的知晓、中转甚至处理者,具备基础的数学统计知识是必要的。在当下法治社会中,法律知识为秘书从业者行文处事提供了重要的参考和指导。虽然多数公司中法务工作有专门的部门负责,但秘书从业者如果懂得相关法律知识,将使工作达到事半功倍的效果。宗教文化和礼宾接待知识在秘书接待工作中十分重要,了解不同宗教习俗与禁忌、不同地域和文化背景下礼宾接待的注意事项,都是接待活动中重要又具体的工作。在国际化趋势不断加深的大背景下,各种类型与不同规模的组织,都加强了对外交流与联系,秘书从业者的外语应用是适应这一趋势发展的必备能力之一,能够熟练掌握并应用至少一门外语,也是秘书专业学生就业时的一大优势。

因此,秘书学专业在夯实基础知识方面还需做更多努力。从学生本身来看,需要多维度丰富自身知识体系,涉猎不同专业、不同领域的知识,不仅是对自身素养的提升,更是为未来工作提前做好准备,掌握更多主动权。从专业教育而言,各高校应该结合自身师资状况,以"专业必修课程"为切入点,尝试从写作、语言、文学、管理、心理、逻辑、文化、艺术等方面设置课程,进一步夯实秘书学专业学生的专业基础知识。首都师范大学秘书学专业的专业必修课程设置或可作为参考(见表5-2)。

表5-2 秘书学专业必修课程

课程名称	课程英文名称	学分	总/周学时	开课学期	是否开放	双语/全英
基础写作	Fundamental Writing	3	48/3	1-2	否	
逻辑学	Logic	2	32/2	1-1	否	
中国文化典籍	Guide Reading on Ancient Books and Records of Chinese Culture	2	32/2	1-1	否	
中国现当代文学经典导读	Guide Reading on the Classic Works of Modern Chinese Literature	2	32/2	1-2	否	
现代汉语1	Modern Chinese 1	3	48/3	1-2	否	
现代汉语2	Modern Chinese 2	3	48/3	2-1	否	
管理学	Management	3	48/3	2-1	开放	
管理心理学	Managerial Psychology	3	48/3	2-1	开放	
秘书学基础	Principles and Practice of Secretary Science	3	48/3	2-1	开放	
中国秘书史	History of Chinese Secretary	2	32/2	3-1	否	
公文写作	Document Writing	3	48/3	2-2	否	
专题写作	Thematic Writing	3	48/3	3-1	否	
文件处理与案例	Case Analysis of Document Processing	2	32/2	3-1	否	
档案管理学	Archives Administration	2	32/2	3-2	否	

（续表）

课程名称	课程英文名称	学分	总/周学时	开课学期	是否开放	双语/全英
信息资源管理	Information Resources Management	2	32/2	2-2	否	
英文写作	English Writing	2	32/2	3-2	否	全英
会议与活动组织	Organizing of Meetings and Activities	2	32/2	2-2	开放	
国际商务经济学	International Business Economics	2	32/2	3-2	开放	
组织行为学	Organizational Behavior	3	48/3	2-2	开放	
人力资源管理	Human Resource Management	2	32/2	2-1	开放	
传播学	Science of Communication	3	48/3	2-2	开放	
行政管理学	The Public Administration	2	32/2	2-1	开放	

注：来源于首都师范大学文学院2021级秘书学专业培养方案。

2. 要拓宽与加深学生知识储备广度与深度

想要胜任秘书这一职业，成为一名优秀的秘书，秘书学专业学生除了具备过硬的专业基础知识，还需要建构多重知识结构，丰富自身知识储备。秘书的职业身份和岗位职能具有特殊性，是领导的左膀右臂，向领导"建言献策"、替领导排忧解难、凡事想在领导之前，这既是对高级秘书的职业要求，也是秘书从业者提升自我价值、展示"大智慧"、开拓职业生涯发展的关键所在。如果没有丰富深厚的知识储备作为支撑，秘书的工作价值就会大打折扣，只能从事技术含量很低的"端茶送水"的工作，也难免被公众误解为"花瓶"职业。如何拓宽、提升知识储备的广度与深度，与秘书学专业学生的个人素养培育和未来职岗学习是息息相关的。

本书所构建的秘书职业能力模型要求秘书从业人员具有专业岗位知识，包括秘书学知识、调研知识、信访知识、人员选拔、编程知识、人力资源知识、客户需求评估等。其中,调研知识是做好秘书工作的基础,是发挥秘书参谋助手的基本途径。秘书辅助领导决策须及时向领导提供准确、全面的情况和建设性的意见,都要靠调查研究。调查研究也是提高秘书从业者自身观察能力、分析综合能力、人际交往能力、写作能力、解决实际问题能力的有效途径。秘书从业者通过调查研究,不仅可以全面了解和掌握基层情况,还可以及时了解和掌握社会动向,为领导提供相关信息,为领导和上级机关所贯彻的各项政策方针提供反馈信息,保证下一步工作的开展。

同时,秘书作为公司中沟通联动的枢纽,掌握人力资源知识和客户相关知识是十分必要的。在实践中,办理本单位人员的招聘录用、教育培训、绩效考核、晋级晋职、薪资福利、各类保险、统计报表等事宜,秘书从业者也会在其中发挥重大作用。也有些小规模公司将上述人力资源工作全权交由秘书负责。此外,在技术化、信息化的时代背景下,计算机和编程知识已成为各行各业从业者必备的基本技能之一。秘书从业者在调研信访、信息处理、公文写作、文件管理、办公室行政事务等工作中都需要计算机甚至编程知识才能提高工作效率,更好地胜任纷繁复杂的秘书工作。

基于以上需要,高等学校可以通过设置不同类型的专业选修课(见表 5-3),如英语类、经营管理类、新闻传播类、中国语言文字类以及中外文学类等,整合资源、优化课程结构,帮助学生自主延伸专业知识,进一步提升秘书学专业学生知识储备的广度与深度。

表 5-3 秘书学专业选修课程

课程名称	课程英文名称	学分	总/周学时	开课学期	是否开放	双语/全英
1. 英语类选修模块						
英语听说 1	English Listening and Speaking 1	2	32/2	2-1	否	全英
英语听说 2	English Listening and Speaking 2	2	32/2	2-2	否	全英

(续表)

课程名称	课程英文名称	学分	总/周学时	开课学期	是否开放	双语/全英
英语阅读	English Reading	2	32/2	3-1	否	全英
2. 经管与新闻传播类选修模块						
市场营销学	Marketing	2	32/2	3-1	开放	
社会研究方法	Social Research Methods	3	48/3	3-1	否	
新闻采编	News Gathering and Editing	2	32/2	3-2	否	
跨文化传播	Intercultural Communication	2	32/2	3-1	否	
经济法律实务	Economic Law	3	48/3	4-1	否	
公共关系实务	Public Relations	2	32/2	3-2	否	
社会学	Sociology	2	32/2	4-1	否	
3. 中国语言文字类选修模块						
古代汉语	Ancient Chinese	3	48/3	2-1	否	
文字学	Etymology	2	32/2	3-2	否	
汉语词汇学	Chinese Lexicology	2	32/2	3-1	否	
中国古代文献学	Chinese Ancient Document	2	32/2	3-2	否	
4. 中外文学类选修模块						
中国古代文学	Ancient Chinese Literature 1	2	32/2	3-1	否	
中国现当代文学	Modern and Contemporary Chinese Literature	2	32/2	2-2	否	
欧美文学	European and American Literature	2	32/2	2-1	否	全英
东方文学	Oriental Literature	2	32/2	2-1	否	

(续表)

课程名称	课程英文名称	学分	总/周学时	开课学期	是否开放	双语/全英
诗词鉴赏与写作	Appreciation and Writing of Poetry	2	32/2	3-2	否	
《诗经》研读	Study of *The Book of Poetry*	2	32/2	3-1	否	
中国美学史	History of Chinese Aesthetics	2	32/2	3-2	否	

注：来源于首都师范大学文学院2021级秘书学专业培养方案。

3. 要追求秘书学专业学生综合素质能力的全面发展

秘书是一个综合性很强的岗位，在国际化、信息化等趋势日趋明显的时代背景下，秘书工作对于秘书的素质要求也越来越高，仅仅具备"三办"——办事、办会、办文的能力已经远远不能满足当下秘书岗位的职业要求。对于秘书岗位工作来说，本书所构建的能力素质模型包括岗位知识、专业技能以及职业素养三部分，而每一部分又包括了多项具体的能力素质指标。同时，高等学校秘书学本科层次人才的培养应该更加系统、全面，秘书学本科学生应该能够灵活运用专业理论知识来解决现实中的具体问题，毕业时一般能够达到秘书国家职业标准中规定的三级秘书职业能力层次。因此，为提升秘书学专业学生的综合能力，各高校培养单位可根据实际情况在本科四年的培养期内，鼓励秘书学专业学生完成以下成长记录。

（1）课程预设建议（写于课前，收集学生对各类型课程学习内容、教学形式、成果收获等方面的预期认知与建议，满足学生合理需求，激发其学习热情与兴趣）；

（2）秘书职业生涯规划、学习计划（包含长期职业目标、中期成长目标与短期学习目标，重在落实步骤、时间进度、检查标准与操作方法）；

（3）每学期开学伊始的任务清单与期末完成情况的总结分析（重视学期清单的可行性、连续性与递进性）；

（4）资深秘书访谈报告（采用录像、录音、文字记录等方式对毕业从事秘书工作的系友和组织中的资深秘书进行访谈，挑选优秀作品作为教学共享资源）；

（5）各种应用文案（会展、活动策划执行方案、市场调查报告、营销方案设计、外文商务信函或外文商务资料译文、社会实践与专业实践报告等）；

（6）模拟或实战风采录（模拟谈判、危机公关、角色扮演、专业活动等项目资料；学生才艺如文学作品、演讲、绘画、书法、音乐、舞蹈、体育等风采展示视频、图片、文字资料）。

秘书工作的复杂性与挑战性决定了秘书从业人员必须加强自身知识储备、提升个人素质素养才能胜任新时期的秘书工作。秘书学专业学生在日常接受专业教育及实践活动中，都要时刻注重自身综合素质的全面培养，追求职业素质能力的全面发展，才能在以后的实际工作岗位中获得主动权。

三、坚持实践导向，提升应用技能

秘书学专业作为实践应用导向的专业，在本科培养的过程中必须高度重视实训、实践教学和实操训练。在对秘书学专业课程认可度的社会调查中，来自国企、私企和其他社会组织的被调查者普遍认为，应加强实操课程和实践培训。因此，各高校培养单位应该依据自身秘书学本科应用型人才培养的定位，立足自身实际，制订相应的实训实践体系方案。

1. 加强秘书学专业课程设置的实践导向

由于秘书学专业大多设置在中文学科之下，其课程设置和教学设计往往容易忽视秘书学本身的专业性质和要求。由于秘书学专业对中文专业的依托过重，在办学思路、专业建设、培养目标、教学模式等方面受到一定的束缚，不能够适时地形成自己的课程体系，实践导向的专业培养特点不突出。首都师范大学文学院秘书学专业主要通过设置相应的实践教育类课程，包括思想政治理论类实践课程、通识实践类课程、专业实践类课程以及社会实践类课程(见表 5-4),尝试建立多维度、立体的秘书学专业实践教育类课程体系,提升秘书学专业学生的实践应用能力。

表 5-4 秘书学专业实践教育课程

课程名称	课程英文名称	学分	总学时	开课学期
思想政治理论类实践课程				
形式与政策实践	The Current Situation and Policy(Practical Course)	1	16	1-2
毛泽东思想和中国特色社会主义理论体系概论实践	Social Practice of Maoism and Theory of the Socialism with Chinese Characteristics	1	16	2-2
习近平新时代中国特色社会主义思想概论实践	Xi Jinping's Thought on Socialism with Chinese Characteristics for a New Era Practice	1	16	3-1
通识实践类课程				
军事理论	Military Theory	2	36	1-1
军事训练	Military Training	2	112	1-1
大学生心理适应与发展	College Student Psychological Adaptability and Development	1	16	1-1
大学生学业规划与发展	College Students' Academic Planning and Development	1	16	1-1
大学生职业发展与就业指导	Career Development and Employment Guide	1	32	2-1
计算机应用	Computer Application	2	32	1-1/1-2
计算机实践1	Computer Practice	0	32	1-1/1-2

(续表)

课程名称	课程英文名称	学分	总学时	开课学期
专业实践类课程				
高级秘书能力提升系列讲座1	Lecture Series 1 on Advanced Secretarial Professional Development	1	32	1-3
高级秘书能力提升系列讲座2	Lecture Series 2 on Advanced Secretarial Professional Development	1	32	2-3
会议与活动组织实训	Organizing of Meetings and Activities Training	0	32	3-1
专业见习1	Specialty Practicum1	0	90	2-1/2-2
专业见习2	Specialty Practicum2	0	180	3-1/3-2
毕业实习3	Specialty Practicum3	3	270	4-2
毕业论文	Graduation Thesis	4	128	4-2
学年论文	Academic Year Paper	1	32	3-2
社会实践类课程				
社会实践	Social Practice	1	32	3-2

注：来源于首都师范大学文学院2021级秘书学专业培养方案。

在本书前文所提到的访谈中，无论是领导、人力资源总监还是秘书从业者，无一例外强调了秘书岗位实践能力的重要性，内容涉及频率最高的几项实践能力有：主动服务意识、人际沟通能力、语言文字能力（尤其是各类公文、文书等的撰写）、应变能力；其次还有礼宾接待、时间管理、心理调适与抗压能力等。因此，秘书学专业学生课程应该包含秘书实务、会议与活动组织、文件处理与案例、公共关系实务、人际商务沟通实训等实践性强的课程。在专业培养中要充分利用这些实践类课程，真正做到在实践中掌握与深化理论知识，培养实际应用能力。

2. 强化秘书学专业学生在岗实训的动手性

秘书学专业实训是秘书职业技能实际训练的简称,是指在学校控制状态下,按照人才培养规律与目标,对学生进行职业技术应用能力训练的教学过程。学生在专业技能实操中的第一阶段就是实训。各高校可以从课程中实训、专门单项实训、专业见习实习实训、社会实践中实训四个方面,构建符合自身实际的秘书学专业学生在岗实训体系,进一步提升学生的动手能力和应用技能。专业实训时长建议要求是:第3—4学期不少于60小时,第5—6学期不少于120小时。学生此时刚刚接触实际工作环境,主要训练初级秘书的工作技能,强调动手性,目的是在动手实操的过程中内化课堂教学的知识,转化成实践经验,为以后从事秘书相关工作做好准备。图5-9为首都师范大学秘书学专业特色实践实训体系图。

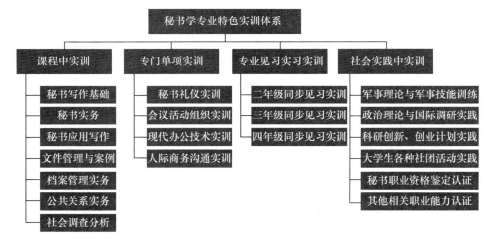

图 5-9 首都师范大学秘书学专业特色实践实训体系图

具体实施来看,鼓励高校从校内与校外两个角度为秘书学专业学生提供实习机会,其中校内在岗实训强调秘书学专业与学校办公室、党委宣传部、学校档案馆等校内机关部处进行合作,建立学生校内实习实训基地。在学校办公室参与实训的同学日常主要负责文书的拟写、整理相关档案并将各文书归档等工作;在档案科参加实训的同学则主要负责照片的扫描归档、档案装订并装盒、查找档案并进行登记等工作。实训不仅提升学生专业技能知识的应用能力,而且可以更加深刻地体会到办公室日常工作处理的方法与流程,有效地提高办事和工作能力。

校外在岗实训强调学生可以利用课余时间或者寒暑假时间到校企合作单位的部门观摩见习(或者学生自行联系其他校内校外观摩见习的场所),利用业界资深专家资源指导学生实训,提高对秘书职业的认知、培养专业技能,为进入政府机关、企事业单位进行顶岗实训积累初步的技能与经验。同时,在"学"与"用"的过程中理论联系实际,学生能更加深刻地感知、体验秘书文化和秘书职业道德,总结和掌握秘书专业知识和技能,增强学生对秘书服务意识和专业精神的认同和尊重。

3. 提升秘书学专业学生社会实践的效益性

社会实践是高校对学生进行素质教育,培养学生创新精神和实践能力,加快大学生社会化进程的重要形式。目前大学生社会实践还有很大的完善空间,如何科学合理地利用社会实践还要进一步探讨。秘书学专业学生的社会实践是将一般性实践和专业实践作为实践性教学环节嵌入秘书学专业人才培养方案。一般性实践环节,要么是由学校教务部门统一组织,大多安排在第一学年,包括军事理论与军事技能训练、计算机应用与实践、思想道德修养与法律基础实践、毛泽东思想和中国特色社会主义理论体系概论实践等;要么是学生自主进行的一般性社会实践。专业实践分为专业见习和毕业实习,安排在第二至第四学年,由秘书学专业负责组织、检查、监督、考核和测评。

目前在社会实践方面存在的主要问题有:一是形式传统,缺乏创新。很多高校秘书学专业学生的社会实践往往局限于社会调查、政策宣传、参观访问、文艺演出、生产劳动等,仍停留在传统模式,没有深切的创新改革实践形式,常常敷衍了事。二是具体实践内容宽泛,缺乏专业针对性。秘书学专业学生自主开展的社会实践往往与专业特点结合不紧密,不能学以致用,没有针对社会组织的岗位实际。三是注重表面效应,缺乏实效性。秘书学专业学生的社会实践仍然存在宣传的多,实际做的少,假期响应号召临时做的多,平时坚持经常主动做的少,其社会实践的效益性很难保证。

针对这些情况,各秘书学本科人才培养高校一方面要改变传统观念,多渠道宣传社会实践活动的重要意义,努力寻求社会环境的认可和支持。另一方面,要主动与企事业单位、社会服务机构联系,本着合作共建、双向受益的原则,从地方建设发展的实际需求和秘书学专业学生锻炼成长的需要出发,建立多种形式的社会实践基地,力争相对固定,长期坚持,使学生受锻炼,合作见效益。首先,要明确高校专业和地方企事业单位在基地建设和运作中所承担的责任和义务,同时创新秘书学专业学生社会实践内容、形式和载体,增强其针对性和时效性。其次,可以针对社会实践活动定期开展先进个人评比活动,对活动表现突出的学生给予表彰奖励。通过建立完整的激励机制调动秘书学专业学生参与社会实践的积极性、主动性,使社会实践形成有机运作、自我驱动、有轨发展的动力机制。

4. 提高秘书学专业学生专业实习的实操性

大学生实习指的是专业人才培养方案中规定的实践教学项目,是学校组织或学生自主进行的、完成学习任务必须修习的实践教学环节。经过课堂学习、实训实践的积累沉淀,秘书学专业学生在大四将进入专业实习,这可以说是正式进入社会工作的前奏。毕业实习是秘书学专业学生融入社会、了解秘书职业岗位、在实践当中检验所掌握秘书学专业知识、训练秘书学专业技能、提升自身综合能力的过程,也是秘书学专业人才培养中规定的必要环节。对于各培养单位来说,首先要加强对秘书学专业学生实习单位选择的指导,"不对口"的实习对于秘书学学生专业技能与综合素质的提升帮助不大。对于自主选择实习单位的秘书学专业学生,系内导师要积极参与到学生的选择过程中,指导学生正确地选择实习单位,帮助学生尽量选择专业对口或与专业相关的单位和部门进行毕业实习。这样才能提高秘书学专业学生的专业技能和综合素质,从而提升他们从事秘书相关工作的就业能力,发掘其职业发展潜能。

此外，还应该加强对秘书学专业学生的实习指导与实习质量监控。通过组织秘书学专业学生实习前的集中培训，达到学生进入实习单位即能上岗的目标。指导教师可以通过网络、电话等方式加强与实习学生的联系与指导，对秘书学专业学生的实习过程进行质量监控。同时，还应该对秘书学专业学生采用多样化的实习考核与评定方式，更好地对专业学生在实习期间的态度、知识、能力等综合素质进行科学的鉴定，通过提交个人总结、见习实习基地或自选单位的评价与意见，以及证明其见习实习实训的内容、过程、成果的文本、照片、作品等材料，由秘书学教研室主任安排本教研室教师评定成绩，防止走过场，从而提高实训教学的质量。

第二节　秘书职业教育的应用策略

《中华人民共和国职业教育法》指出："职业教育，是指为了培养高素质技术技能人才，使受教育者具备从事某种职业或者实现职业发展所需要的职业道德、科学文化与专业知识、技术技能等职业综合素质和行动能力而实施的教育，包括职业学校教育和职业培训。"职业教育的目的是满足个人的就业需求和工作岗位的客观需要，进而推动社会生产力的发展。在我国，秘书高等职业教育主要包括高等职业学校和高等专科学校两类院校对学生开展的专业化、职业化的培训和教育。高等职业学校（通常简称为高职）和高等专科学校（通常简称为高专）都是专科层次的普通高等学校，是我国高等教育体系不可或缺的部分。根据《中华人民共和国高等教育法》和国务院有关文件精神，高职高专教育由省级人民政府管理。在国家宏观政策的指导下，省级政府根据本地区经济和社会发展的实际需要，结合招生能力、就业状况等综合情况，确定年度招生计划、招生办法、专业设置、收费标准和户籍管理，颁发学历证书，指导毕业生就业，确定生均教育事业费的补贴标准等，并同时负有保证教育质量、规范办学秩序和改善办学条件等职责。

高职高专的办学形式包括职业技术学校、高等专科学校、短期职业大学、独立设置的成人高校、本科院校内设立的高等职业教育机构或二级学院、具有高等学历教育资格的民办高校。专科层次的普通高等学校通常命名为"某专科学校""某高等专科学校""某职业技术学院"或"某职业学院",等等。而我国关于职业教育的探索最早可追溯至20世纪20年代,中华职业学校(由中国职业教育先驱黄炎培先生于1918年创办,是中国近代教育史上第一所用"职业学校"命名的历史名校)开始招收职业师范的学生,旨在培养职业教师。图5-10为中华职业教育社关于保送学生入师范科的公函及京师学务局的复函。

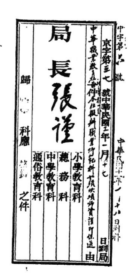

图5-10　中华职业教育社关于保送学生入师范科的公函及京师学务局的复函

秘书职业教育旨在培养秘书职业技能,主要是培养具有较强的文字功底和沟通能力,能够熟练运用现代化办公设备的高级技术应用型秘书人才。现阶段我国秘书职业教育中开设秘书专业方向的各个高职、高专院校将此专业设置在不同专业学科之下,开展的专业内容与专业名称皆不相同。例如,北京青年政治学院曾将文秘专业分为"商务秘书"与"涉外文秘"两个方向。其中,"商务秘书方向"主要培养学生办公室日常事务处理能力、应用文拟写与办理能力、会议组织与活动策划能力、信息搜集整理与处理能力、沟通协调能力和中文速录等能力,面向基层政府机关、企事业单位培养适应基层管理需要的政治素质好、服务意识强、熟悉行政管理基本规律,掌握秘书工作理论知识和工作技能,具备熟悉规范的行政办公管理、办公室工作方法,熟练掌握现代办公手段的服务于辅助行政管理、商务管理等业务的秘书人才。而"涉外文秘方向"则是重点培养学生的沟通协调能力、办公室日常事务处理能力、英语听说能力、应用文书拟写与办理能力、会议组织与活动策划能力、信息搜集整理与处理能力以及中文速录等能力。为北京市各级各类企事业单位的涉外部门及外企组织培养具有良好文化素养、较强写作能力、熟悉规范的办公室工作方法、熟练掌握现代办公手段,并具有较强的英语听说能力和涉外事务处理能力的秘书人才。

正如前文所述,囿于秘书学专业在我国独特的历史发展脉络,秘书学专业人才培养已经形成了"以高职高专为培养主体"的职业教育体系[①],而且高职、高专学校在秘书教学方面由于开展时间较长,发展相对成熟。但同时也存在培养模式较为僵化的问题,远远落后于西方发达国家秘书学教育培养水平,严重阻碍了我国的秘书人才职业化进程。此外,高职和高专学校所培养出的秘书从业者大多偏向技能型,文学涵养与综合素质相对较低,较难胜任高级秘书和专业秘书等类型的工作,只能从事普通文员类的基础性秘书工作,这也使得广大高职、高专院校的秘书学人才培养遇到较大的现实挑战。通过对所收集到的2016—2019年度用人单位关于秘书从业者教育层次要求相关数据的对比分析发现(见图5-11),伴随着社会的进步与时代的发展,实

---

① 李梦凡. 中国秘书学专业本科人才培养研究[D]. 暨南大学,2016.

践界对于从事秘书工作相关人员的学历要求越来越高,秘书这一职业岗位的学历门槛逐渐稳定为本科学历,这也在一定程度上挤压了秘书职业教育的生存空间与目标市场。

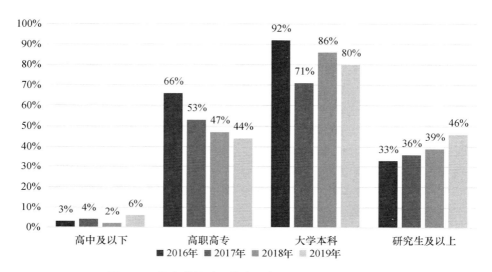

图 5-11 用人单位对于从事秘书工作需要的学历层次

综上,以高职、高专院校为主体的秘书学职业教育作为我国秘书人才培养的重要力量,应该更加具有针对性地根据自身定位以及市场要求,在专业化、技能型秘书人才培养方面加大改革力度,强化特色,提升培养水平。基于本书所构建的秘书职业能力模型,高职、高专院校可以尝试从以下三个方面出发,进一步提升自身秘书专业技能人才培养的针对性、有效性及科学性。

一、明确自身定位,专职专业培养

不同于秘书学本科人才的培养,高职、高专院校在秘书职业人才的培养方面更加注重学生的实践能力提升。秘书职业教育应该立足于用人单位对技能型秘书人才的需求,树立秘书专业知识传授与专业技能培养"两位一体"的职业教育理念,"以市场为导向、以需求为目标",不断调整自身的专业培养方案与结构,为社会组织提供适销对路的高质量秘书技能人才。

1. 立足中小企业,培养技能型人才

目前我国社会组织、机构对于秘书人才存在不同要求,高职、高专层次文秘专业毕业生的基本流向是中小型企业。工信部统计数据表明：截至2021年年末,全国企业数量达到4842万户,增长1.7倍,其中99%以上都是中小企业。① 据第四次经济普查数据显示,中小企业的从业人数占全部企业从业人数的比例达到80%。2021年中国私营个体就业总数达到4亿人。中小企业自身人员流动性较大、分工较为模糊,导致中小企业在选择秘书从业者时,更加要求适用能力强、动手能力强,能够迅速适应中小企业发展,这也就意味着秘书从业者除了具有良好的基本素质外,还必须具备较强的实践应用能力。

高职、高专院校文秘专业培养的学生不需要在专业理论上做过多的研究,但要掌握从事文秘工作的基本技能,尤其需要强化文秘技能的训练,这也正是高职、高专实践应用型秘书人才培养的特色。高职、高专秘书职业教育,可以尝试在课程设置、授课内容、实训基地建设、社会实践安排等方面突出与中小企业业务发展的适配性,培养"下得去、用得上"的、受中小企业欢迎的职业秘书人才。要根据就业岗位特点设置课程和教学模块,如中小型企业欢迎可以胜任多种工作的综合型秘书人才,课程设置就应突出"一专多能"。"一专"即明确并突出专业核心课程,如写作、沟通、会议组织、活动策划等。"多能"是指中小型企业秘书工作所需要的多方面能力,如会计、人力资源管理、商务活动执行等辅修课程。培养方案可设置职业基础、职业核心、素质拓展、综合实践技能等构成模块。

---

① 央广网. 全国企业数量4842万户 中小微企业核心竞争力显著提升[EB/OL]. (2022-06-14). https://baijiahao.baidu.com/s?id=1735579288280582118&wfr=spider&for=pc.

此外，还要重视以学生发展为主线的软实力的培养。软实力很难靠证书、分数来衡量，其养成绝不是一朝一夕的事，学校教育也不是大学生软实力养成的唯一因素，家庭生活、社会实践对大学生软实力的养成都具有重要的影响。从学校方面来讲，应主要围绕教学活动、学生管理、校园文化三方面进行培育。在教学活动中，要改善教学设计，丰富教学环节，改进教学环境，注重专业实习和社会实践活动的有效联结。在学生管理方面，应把学生基本文明素质养成作为重点，在一点一滴的行为中帮助学生形成良好的行为操守。大学校园是培养学生职业素质的基地，可以通过校园文化景点设计、学术讲座、社团文化活动等营造校园文化，潜移默化地影响学生的工作态度、职业精神以及心理素质，形成良好的职业习惯和团队精神。

2. 发挥自身优势，培养上手快、职业素养强的秘书人才

针对秘书学专业方向的较强实践性，秘书人才职业教育培养的重点应该分为基础能力课程教学与实践实训教学两部分。其中，基础能力课程主要在理论和意识上培养学生对于专业的基本认知，了解秘书职岗工作的内容，拓宽专业相关理论的学习，主要包括通识类知识、专业类知识以及其他相关知识。其中，通识类知识包括文学类、语言类（英语）、文化类、计算机类知识；专业类知识包括文书写作、办公室实务、商务英语、公共关系、秘书礼仪、商务法律、档案管理、速录、摄影摄像、图形图像处理等；其他相关知识主要有会计实务、人力资源管理、企业管理、经济金融、艺术鉴赏等。

实践实训教学则根据各学校的培养方向选取不同的课程。例如，北京青年政治学院文秘系强调以就业为导向，搭建从专项仿真实训到毕业真岗实习五个阶段递升的实训体系，实现学校教育与社会需求的无缝链接。为了既符合教育规律，又保证学生毕业时专业技能达到就业岗位的要求，北京青年政治学院对学生专业技能和职业素养的培育分五个阶段：专项仿真实训，专项真岗实训，综合仿真实训，校内顶岗实训，毕业真岗实习。学生在校内得到充分实训后，再经过半年校外真岗实习，基本达到秘书岗位要求的素养和能力。

随着学科交叉发展与社会需求综合化,秘书岗位要求秘书从业人员不仅要具备专业知识与技能,更要具有较强的学习能力、管理能力与沟通能力。因此,秘书职业教育的培养目标应该是具有良好的职业道德、敬业与创新精神,有较强的文书拟写与沟通协调能力,能胜任企事业单位的行政管理、公关商务和市场营销等岗位工作的高技能秘书人才。

3. 明确自身培养目标,针对性培养综合型人才

秘书职业教育普遍为三年学制,要在较短时间内迅速并熟练掌握秘书实用技能,就需要高职、高专院校明确自身培养目标,有针对性地培养综合型人才。由于工作、学习技能的单一性,也形成学生对职业极高的忠诚度。所以,秘书学职业教育应该扎根于秘书学的实践技能导向,课程设置上根据具体要求进行具体的选择。同时,引导学生设计自我的职业生涯规划,选择适合自己的课程和就业方向,才能够大大提升学生的学习兴趣。

对于高职、高专院校而言,其专业方向的设置是应宏观一些还是具体一些(如有的文秘专业的专业方向分为法律秘书、公司秘书、行政秘书等)?在文秘专业的大方向下开设相应的课程,还是直接把课程细分到专业方向上?这涉及高职、高专院校如何进行培养、培养什么类型的人才的大问题。如果高职、高专院校主要培养的是文秘专业的学生,各专业与类型是根据学生自我的个性进行选择,则可以在不同的类型课程上加入对于学生的个性兴趣培养。职业教育三年培养分为两个阶段,第一阶段(一年)主要目的让学生了解自己的需求,第二阶段(两年)再针对学生的能力和个性选择进行职业化培养。如果学校旨在培养某一方向的秘书专业工作者,那么就应该与相关单位建立紧密合作关系,让学生在入学之后就明确未来工作需求,进行定向培养。

二、注重技能培训,提升教学质量

高职、高专院校的秘书职业教育以培养面向中小企业,尤其是中小民营企业的秘书为主要目标,在课程设置、授课内容、实训实践体系等方面突出

"秘书技能提升"的特色,这样才能培养出能岗匹配、受中小企业欢迎的秘书人才。

1. 在课程设置方面,各高职、高专要针对自身秘书专业培养对象的未来就业方向,结合秘书实务进行相应的课程设置

例如,法律类文秘需要对法律知识有具体的理解和认知,并要在法院、检察院等办公单位进行实习,才能够对日后的工作有一定的了解,熟悉工作流程,方便日后上岗。涉外文秘则要特别重视学生的英语听说读写能力,除了学习公共英语课程外,还需要学习"英语速记""外贸英语函电""商务英语"等专业课程,进一步提升学生英语的应用能力,为未来就业奠定基础。表5-5为北京青年政治学院文秘专业涉外文秘方向基础知识课程一览表。

表5-5　北京青年政治学院文秘专业涉外文秘方向基础知识课程一览表

课程类别	课程名称	备注(学分)
1	档案管理	2
2	会计基础	2
3	人力资源管理	2
4	外贸英语函电	2
5	商务英语	4
6	秘书礼仪	2
7	国际贸易实务	2
8	商务法律实务	2
9	英语口语(一)(二)(三)	6
10	英语听力(一)(二)(三)	6
11	英语速记	2
12	中外文化概论	2

此外，秘书从业者需要不断完善自身的专业学习能力，将秘书工作理论和管理学知识灵活运用，在具体工作中起到枢纽作用。纵观各个高职、高专院校所开设的秘书专业课程，基本可以分为基础综合知识与职业知识理论两大类。其中，基础综合知识主要包括文学相关的知识，旨在增强秘书工作者的基本文学素养，而职业知识理论则包括秘书实务、秘书礼仪、秘书法律实务等。在本书所构建的秘书职业能力模型中，语言技巧与法律实务都是秘书从业者必备能力中的核心要素，这也正是高职、高专院校文秘专业的重点培养内容。

2. 在授课内容方面，要以学生为中心、教师为主导，实现课堂"学"中"做"和课后"做"中"学"的双线并行式教学

尝试以情境化教学、仿真式教学、任务项目化教学为主，依据秘书行业、职业现状和实际工作设置相应的教学背景，引导学生解决现实问题，训练岗位需要的职业能力。例如在秘书专业核心课程"会议策划与组织"的授课过程中，采用讲授法、案例分析法、讨论法、演示法、练习法、项目任务驱动法等教学方法进行教学，将学生依次置于"会议策划（各类会议、会展策划）、会议筹备、会中服务、会议总结、商务活动的组织与服务以及会展活动"的情境中，让学生参与会议组织策划管理的全过程，讨论会中服务的细节，引导学生养成从多种角度去认识问题和解决问题的习惯，培养学生的创新思维能力、反应能力和表达能力。

同时，各高职、高专院校要根据学生特点，以引起学生学习兴趣，激发学习动机为情境、任务、项目设置的根本出发点，改革教学组织方式，调整教学实施条件，实现教学环境职场化，并充分运用现代教育技术改进教学手段，实施多样化教学。在具体的教学实践过程中，还要主动激发学生的创新意识，通过课堂讨论、演讲、辩论、编写简报、撰写小论文等形式，培养学生的创新思维。尝试通过多种途径、多种渠道为学生营造创新的氛围，通过组织策划大型公关活动，学生自编自导自演大型节目和编辑文学刊物等方式，促进学生的创新能力滋生、成长和发展，进一步提升秘书专业学生的就业能力。

3. 在实训、实践体系构建方面,从秘书职业教育实训教学内容出发,构建岗位知识、专业技能以及职业素养并重的学生实践体系

根据本书所构建的秘书职业能力模型,可以将秘书职业教育的实训分成秘书岗位知识实训、秘书专业技能实训以及秘书职业素养实训。

(1)秘书岗位知识实训:①信息资料的处理,包括信息的收集、筛选、校核、分类、存储、传递;②人力资源管理,包括人力资源管理的基本概念、基本理论和基本方法;③会务工作,包括会前的筹备、会中的服务和会后的落实;④文书的拟写与收发,包括不同类型文书(通用文书、事务文书和商务文书)的审核、拟办、承办、催办等。

(2)秘书专业技能实训:①办公室日常事务,包括接待、办公室环境管理、办公室常规工作;②档案管理,包括档案的收集、整理、保管、鉴定、利用、检索、编研、统计;③秘书礼仪,包括秘书从业者的个人礼仪、电话礼仪、接待礼仪、会务工作礼仪、交际礼仪等;④秘书速录,包括手写速记和计算机速记等。

(3)秘书职业素养实训:①公共关系实务,包括公关关系含义、公共关系机构及人员、公众、传播、危机公关、庆典活动类型、庆典活动策划等;②管理沟通,包括团队沟通、组织沟通、人际沟通、有效倾听、非语言沟通、口头沟通、会议沟通、谈判技巧、跨文化沟通等;③网络办公实务,包括网络事务处理、网络搜索、网络沟通、网络安全、网络会议、网络商务、网络政务和网络工具等;④秘书综合业务能力,包括公司设立与组建、机构设置与人员规划、人员招聘、会议策划与组织、商务宴请计划、公务旅行安排、拟订商务合同、信用卡支付、干部任免、离职办理、紧急事件应急处理等。

这里必须强调的是:许多学校将实训课程分成不同方向,有针对性地培养学生面对不同单位、不同职位的工作任务。在本书采访星美文化集团董事会主席时,他提到,现在的单位招收秘书或助理类人员时,学历只是一纸凭证,而真正起到关键作用的是个人的职业素养和工作能力。高职、高专院校所开设的符合秘书职业培养方向的实践类课程对于学生未来就业能力提升是必不可少的,甚至是至关重要的。

三、优化培养方式,塑造职业人才

"以服务为宗旨,以就业为导向"一直是我国高职、高专院校秘书职业教育的根本方针。而秘书这一岗位的最大特征是知识结构和能力结构的复合性,这也就意味着高职、高专院校所培养的技能型秘书人才必须具有多元化的综合能力。因此,各高职、高专院校可以尝试从整合理论教学、师资队伍建设以及教育考核方式出发,优化培养,造就人才。

1. 以"塑造复合型秘书技能人才"为目标,不断整合理论教学方式,满足市场与社会发展需要,提升人才培养的针对性

秘书从业人员的知识结构要求具有传统的文书拟写、文档管理、信息搜集与利用、会务办理、办公室管理、办公自动化等知识之外,多数用人单位还希望秘书从业者了解会计业务,能够处理日常账务;熟悉人事管理的相关政策,会办理社保、入职、离职等事项;具有工商税务和理财等方面的经济知识,熟悉资金运作规程;熟悉客户心理,擅长维护与客户的良好关系;知晓相关的政策法规等。笔者曾经问一家校外实训基地的负责人:"为何将后录用的中文系毕业生作为培养对象,而不是先上岗的秘书系毕业生?"该负责人表示,主要是因为前者懂会计,这样以后在经费使用、报销和管理方面会更方便。从中不难看出财会知识在秘书岗位中的重要性。熟练操作、维护电脑及其他办公设备也已成为基本的入职条件。

在调查中我们还了解到,中小企业对于秘书从业人员是否持有各种证书还是比较看重的,除了计算机证书、英语证书外,各种职业证书也广受欢迎,比如会计证书、人力资源管理资格证书、摄影师证、驾驶证等,认为这些证书能够在一定程度上反映学生的学习能力以及知识面的宽窄等。此外,文秘工作人员的基础能力,例如各种办公软件的使用、管理能力、速录能力等,是秘书在日常工作中必备的素质。本书构建的秘书职业能力模型中,办公技能、会议组织与形象管理等都属于基础要素,同样也是相当重要的部分。因此,高职、高专院校秘书职业教育应该构建知识素质教育与技能训练相互促进的培养体系。

一方面,将技能课的教学拓展到素质培养,理论课的教学落实到技能掌握。办公软件的应用,摄影、摄像、信息编辑能力和沟通协调能力都是文秘应该掌握的专业技能。院系可以将文学理论课的教学内容与上述能力的培养相结合,如学生可以用PPT展示对一首诗或文的鉴赏,用手机拍摄连环照片表达对一首诗的理解,拍摄剪辑一个专题片,编辑一部作品集等。"办公室实务""会议组织与活动策划""应用文写作"等专业技能课,又都与文化底蕴密切相关。如商务宴请是办事能力的一个组成部分,训练学生商务宴请组织管理能力时,应注意与学生对传统文化和外国文化的了解结合在一起,在技能训练的过程中,注意对学生文化素养的提升。

另一方面,注重教学进程安排的科学性,以递进式职业能力培养为主线,遵循学生认知规律和职业能力培养规律,按照从简单到复杂的先行后续关系,科学安排课程顺序。第一、二学期突出学生职业基本素质教育,主要以综合素质课程、职业基础课程和公共技能训练为主。第三、四学期以职业基础、职业能力、职业素养、专业技能训练课程为主。第五、六学期以职业技能综合训练、顶岗实习课程为主。同时,发挥课下活动的积极作用,通过开展丰富的课下活动,提升学生的人文素养,例如,经常给学生开设讲座,拓展学生的视野;鼓励学生组织各种兴趣小组,如中国古典文学兴趣小组、摄影摄像兴趣小组等;组织各种与专业有关的,如摄影、书法、速录等竞赛,力争使每一个学生找到自己的兴趣点、发展点,在比较轻松愉快的气氛中提高综合素质和专业技能。

2. 不断优化师资队伍,提升教学质量,并结合时代变化与用人单位需求改变教学培养方案

秘书职业教育需要做到"稳"与"准",学生就业要"稳",学校培养要"准",将秘书专业学生的能力发展与用人单位的需求结合起来。高职、高专院校培养的是具有职业性强、职业忠诚度高的秘书专业人才,所以该类院校的教师更应该具有职业市场的眼光。在院校招聘教师时,不仅仅在学历上有所要求,更应该在其工作经历上有更高期待。专业教师是学生最好的引路者,只有教师拥有足够的经历与资历,才能够将自己拥有的经验与知识传授给学生。

有学者认为,我国传统秘书职业教育师资队伍存在以下问题:教师教育观念相对滞后,教育内容相对陈旧,教学手法与手段相对落后,缺乏从事秘书工作的实践经验,不能很好地适应现代秘书教育的需要。[①] 因此,必须采取有力的措施,转变高职、高专院校秘书专业授课教师的教育观念,改善教师学历结构,鼓励专业教师进修以及参加社会实践和职业岗位的锻炼。措施包括:第一,尝试建立教师挂职制度,在教师岗位职责中规定了每年不同级别的教师有不同的挂职时间,以保证教师对行业发展的了解。第二,专兼职教师共同完成专业课程教学,包括共同确定教学内容、共同备课与共同考核。第三,鼓励专业课教师获得职业资格证书。第四,专任教师指导学生校外实训制度,指导学生校外实训既考验专任教师职业水平,也是提高专任教师实践能力的机会,在教师聘任的岗位职责中对教师指导学生校外实训有明确规定,并有相应的管理办法。第五,持续培训制度,鼓励每年每位教师都至少有一次在外培训(并达标学习时长)或参会,以保证了解专业和行业发展趋势和要求。

此外,高职、高专院校还可以通过兼职教师队伍的建设,将具有秘书相关工作实践经验的人员引入到师资队伍中,既可以是来自企业一线的经验丰富的培训师,也可以是校企合作单位,特别是定向式人才培养合作企业的企业领导和相关管理人员,还有来自中央单位的熟悉秘书工作,了解秘书工作最高要求的工作人员和领导。同时,要保证兼职教师队伍的稳定,即兼职教师队伍有稳定的人员、每个兼职教师有稳定的教学课程、稳定的教学时间、比较

---

① 李欣. 高职高专文秘专业社会调查及其相关问题分析[J]. 教育与职业,2007(27):106-108.

稳定的教学材料等。

3. 强化学生在原有基础上的专业进步与提升，采用多样的考核方式，鼓励学生继续专业学习深造

秘书职业教育首先应具备更为完善的考核学生能力培养水平的系统。经过调查发现，各职业院校的培养方案，都将职业证书列为重要的考核指标之一，学生职业证书的取得与否也成为考核该校教育质量与效果的重要标准之一。这与学校的教育目的和学生毕业后的发展方向有很大关系。通过对用人单位进行采访和调查发现，招聘单位对于秘书工作者是否拥有秘书职业能力证书并非是一项硬性要求。相反，有些单位认为证书有无与工作能力并无直接关系，唯有能力能够说明一切。同时，秘书从业者在工作中需要的不仅仅是事务工作的处理，更需要其具有学习新知识和新技能的能力以及沟通管理能力。这些都不是考取证书能够证明的，因此，证书不应该作为考核学生能力高低以及衡量职业院校成功与否的标准。

在职业教育中，学生是有目的性地选择职业院校去学习。在就业方向上，高职、高专院校秘书专业学生就业方向较为固定，而对于本科或研究生层次的秘书学专业学生而言，其选择更加多元化。本科院校的培养方式更注重个性化、综合性发展，能够适应更高层次的管理协调工作。

以首都师范大学秘书学系为例（见图 5-12），在结束了四年的本科教育之后，有部分学生会选择继续深造而不是直接就业。在 2009—2019 年这十一年间，毕业生选择出国或国内考研的比重逐渐增大，尤其是在 2017 年毕业生中，继续深造的学生比重高达 41.4%。同时，据了解，秘书学专业或相关方向的本科生中考取秘书职业资格证书的学生寥寥无几，大多数本科生都认为考取秘书职业资格证书并不重要，即使是就业，也很少有公司一定要求持证上岗，职业证书并非是唯一的考核标准。因此，秘书职业教育培养上岗快、业务熟悉、发展较为单一的职业人，本科及以上教育的秘书学人才发展方向则趋向多元化。面对社会发展和市场上的人才需求变化，本书鼓励秘书职业教育毕业生继续学习和接受更高层次教育，可以根据国家试行从普通高校专科层次

(高专和高职)应届毕业生中选拔部分优秀学生进入本科教育学习(简称"专升本")和自学考试有关规定,具体的继续学习渠道有长线自学考试、短线自学考试、专升本三条渠道,主要专业方向为秘书学、人力资源管理、汉语言文学等。

图 5-12　首都师范大学 2009—2019 届秘书学专业毕业生毕业发展去向比例图

鉴于秘书职业教育主要培养工作能力强、职业技能高的人才,各高职高专可以采取校内与校外共同考核的机制,考核的标准可依据秘书职业能力模型,结合本校秘书学专业人才培养的具体目标,拟定细致且具有针对性的考核细则。考核系统需要学校对于培养方向有明确的定位和表述,只有可描述、可考量才能够有效地对学生进行评价,有利于教育水平的继续提升与发展。

第三节　秘书管理实践的应用策略

职业能力模型在人力资源管理活动中起着基础性和决定性的作用，基于能力素质的人力资源管理体系能够以能力发展为核心，将组织愿景、价值观念、企业文化、经营战略等现代化管理理念，真正有效地转化为每一位员工的工作行为。以胜任力模型为主线，拓展应用于企业人力资源管理的系列环节，成为组织提升管理效率、优化管理成本的重要工具。基于职业能力模型的人才招聘与甄选，可以提高"人才筛选"的精准性和成功率；基于职业能力模型的组织人才评价，可以提升组织绩效考核与绩效管理的科学性，能够最大化地提高组织人力资源使用效率与效能。基于职业能力模型的员工培训，能够获得清晰的人才培训标准，促进更具针对性的需求诊断，提高培训的效率和效果。

综上所述，本书所构建的秘书职业能力模型可以为社会组织对于秘书从业者在选、用、育等方面的人力资源管理工作提供思路和借鉴。

一、明确选人标准，优化招聘体系

选人，强调的是用人单位如何招聘与甄选秘书从业者。

招聘与选拔一直是组织人力资源管理的关键性基础工作，任何一个岗位能力素质的相关概念、核心指标以及评价方法均首先落实于该岗位的甄选工作，对于能力素质模型来说，其应用范围广、讨论研究最为丰富的领域也在于此。此外，某些特定岗位的能力素质指标很难后天习得或改变，对于用人单位来说，如何把握好人才入口，通过员工招聘与甄选，挑选出那些与岗位能力素质模型以及组织要求相匹配的人才也就显得更为重要。

对于秘书这一岗位来说，传统形式上的招聘主要按照层级进行划分（如本书第三章中的前台文员、行政助理以及专职秘书的招聘信息），仅仅考察相关人员的学历、知识、工作履历等最为基本且较易识别的内容，并不具备很好的职业发展预测效果，不能很好地判断该候选人能否成长为一名优秀的秘书。基于秘书职业能力模型所进行的招聘与甄选工作，能够使选人依据及用人标准更为科学，从而从根本上确保组织"选人"工作的质量。同传统形式上的秘书招聘与甄选相比，基于秘书职业能力模型的招聘与甄选工作更为公正、客观、科学且有效，从本质上看，是对传统形式上秘书选聘的完善、优化以及发展。二者间详细的对比分析见表5-6。

表5-6 基于职业能力模型的秘书招聘与传统秘书招聘对比

要素	传统形式的秘书招聘	基于职业能力模型的秘书招聘
聘用基础	工作分析	企业价值观、战略与工作分析
人岗匹配	静态匹配	动态匹配
核心素质	能完成秘书日常工作	胜任并完成秘书相关工作
劳动关系	雇佣契约	雇佣与心理契约
选聘指标	知识、技能	能力素质模型指标
选聘准备	很少甚至没有培训	对相关人员进行针对性的培训
选聘程序	无标准化流程	标准化流程
选聘方法	定性	定性与定量相结合

综上，相对于传统招聘与甄选方法，基于职业能力模型的秘书人员的招聘与甄选方法在流程上更为复杂，对秘书用人单位的人力资源管理水平和招聘录用的专业技能提出了更高的要求，招聘工作相关成本也更高。从整体上来看，基于职业能力模型的秘书招聘与甄选体系应该包括以下关键性环节（见图5-13）。

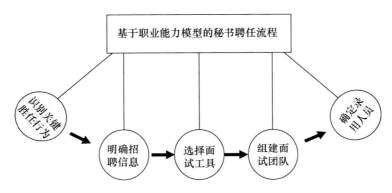

图 5-13 基于职业能力模型的秘书聘任流程

1. 识别关键胜任行为

本书构建的秘书职业能力模型是根据特定组织和岗位上的优秀秘书从业者特征来构建职业能力模型,得出完成相应秘书工作所需的能力素质要求。用人单位基于秘书职业能力模型,详细描述应聘者所应具备的胜任行为,从而最大可能找到符合要求、具备潜力的优秀秘书人才。在具体的招聘操作过程中,用人单位可以在原有的岗位说明基础上,将招聘信息中任职资格部分的关键能力素质要求尽可能行为化、结果化以及具体化,进一步提升组织招聘工作的针对性,降低招聘成本。

此外,在具体的秘书人员招聘与甄选过程中,还要注重对秘书人员综合素质的考察。传统形式上的秘书招聘工作往往侧重于外显性能力素质的考察,如对学历、知识和技能的要求,而忽视对内隐性能力素质的考察,如应聘者的个性态度和内在动机等。外显性能力素质特征一般易于考察和鉴定,在一定程度上与实际的工作绩效紧密关联。胜任特征理论还表明:对于人的发展和复杂职位的胜任起关键作用的,往往是不易测量的个性特征、态度和内在动机等内隐性要素。因此,基于秘书职业能力模型的招聘与甄选工作更应该注重对应聘者能力素质的全面考察,不仅要科学测量其外显性能力素质,更注重考察其内隐性能力素质,才能招聘到素质全面、发展潜质好的秘书人才。

2. 明确招聘信息

招聘信息作为组织为目标群体所提供的,直观展示自身"需要什么样的秘书"的内容,可以对照本书所构建的秘书职业能力模型,明确任职者所应具备的岗位知识、专业技能以及职业素养,并根据自身的实际发展状况与需求,从中选取特定秘书岗位的能力素质指标,将其作为关键要求加入到秘书的招聘信息中。同时,用人单位还应该将组织愿景、经营战略以及文化特点等信息直观、准确地传递给秘书岗位应聘者,从而在根本上做到信息互通、双向选择。具体来看,用人单位在设计基于秘书职业能力模型的招聘信息时,应该着重体现以下两方面内容。

一方面,要进一步明确招聘岗位。用人单位应该根据各自的组织愿景、战略目标以及发展规划,对不同层次、不同类型与不同岗位秘书人员的招聘数量有不同的需求和规划,明确组织在特定情境下招聘岗位是选拔秘书人员的首要前提。另一方面,要分析具体的岗位需求,设计个性化的招聘方案。不同层次、不同类型的秘书岗位,对其招聘对象的岗位知识、专业技能与职业素养等方面的要求标准也不尽相同。因此,建议用人单位基于秘书职业能力模型,结合不同秘书岗位的具体需求和实际状况,详细分析某一特定秘书岗位的能力素质特征及其行为等级标准,从而确定目标岗位的秘书从业者的能力素质模型,并据此设计对应的选任标准与重点测试内容。

3. 选择科学合理的甄选工具

选取科学的甄选工具对应聘者的能力素质进行评价一直是组织招聘工作的核心环节,也是决定其是否被录用的关键依据。基于胜任力模型的应聘者职业能力测评通常采用"行为面试法",该方法对大多数能力素质指标都有较好的鉴别效果,也是应用最广的能力素质测评方法。因此,用人单位在进行秘书人员招聘时,可以尝试采用行为化面试为主,其他测评方法(如心理测验法、无领导小组讨论、360°评估等)为辅的甄选方式。

在对秘书这一岗位应聘人员进行具体的行为面试之前,可以根据本书所构建的秘书职业能力模型,确定特定秘书岗位所重点考察的能力素质指标,每一项能力素质指标的重要性、可塑性、可测量的程度如何。能力素质指标的重要性越高（如核心要素），对于应聘者能否胜任秘书岗位工作越关键，考察时越应该重点关注。能力素质指标的可测量程度越高（如专业技能中的基础性要素），越需要通过面试确定该应聘者的胜任能力。因此，建议用人单位在进行具体的秘书从业者面试题目设计时，要根据不同类别的秘书岗位进行具体分析，并对能力素质指标进行不同的权重分配，从而设计出针对不同层级秘书的行为面试题目，以满足不同工作类别、不同层级秘书岗位面试的需要。

4. 组建专业的面试甄选团队

对于用人单位来说，在进行秘书人员具体招聘时，面试官既可能有该秘书岗位的服务对象，还可能有该组织的人力资源管理部门相关人员，也可能有该组织的领导者，并不是专业的行为面试考官，极有可能会陷入"识人"误区，仅凭借自身的主观印象与经验感觉，很难识别那些深层次的能力素质，也就很难有效地判断该应聘者能否胜任特定的秘书岗位工作。

因此，本书建议用人单位在进行具体的面试之前，要对面试官进行相应的培训，根据所构建的秘书职业能力模型以及此次岗位所重点考核的能力素质指标，建立起统一的评价与甄选标准，进一步保证面试过程的客观化与标准化。此外，还可通过寻求外部专业机构的帮助，选择经验丰富的专业机构和顾问团队进行具体的设计和操作，提升面试工作的科学性。

5. 确定录用人员

根据以上内容所确定的秘书人员选聘环节，对秘书岗位应聘者进行职业能力的各项评价，并将所有的测评结果进行统计分析，按综合得分的高低选拔一定数量的秘书候选人，提交专家组或会议审议，在进一步比较应聘者能力素质水平与需求岗位契合度的基础上确定最终录用人选。

同时，还要将被录用秘书人员的相关资料录入到组织现有的员工信息库。一方面，用于跟踪基于秘书职业能力模型所选择的秘书人员的未来职业发展状况，以确定这一方法的效度及回报率；另一方面，还可将此数据用于再次分析秘书岗位的胜任力要求以及"人—岗位—组织"匹配的相关参考，并基于此进一步完善"人岗匹配"的组织人力资源管理系统。

二、注重用人效果，完善评价体系

用人，强调的是用人单位如何更好地使用、考核与评价秘书从业者。

正如前文所述，秘书作为组织中领导者和管理者的参谋、助手，在各级管理系统中发挥着联络上下、协调左右、参与政务、管理事务的重要作用。因此，在新形势下如何通过一定的组织管理制度，有效激发秘书从业者在组织中的关键性作用也就变得尤为重要。绩效评价作为组织中的管理者或相关人员对特定组织成员的工作行为以及结果进行评价的过程，其往往会对组织成员的工作态度、行为以及绩效产生重要影响。

我国大部分企事业单位并没有专门针对秘书人员的绩效评价体系，其具体的绩效考核一般参照组织中的其他行政人员。同时，组织中秘书人员的工作成果不易量化，很难直接体现出来，甚至会出现不管做多做少，在待遇上差别不大的现象。这说明，现阶段我国秘书人员的绩效管理迫切需要建立全新的、更为科学的，基于秘书职业能力模型的绩效评价体系，根据核心能力素质指标对秘书人员的职业能力和工作绩效进行评估。表 5-7 为基于职业能力模型的秘书评价体系与传统秘书评价体系对比。

表 5-7 基于职业能力模型的秘书评价体系与传统秘书评价体系对比

要素	传统形式的秘书评价	基于职业能力模型的秘书评价
评价重点	重结果、忽视过程	结果与过程并重
评价指标	随意、模糊	清晰、明确
评价准备	很少甚至没有培训	对相关人员进行针对性的培训
评价方法	定性	定性与定量相结合
评价目标	提升用人单位效益	用人单位与秘书人员双赢
评价效果	激励效果一般	激励效果较好

因此,构建基于秘书职业能力模型的秘书人员绩效管理新体系是对传统形式上的秘书绩效考核体系的变革、完善与发展,能够帮助用人单位有效获取、使用、激励和开发秘书人员的职业胜任力,提高秘书人员的个人绩效与团队绩效,不断实现组织目标,促进用人单位与秘书人员个人发展的双赢。构建基于职业胜任力的秘书人员绩效评价体系,关键在于厘清秘书人员胜任秘书岗位的能力素质。根据秘书职业能力模型对秘书人员的岗位知识、专业技能与职业素养进行评估,并以此为依据制定秘书人员的绩效考核体系。具体包括秘书人员绩效计划、绩效执行、绩效评估以及绩效结果应用等四个环节(见图 5-14)。

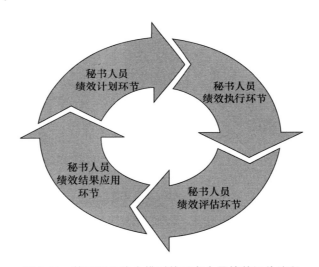

图 5-14 基于职业能力模型的秘书人员绩效评价流程

1. 秘书人员绩效计划环节

秘书人员的绩效计划就是要确定用人单位或者部门对他们的工作期望以及被认可的过程。在新的绩效评价周期伊始,人力资源管理相关人员要像对待其他部门普通员工一样,与秘书人员就在本绩效评价周期内,岗位工作需要做什么、为什么做、需要做到什么程度、完成期限、完成好坏对其的影响等关键问题进行沟通并达成一致,形成相应的、书面形式上的"秘书岗位绩效评价表"。这里所形成的绩效评价表需要与秘书职业能力模型相对应,绩效评价指标即为能力素质指标。

同时,绩效评价计划环节还要进一步明确在该绩效评价周期内,用人单位将采用的针对秘书人员的绩效评价方法,其中既有基于秘书从业者特征、工作结果甚至特定工作行为的绩效评价方法,还有基于秘书职业能力模型的评价方法,这其中不同的绩效评价方法均有相应的适应范围。鼓励用人单位根据自身实际的愿景、战略、目标以及具体的经营状况,基于不同层次、不同部门以及不同类型秘书人员的特点,为每一个具体评价对象(即每一位秘书)选择科学合理的、有针对性的绩效评价方法,从而保证组织绩效评价工作的公正、公开、合理与科学。

2. 秘书人员绩效执行环节

该环节强调考核人员根据实际情况,及时对秘书人员绩效评价标准做出调整,并不断反馈给秘书人员的过程。在基于秘书职业能力模型的绩效评价体系中,绩效评价指标即为秘书岗位能力素质,而绝大部分的能力素质指标是很难被直接观察到的,这就需要相关人员,尤其是领导者和管理者注意观察比较秘书人员的工作行为,及时记录关键行为事件,并主动分享给秘书人员,帮助他们及时发现工作中的不足之处,解决那些可能存在的问题,避免在工作中走弯路。

此外,在秘书人员绩效评价执行过程中,最关键、最重要、最困难的工作就是绩效辅导沟通。绩效辅导沟通是一个充满细节的过程,是秘书从业者(作秘书)、管理者(管秘书)以及被服务者(用秘书)在共同工作过程中分享各类与秘书从业者绩效有关信息的过程。具体来讲,这些信息包含有关秘书工作进展的情况、有关秘书人员在日常工作中潜在障碍和问题的信息及各种可能的解决措施等。管理者与被服务者应对秘书人员进行定期的、持续的辅导帮助，以便在某些问题发生前帮助秘书人员识别并指出困难，避免在工作中走弯路。绩效执行是决定绩效管理是否成功实施的重要环节，将为后续绩效评估奠定坚实的基础。

3. 秘书人员绩效评估环节

绩效评估作为组织绩效管理工作中技术性最强的环节，是绩效评估人员对组织内员工工作表现以及工作结果作出研判的一种活动。针对秘书人员的绩效考核就是依据绩效考核标准对秘书人员在考核周期内绩效任务完成情况进行评定，并及时反馈考核结果。绩效考核和反馈事关秘书人员的工作成就感和下一步的绩效改进，是整个绩效管理的关键环节。通过考核和反馈帮助秘书人员分析能力素质和工作表现，并提出针对性的改进举措，为下一阶段的秘书人员绩效提升指明方向。

在基于职业能力模型的绩效评价体系中，能力素质指标是组织绩效评估的基础和依据，对于秘书职业岗位来说，诸多能力素质指标（如保密能力、清晰陈述、主动服务等）是很难直接被观测和衡量的，这也意味着做好秘书岗位的绩效评估更具挑战性。本书建议，在绩效评估中，对一般岗位上的秘书可直接采用上级评价法进行评价，而针对较高级别或者特定情境下的秘书，建议采用360°评价的方法，邀请秘书岗位的上级、同事、下属以及自身对于该秘书的工作表现进行评价。

4. 秘书人员绩效结果应用环节

结果应用一直是组织绩效评价工作的重要环节，直接决定组织整个绩效评价体系的成败和价值。用人单位要监督秘书人员日常工作表现，若低于理想的工作表现，则应该帮助其及时找出问题所在，并采取相应的措施改善其工作表现。基于秘书职业能力模型的绩效评价结果应用主要体现在找出秘书人员实际工作能力与所在岗位能力素质要求的差距，及时发现可能存在的问题。组织中的管理者与领导者应针对秘书人员工作中存在的问题进行相应的沟通，帮助他们找出工作表现不佳的原因，并共同制订相应的绩效提升计划，不断提高秘书人员的工作表现和绩效水平。若秘书人员的工作表现达到或高于理想工作表现,则下一步的工作重点应该是调整他们的职业生涯发展规划,为其提供更适宜的发展机会。

对于任何组织、岗位以及个体来说,每一次的绩效评价都是帮助组织员工积累新知识、获得新经验、学习新技能的机会。绩效管理工作是将用人单位愿景目标与部门发展目标、秘书个人目标紧密地联系在一起,全员参与、全面考察、立体性全过程动态管理体系。每一次的绩效考核都将使用人单位与秘书人员迈上一个新的台阶,有所提高、有所发展、有所创造、有所前进。

三、扩宽育人渠道,提升培训效率

育人,强调的是用人单位如何培养组织中的秘书人员。

企业培训是指对于企业内部工作者的能力提升、观念改进或是精神提升的短期再教育,是企业对于员工有针对性的教育与学习,旨在提升员工的个人水平与工作能力,为企业创造更大效益,是个人与企业共同进步的必要途径。企业培训是企业人力资源管理的重要内容,是企业生存与可持续发展的源泉。

企业培训是秘书工作人员能力提升的主要途径,虽然企业之中很少有专门针对秘书组织的培训,但是由于秘书的职业特殊性,可以与管理层共同参与到组织中的企业培训,提高秘书从业者的工作能力与职业素养。传统形式的秘书培训以工作分析为基础和主要内容,分析得出的范围较窄,局限在知识、技能等表象上。基于职业能力模型的秘书培训体系一般从绩效差异分析入手,使分析结论具有更好的表面效度,能够更为准确地把握秘书工作重点,不断提升秘书从业者的能岗匹配程度,进而提升组织整体的胜任力水平。二者间详细的对比分析见表5-8。

表 5-8　基于职业能力模型的培训与传统秘书培训对比

	传统形式的秘书培训	基于职业能力模型的秘书培训
分析基础	工作分析	关键胜任力
培训内容	局限于知识、技能	核心能力素质指标
培训目的	问题解决	行为改变
培训重点	注重知识与技能传授	注重实践,发展中注重行动
培训效果	无评估	胜任力行为改变与绩效提升
培训目标	提升用人单位效益	用人单位与秘书人员双赢

因此,基于职业能力模型的秘书人员培训体系能够进一步提升用人单位人力资源开发工作的科学性与针对性,将其工作的侧重点转移到更为全面、更深层次的职业能力素质提升上来。用人单位依托秘书能力素质指标体系搭建秘书职业能力提升培训体系,主要包括培训需求分析、培训计划制订、培训计划实施以及培训效果评估四个环节(见图 5-15)。

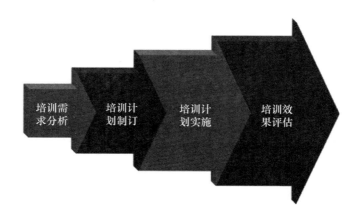

图 5-15　基于职业能力模型的秘书人员培训体系流程

1. 基于秘书职业能力模型的培训需求分析

组织中的秘书从业者是否需要接受培训，一般取决于所具有的能力素质能否满足其岗位要求。以职业能力模型为参照标准，通过秘书从业者现阶段工作状态与理想状态的横向对比，能较为准确地发现可能存在的不足之处，进而有针对性地找出培训需求。同时，还要充分考虑组织的实际状况，如内外部环境、可承受成本等。只有综合考虑员工能力素质发展需求和组织实际运营状况得到的培训需求才能真正符合组织和个人两方面的需求，并能为培训的实施提供必要的基础和良好的条件。

针对秘书人员职业能力的培训需求分析是开发秘书人员培训体系的首要环节。倘若培训需求分析工作不细致、有偏差，将会导致组织的整体秘书人员培训难以形成完整科学的体系，从而影响组织其他相关工作的开展。秘书人员的培训需求分析包括两项基本内容：一是明确培训工作的具体对象，即进一步明确哪些秘书人员需要进行培训，主要通过秘书从业者现阶段工作状态与理想状态的横向对比，较为准确地发现可能存在的不足之处，进而有针对性地找出培训需求；二是要进一步明确培训所要达到的目标水准。

2. 基于秘书职业能力模型的培训计划制订

一般来讲，培训计划是由具体的培训负责部门综合考虑各方面信息而确定的，这里的培训负责部门通常为用人单位的人力资源管理部门。一份科学的培训计划主要包含：培训目的、课程体系、成果标准、考核办法、总结评价等。其中，培训课程体系的设计是核心，其立足点就是要提升秘书人员胜任秘书岗位的能力素质。课程体系可以分横向和纵向培训课程设计。纵向设计主要是指根据秘书人员的不同等级开展不同层级的培训；横向设计就是针对秘书人员的不同能力素质需求开展培训，主要包括岗位知识、专业技能与职业素养。只有横、纵设计相结合的培训课程体系才更适合秘书职业能力的培养和提高。

基于秘书职业能力模型的培训计划强调在找出秘书从业者实际能力素质水平与能力素质模型指标之间的差距，并据此制订相应的秘书从业者职业能力培训与发展计划,设计适当的培训内容,结合具体的培训方式来弥补秘书从业者的能力素质缺口。在制订培训计划之前,用人单位还应进一步分析差距产生的原因,并不是所有的能力素质缺口都可以通过培训的方式得以消弭。针对秘书人员职业能力素质缺口,用人单位要判断哪些差距是可以通过培训进行改善的,哪些差距是无法通过培训弥补的,重点关注那些可以通过培训并且亟须改善的职业能力素质,制订相应的培训计划,设定相应的培训框架。

3. 基于秘书职业能力模型的培训计划实施

在完成需要重点培训的能力素质框架后,为了使培训更具层级性以满足不同类别和层级秘书从业者的培训需求,可分别从"岗位知识""专业技能""职业素养"三个培训模块出发,进一步制定重点和方向各有侧重的多层次培训内容和课程。如针对前文所提到的"业务型秘书",要重点提升他(她)们的岗位知识,帮助他(她)们掌握所服务的行业、系统的专业知识;而针对一般的"事务型秘书",则要重点提升他(她)们的专业技能,如积极聆听、清晰陈述、主动服务等。

同时,由于秘书工作性质的便利,能够参与到管理层的培训之中,学习管理相关的知识和理论,了解企业所需求人员的能力要求,便于提升秘书人员自身的岗位知识、专业技能以及职业素养。就具体的培训方法而言,建议采用"体验式"与"行动学习式"培训的方法。"体验式培训"(包括情境类、沙盘类等)强调让体验者在游戏中学习秘书日常工作相关知识与技能,认识到自身的不足和努力方向。而"行动学习式培训"(带着问题来、带着问题走,开展深入研讨,也会有去某些地方进行参观对标等模式)强调在组织中进行各种各样的问题研讨,全面提升秘书人员的职业能力。

4. 基于秘书职业能力模型的培训效果评估

组织培训成果转化是指学习者将从一个场所学习到的技能应用到另一个场所中。培训成果转化是为了成功地完成培训项目,受训者必须有效且持续地将所学技能运用于工作当中。培训转换包括将学习的培训内容保存、推广到工作之中,并能维持所学内容。推广能力指受训者在遇到与学习环境类似但又不完全一致的问题和情况时,将所学技能应用于工作上的能力。维持则指的是长时间持续应用新获得的能力的过程。为了保证推广和维持所获得的培训成果,受训者必须先学习保存各种能力。受训者的特点、培训项目设计、工作环境以及使用培训所学的结果将会影响学习、保存、维持和推广。[①]

基于秘书职业能力模型的培训效果评估强调在针对特定的秘书从业者职业能力素质进行培训以后,采用定性或者定量的方法,对接受培训的秘书从业者进行调查,从而确定该职业能力培训效果是否达到组织预期,是否真正提升了参与培训的秘书从业者的职业能力。同时,还要关注参与培训的秘书人员对于培训工作的满意程度,以及所重点培训技能的实际应用和转换程度,并综合以上结果对相应的培训方案进行改善与修正,以求建立起更具系统性、长远性和持续性的秘书从业者职业能力培训提升计划。

第四节　秘书自身发展的应用策略

现今社会,秘书工作范围日益广泛、工作内容日趋复杂,秘书往往要承担多种角色。为了满足工作发展需求,秘书从业者需要具备多元化的知识体系,主动提升自身的综合素养和职业能力。秘书具备与所从事工作相匹配的个人职业能力是胜任秘书职业的前提,从秘书职业能力整体模型和各层次素质指标看,职岗胜任力的培养都是一项系统而复杂的能力建设工程。

广大秘书从业者作为秘书职业能力模型的适用对象,可以通过主动对标的方式,及时发展自身可能存在的不足之处,并通过科学有效的能力素质提

---

① 秦培仁,黄荣萍.企业培训成果转化及其过程模型的构造[J].改革与战略,2005(1):130-132.

升计划,不断提升自身岗位胜任力。本书所构建的秘书职业能力模型,能够为广大秘书从业者提供更好的方向参考和优化途径,具体体现在"查漏""补缺""谋发展"三个方面。

一、对标素质模型,检视自身差距

能力素质模型是选拔优秀职岗工作人员的指标,通过职业能力模型的素质指标,组织向广大秘书从业者传递"该职业成功的标准是什么?""组织期望员工在秘书职位上发挥什么样的作用?""需要什么样的技能或能力才能胜任秘书这一岗位?"等关键性信息。通过秘书职业能力模型,不仅能够帮助用人单位明确用人选人的标准,制订相应的继任者计划,对有潜力的秘书从业者提前进行对标培养;还能够帮助广大秘书从业者了解自己的职业能力素质与组织要求之间的差距,从而确定相应的改进目标和行动计划。

1. 构建科学、完善的秘书职业能力评估体系

职业能力评估体系的构建是秘书从业者提升个人职业能力的科学参考体系,是确保秘书从业者能够朝着正确的方向不断攀登职业巅峰的导航系统。准确的判断、科学的规划以及积极的行动,源于一套合理高效的工作能力评定体系,同时这也是保障秘书队伍专业化建设的重要路径之一。秘书从业者职业能力的评估包括内评估体系与外评估体系,其中内评估体系强调秘书从业者自身主动对标秘书职业能力模型,检视自身的优势与不足,从而确定自身未来一段时间内的学习提升计划;而外评估体系则强调用人单位基于秘书职业能力模型对秘书从业者的衡量与评价,从而有效提升秘书人员的职业能力和工作绩效。

此外,职业能力模型还能够为组织内部优秀的秘书从业者建立起相应的成才标准和奋斗目标,对照秘书职业能力模型中的核心要素明确针对性发展指标。同时也为秘书从业者开展自身职业生涯规划提供了相应的遵循,帮助他(她)们有计划、有目标、有节奏、有重点地逐渐培养出自身职位提升以及职业发展所需要的职业能力素质,更早、更有效地进行自我激励、自我提升,为进一步优化自身的职业生涯发展打下坚实的基础。

2. 评估自身职业能力,准确了解自身特质、工作特点及发展需要

秘书从业者还应该将自身的人格特质、职业心态与信念以及职业技能等因素纳入职业能力评估体系中。个体的人格特质评估强调秘书从业者可以通过自我陈述的形式,不断地总结、判断、反思自身是否符合从事秘书这一职业所应该具备的特质因素,如积极、主动、乐观、抗压能力等。秘书从业者可以尝试主动使用一些个体特质测量问卷,如大五人格测试、明尼苏达多项人格测验、16PF人格测试、霍兰德职业兴趣测评等标准化的人格特质测量量表,来进一步帮助了解自身人格特质,判断自身是否需要进行相应的学习与训练。

针对胜任秘书这一岗位所需要的专业技能与能力素质,如社会洞察力、鉴别能力、人际沟通能力、逻辑思维能力等,秘书从业者可以使用一些较为通用的能力测试问卷,帮助自身判断实际能力水平与职业发展需要之间的距离,从而采取有针对性的学习计划与职业能力提升计划。同时,鼓励秘书从业者将这些能力素质纳入自身整体的职业生涯发展规划中,帮助自身更好地认识自我,不断调整职业能力提升方案并付诸行动实践,这也是秘书从业者构建良好的职业心态与职业信念的关键所在。

3. 分析、评估内外部环境,保障秘书从业者职业能力建设

通过对用人单位内外部环境的分析与评估,秘书人员不仅能够选择自己下一步努力的目标职位,而且能够知道要做到什么程度才能达到目标职位要求,在日常工作中有针对性地提高相应的职业能力,更快地实现自身职业发展目标。

一般来讲,所有用人单位都会对秘书人员进行定期的考评,并基于此确定秘书人员的薪酬、待遇、晋升等,而这些考核通常是对秘书人员常规工作进行评价,其考核标准就来源于胜任秘书职业岗位所需要的职业能力素质指标。倘若秘书从业者能够根据秘书职业能力模型进行准备、自检与改进,就能够在绩效评价中获得先发优势,职业能力自然而然地也会得到提升。

二、理清补缺思路,明确努力方向

目标引领方向,人一旦有了清楚的奋斗目标,就有了前进的方向和动力。秘书工作者渴望成功,就必须给自己确立一个明确的目标,目标一旦确立,什么应该做,什么不应该做,为什么做,为谁而做,都将一目了然,从而在目标的指引下,朝着正确的方向不断努力,最终实现既定目标。本书所构建的秘书职业能力模型主要包括岗位知识、专业技能以及职业素养三个维度,这也能够为秘书从业者提升自身职业能力素质提供相应的思路,即秘书从业者能够从岗位知识、专业技能以及职业素养这三个角度出发,有针对性地采取查漏补缺方法,提升自身从事秘书这一职业的胜任能力。

1. 有的放矢,不断丰富秘书从业者的岗位知识

本书所构建的秘书职业能力模型表明:胜任秘书职业所需要的岗位知识主要包括政治哲学、语言文学、数学统计、历史地理、法律知识、宗教文化、礼宾接待、外语应用、秘书学知识、调研知识、信访知识、人员选拔、编程知识以及人力资源知识等秘书岗位相关知识。正如前文所述,以"实践技能与应用能力为导向"的秘书专业人才培养体系正在逐步形成,各高等学校、高职高专院校都在不断尝试秘书专业学生培养方案的改革,所培养的秘书专业人才具备丰富的岗位知识,才能够满足用人单位对于新时代秘书从业者的要求。

对于广大秘书从业者来说,伴随着时代的进步、环境的变化,用人单位对于秘书从业者的岗位知识要求也在逐步提升,秘书从业者只有具备与时俱进的知识结构与思维水平,才能够通过运用新技术、掌握新知识和使用新方法来迎接新挑战。只有不断地转变观念、提高能力,才能增强工作的科学性。因此,鼓励广大秘书从业者通过参加特定的知识型培训,考取相应的知识技能证书[如商务英语资格证书、剑桥办公管理国际证书、伦敦工商会(LCCIEB)秘书证书等],来进一步满足从事秘书职业所要求的岗位知识。

2. 紧跟时代,及时更新秘书从业者的专业技能

伴随着社会的进步与时代的发展,用人单位对秘书人才专业技能的要求越来越高,广大秘书从业者亟须做出改变,不仅要具有传统意义上秘书人才应具备的职业能力,如公文写作、办公技能、档案管理、会议组织等,还要及时更新并提高自身专业技能,如积极聆听、清晰陈述、主动服务、形象管理、语音识别等,以应对组织高速发展的业务需要。

具体来讲,秘书从业者可以通过自主报名的方式,积极参与相应的技能培训,如公文写作专题培训、驾驶技能培训、个人形象管理培训等,来提升自身的专业技能。同时,广大秘书从业者还要用积极的心态主动汲取新的知识,掌握各种新的技能,还要能够勇挑重担,在实践中磨砺自己,要善于把理论与实践结合起来,通过实践来验证自己所学的知识。也要能够放下身段,主动服务并且勤于实践,不断提升自身全方位的职业能力。此外,还要养成平心静气、冷静思考的习惯,勤于总结反思,最大限度地提高自身的专业技能水平。

3. 自我认同,全面提升秘书从业者的职业素养

职业素养主要包括学习能力、应变能力、表达能力、心理调适能力、人际沟通能力、归纳推理能力、灵活分类能力、抗压能力、逻辑思维能力、观察分析能力、决断能力、协调能力以及领导能力等,此类素养为较深层次的秘书岗位能力素质,很难通过特定的培训得以提升,因此,秘书从业者应该注重平时的积累与锻炼,在日常工作中有意识地培养与提升,尤其是较为欠缺方面职业素养的训练。

同时,本书认为可以尝试从职业认同的角度出发,进一步提升秘书从业者的职业素养与职业意识。坚定的职业认同能够帮助秘书从业者更好地支配个人整体职业行为。通常来讲,职业认同一旦形成便有较强的持久性,能够在秘书从业者职业能力建设过程中起到价值导向的指引性作用。因此,鼓励广大秘书从业者采用积极的心理暗示、培养个人的职业兴趣点、坚持训练等方式,进一步提升自身从事秘书工作的职业素养。

三、自觉主动学习,促进终身发展

被公认为21世纪管理经典的《第五项修炼》一书,把个人的成长和企业的成长有机地结合在一起,其核心思想是面对瞬息万变、错综复杂的世界,必须借助个人的自我完善和集体学习才能找到一条出路。对于广大秘书从业者来说,只有学习才不会被组织淘汰。秘书从业者的职业能力还体现在巩固基础、传承优良传统的基础上不断学习应对新问题、新挑战的能力。从本质上看,这是一个不断成长的过程,而这个过程需要秘书从业者的积极参与,通过完善学习体系、创新学习方式和改进学习方法,不断丰富自身职业能力提升的学习培训系统,真正做到理论与实践的有效结合。

1. 构建岗前、在职以及进修"三位一体"的自主学习体系

岗前学习能够促进秘书从业者全面认识秘书岗位,坚定从事秘书工作的职业选择;在职学习是保障职业能力,提升针对性、系统性、专业性的重要过程,使秘书从业者能够出色完成各项秘书日常工作;进修学习能够提高秘书人员专业技能与职业能力水平,是提升秘书从业者职业能力的直观评价指标。这里需要强调的是,以上三种形式的学习都少不了秘书从业者个人的自主学习意愿,只有将自主学习融入秘书从业者个人成长学习系统当中,才能全面提升自身的职业能力。

对于岗前学习来说,秘书从业者需要系统地完成职业知识的集中提升,全面了解秘书岗位的工作内容,将个人职业规划与工作需求相匹配,其根本目的在于提高秘书从业者开展各项工作的能力素质,使其更加有效地进入工作状态;对于在职学习来说,可以通过定期参加团队工作论坛,主动研讨交流阶段性工作问题,以达到促进能力提升的目的,还可以通过主动参加挂职锻炼、走访调研、观摩考察等方式,不断学习先进的实践经验,以此来促进个人职业能力和综合素质的提升;对于进修学习来说,鼓励广大秘书从业者积极参加相关的职业能力研修与培训活动,提升自身的专业技能和综合能力。

2. 创新与优化学习方式,将"理论学习与技能训练"相结合、"线上学习与线下学习"相结合

理论学习与技能训练相结合强调广大秘书从业者通过科学的途径、方法和手段,将自身所掌握的理论知识付诸实践。理论学习是为了更好地指导实践,秘书工作的实践性强、要求高,广大秘书从业者应注重实践技能训练,不断提升自身工作实操水平。例如,可以通过参加专题工作坊、主题沙龙、沙盘模拟、团队项目训练等形式,进一步强化理论学习与实践操作的联系,确保秘书从业者学习的有效性。

线上学习与线下学习相结合则要求广大秘书从业者对当前网络发展现状有较为清晰的认识,通过将自身日常工作与现代化网络工具的自主结合,帮助自身更合理地利用各种信息技术,提高办公效率,更好地完成自身的工作;另外,广大秘书从业者还可以通过网络平台,如网易云课堂、云端学习App、云朵课堂等,接受相关的职业技能培训,提升自身的岗位知识、专业技能与职业素养。在新时代背景下,秘书从业者必须主动将线上学习与线下学习相结合,在自我成长中为日常秘书工作增添更多的活力。

3. 改善自主学习方法,提升秘书从业者的岗位知识、专业技能以及职业素养

针对秘书岗位工作的独特性,坚持"因时而适、因人而异"的原则,不断调整秘书从业者的自主学习的方法。正如前文所说,本书所构建的秘书职业能力模型能够进一步细化为基础要素、核心要素以及个性化要素,三类要素由下到上构成金字塔结构(见本书图 4-56),其中,核心要素为秘书职业能力模型权重比例最大部分,也是秘书职业能力模型中最重要的组成部分,代表秘书从业者需具备的最为核心的素质;基础要素部分为秘书职业能力模型中基底部分,各个维度所包含的职业能力素质指标数量最多,覆盖秘书的工作范围最为广泛,也是秘书从业者需要掌握与拥有的秘书基础素质。个性化要素部分为秘书职业能力模型中顶层部分,各个具体维度所包含的秘书职业能力素质指标数量较少,但却是秘书从业者在特定工作环境与需求下需要具备的素质。因此,可以通过"筑牢基础层、强化中间层、丰富高级层"的自主学习方法,来实现提升秘书从业者职业能力的目的。

综上所述,现阶段对应用型秘书人才职业能力的要求越来越高,秘书从业者要用积极的心态主动汲取新的知识,掌握各种新的技能,善于把理论与实践结合起来,还要能够勇挑重担,在实践中不断完善自己。秘书从业者要能够放下身段,主动工作并且勤于实践,不断提升自身的职业能力。同时秘书人才要养成冷静思考、勤于总结、敢于反思的工作习惯,最大限度地提高自身的综合能力水平。一个好的秘书,一定是能力全面、能够独当一面的人,是能够为领导分忧解难的人,也必定是一个能够跟上时代步伐的职业人。

第六章　结论与展望

秘书,作为一个古老存在的学科、职位、职位工作者的统称,具有悠久的历史,发展至今已近千年。现代秘书更多是指"辅佐一个职位、一个部门或者一个组织的,能够起到上传下达的枢纽作用,并能够提出建设性意见的职位工作者"。具体来看,秘书是从事脑力劳动的职业,其职责是为居于领导地位的机构或个人决策时提供信息或意见,并为决策的贯彻执行提供必要的事务性服务。职业秘书作为企业管理者的参谋和助手,起着辅助决策、协调关系的至关重要的作用。一个好的秘书不在于其学历的高低,而在于其实际工作能力的高低。

因此,本书以秘书岗位为中心,以秘书从业者职业胜任力为研究基点,尝试从个体职业能力这一微观视角入手,基于KSA理论的基本逻辑,通过典型案例、深度访谈、问卷调查以及理论分析等方法抽取相应的秘书职业能力素质指标,解码胜任秘书岗位所需要的素质,并基于此建构出现阶段我国通用的秘书职业能力模型,分析出实践界与理论界对专业化秘书岗位知识、专业技能以及职业素养的具体要求,进而提出有针对性的秘书职业能力培养、培育与提升策略。

第一节 主要结论

一、秘书职业能力模型及其素质指标

本书所构建的秘书职业能力模型由3个维度52项能力素质指标构成。3个维度分别为岗位知识、专业技能和职业素养。每个维度所包含的具体能力素质指标还能够进一步细化为基础要素、核心要素以及个性化要素,三类要素由下到上构成秘书职业胜任力的金字塔结构。

(1)岗位知识维度包含15项能力素质指标。其中,核心要素4项,分别为外语应用、语言文学、法律知识以及礼宾接待;基础要素8项,分别为历史地理、政治哲学、调研知识、数学统计、宗教文化、信访知识、秘书学知识以及人力资源知识;个性化要素3项,分别为人员选拔、编程知识与客户需求评估。

(2)专业技能维度包含15项能力素质指标。其中,核心要素4项,分别为保密技能、清晰陈述、主动服务与积极聆听;基础要素9项,分别为阅读理解、办公技能、语音识别、监控技能、会议组织、时间管理、公文写作、档案管理以及形象管理;个性化要素2项,分别为书法技能与驾驶汽车。

(3)职业素养维度包含22项能力素质指标。其中,核心要素4项,分别为学习能力、表达能力、应变能力与心理调适能力;基础要素18项,分别为信息收集能力、社会洞察力、鉴别能力、决断能力、公关能力、策划能力、协调能力、人际沟通能力、逻辑思维能力、观察分析能力、演绎推理能力、归纳推理能力、灵活分类能力、领导能力、抗压能力、组织能力、统筹能力以及危机处理能力。

二、秘书职业能力模型应用策略

知人者智,自知者明。本书主要从秘书专业教育、职业教育、管理实践以及秘书自身发展四个角度提出秘书职业能力模型应用策略。

(1)秘书专业教育主要针对高等学校而言,本书主要以首都师范大学文学院秘书学系为例,并结合北京青年政治学院文秘系等各大院校秘书人才培养现状,提出应该增强对学生的专业认知培养、提升学生的角色融入,进一步加强素质教育、提升学生的综合能力,以及坚持实践导向,切实提升秘书学专业学生的应用技能。

(2)秘书职业教育主要针对培养秘书技能人才的高职、高专院校而言,其作为广大中小企业以及社会组织选拔秘书技能人才的重要来源,对学生的培养应该进一步明确自身定位,注重提升学生对于未来工作的适应力,同时还要进行师资队伍建设、优化考核方式,进一步提升教学质量,从而培养工作接受能力强、职业能力优的专业化秘书人才。

(3)秘书管理实践主要针对秘书的用人单位来说,应该以胜任力模型为主线,拓展企业人力资源管理的系列环节,尝试依据自身目标、组织期望以及秘书人员的内在需要,有的放矢地开展秘书人员的"选""用""育"工作,进一步明确自身的选人标准、用人效果以及育人渠道,从而提升自身的管理效率、优化管理成本。

(4)对于广大秘书从业者来说,可以主动对标本书所解码的秘书职业能力,检视自身差距,发现自身不足,厘清补缺思路,从而明确努力方向,树立自觉学习、主动学习以及终身学习的观念,不断提升自身的职业素养和综合能力。

第二节　研究展望

本书主要围绕我国秘书职业能力模型的构建以及实际应用策略进行分析和讨论,并得出一些有价值的结论。随着时代的进步、社会的发展,围绕秘书职业能力这一研究主题,仍然有不少问题值得深入探索。

一是对秘书职业能力模型的动态维护。经济社会的发展、科技的进步、社会及管理的变革、产业及行业的演变,催化了职业构成及内涵不断发生变化,提高了对秘书从业者素质的综合要求。本书所构建并验证的秘书职业能力模型也必须依据组织客观状况的不断变化进行动态调整,才能更充分地发挥效用。此外,在未来的秘书职业能力模型研究中,可以尝试运用更为便捷、更为科学的方法,如 O*NET(Occupational Information Network)工作分析法、智能化胜任素质模型构建等,进一步提升秘书职业能力模型建模的效率。

二是对秘书职业能力模型在人力资源管理其他环节内的应用进行探讨。本书仅对秘书职业能力模型在组织人力资源管理工作中的"招聘与甄选""绩效评价与考核"以及"培训与开发"三个环节的应用策略进行了初步讨论。以往研究表明,能力素质模型在组织工作分析、职业生涯规划、薪酬管理等方面也有较为成熟的运用。因此,秘书职业能力模型还可以在组织人力资源规划、工作激励、人才盘点、项目管理等方面发挥更大的作用,这些内容也正是未来进一步探讨秘书职业能力模型应用策略的一些可能方向。

附　　录

附录一：秘书职业能力调查问卷

尊敬的女士/先生：

　　您好！首先非常感谢您在百忙之中参与此次调查。这是一项有关中国情境下秘书职业能力的调查问卷。在这份问卷中，我们将了解您对"**秘书**"这一岗位所需要能力素质的一些看法。恳请您百忙之中予以支持与协助！感谢！

　　同时，我们郑重承诺，此次调查您的个人信息将完全保密，所有调查结果也仅用于学术研究，请您根据自身感受，如实对问卷所列的职业能力素质要素对于秘书工作的重要性进行评分。再次感谢您的支持与帮助！

　　恭祝您身体健康，工作顺利！

首都师范大学秘书学教研室

一、基本信息（请您在符合实际的选项上打√）

1. 您的性别：	① 男　　② 女
2. 您的年龄：	① 22 岁及以下　　② 23～30 岁　　③ 31～39 岁　　④ 40～49 岁 ⑤ 50 岁及以上
3. 您的学历：	① 高职及以下　　② 专科　　③ 本科　　④ 硕士及以上
4. 单位性质：	① 国家机关和事业单位　　② 金融证券业　　③ 教育和培训机构 ④ 制造业　　⑤ 文化传媒业　　⑥ 高新技术产业　　⑦ 其他
5. 您的身份：	① 秘书管理者或领导　　② 秘书从业者　　③ 秘书领域相关人员

二、问卷说明

请您根据自身感受，如实对问卷所列的职业能力素质要素对于秘书工作的重要性进行评分。从不重要到非常重要共有 5 个等级（1～5），数字代表的等级含义如下：

1＝不重要

2＝有点重要

3＝重要

4＝比较重要

5＝非常重要

序号	能力要项	评分	序号	能力要项	评分	序号	能力要项	评分
1	外语应用		14	公文写作		40	协调能力	
2	语言文学		15	办公技能		41	领导能力	
3	法律知识		16	档案整理		42	组织能力	
4	礼宾接待		17	会议组织		43	统筹能力	
5	政治哲学		18	积极聆听		44	人际沟通能力	
6	数学统计		19	清晰陈述		45	逻辑思维能力	
7	历史地理		20	主动服务		46	观察分析能力	
8	宗教文化		21	阅读理解		47	演绎推理能力	
9	秘书学知识		22	监控技能		48	归纳推理能力	
10	调研知识		23	保密技能		49	分类灵活能力	
11	信访知识		24	语音识别		50	危机处理能力	
12	编程知识		25	形象管理		51	客户需求评估	
13	人员选拔		26	时间管理		52	人力资源知识	

			27	书法技能				
			28	驾驶汽车				
			29	学习能力				
			30	表达能力				
			31	应变能力				
			32	抗压能力				
			33	公关能力				
			34	策划能力				
			35	社会洞察力				
			36	鉴别能力				
			37	决断能力				
			38	心理调适能力				
			39	信息收集能力				

再次感谢您的参与！

附录二：秘书职业能力书面访谈问卷

一、基本信息

姓名 _____ 性别 _____ 年龄 _____

职务 _____ 部门 _____ 行业 _____

单位性质：

企业单位：

☐ 国家行政企业　　　☐ 公私合作企业　　　☐ 中外合资企业

☐ 社会组织机构　　　☐ 国际组织机构　　　☐ 外资企业

☐ 私营企业　　　　　☐ 集体企业　　　　　☐ 国防军事企业

事业单位：

☐ 公共社会福利性单位，如医院、学校、图书馆等

☐ 本身无行政权力，但受有行政权力部门委托，部分代为行使行政行为的单位，如交通局下属的车辆检测中心、科研部门等

☐ 由行政机关设立的福利性商业机构，如招待所、警用物资商店等

二、问卷说明

本调查问卷的目的在于获得中国情境下秘书职业能力模型的基础信息，请您如实、正确地填写问卷。**请您根据自己的认识对问卷所列的能力素质要素对于秘书工作的重要性进行评分。评分标准为：1. 不需要；2. 有用但不必要；3. 必要但不很重要；4. 必要且非常重要。**

专业知识			
序号	能力要项	说明	评分
1	公文写作能力	要具备写好各类公文和应用文的能力,能起草公文;协助上级处理各类文件	
2	办公自动化能力	熟练掌握Office软件、传真机、复印机等办公设备的运用	
3	外语能力	具备良好的英语(或德、法、日语)听说读写能力	
4	速记能力	掌握一定的速记能力,能快速准确记录下领导讲话内容及精神	
5	档案管理能力	对办毕文件进行归档整理;能快速准确找出所需归档文件	
补充能力要项			
基本素质			
1	身体素质	身体健康,可以胜任琐碎繁忙的工作,能适应环境和工作节奏的变化	
2	政治思想素质	有正确的政治立场;具有爱岗敬业、诚实守信、实事求是、开拓创新精神、高度的社会责任感和良好的职业道德	
3	心理素质	保持良好心态;具有自控能力;抗压能力好	
4	道德品质	有良好的职业操守,遵纪守法,对于公司的商业机密,做好保密工作,严格遵守职业道德,遵守相关保密制度	
补充能力要项			

(续表)

业务素质			
序号	能力要项	说明	评分
1	语言表达能力	通过语言、肢体动作等方式通俗流畅地表达自己的意见、看法或见解	
2	组织协调能力	合理分配工作任务,配置各种资源以实现目标,保证资源利用的效率	
3	人际沟通能力	关注各部门信息沟通情况,善于协调各部门之间关系,获得支持与配合。及时、有效、准确地传达上级各项指令	
4	执行能力	能顺利地将上级布置的任务通过合理的方式推行,并保证实施效果	
5	时间管理能力	分清各种任务的轻重缓急,合理分配时间,控制过程	
6	服务意识及辅佐能力	协助领导完成各类工作;尊重领导,能根据领导的工作习惯、工作方法及工作特点进行事物安排	
7	危机处理能力	正确认识危机,寻求执行方案,应对突发事件并化解危机	
8	策划能力	迅速理解上级意图,形成目标,整合人、财、物等各种资源,制订具体的、可操作的行动方案	
9	计划推行能力	组合各类资源,通过说服、协调等方式得到相关部门或人员的支持,使所做的计划顺利推行下去	
10	学习能力	在工作中不断学习,能及时、快速地接受新知识、新技术	
11	领悟能力	可以迅速地理解对方的意图,并通过行动将意图付诸实践	
12	抗压能力	面对压力临危不乱,仍然能按照原定的思路展开工作	
13	信息收集处理能力	能够把原始的、零散的材料经过归纳整理,综合分析,变成系统的、具有较强操作性和指导性的意见、建议	

(续表)

业务素质			
序号	能力要项	说明	评分
14	观察能力	善于发现问题,及时了解新情况,收集信息,分析问题,并提出解决问题的办法	
15	主动性及前瞻性	提前思考任务发展过程中可能会面临的问题,避免不必要的问题或情况发生	
16	记忆能力	为了更顺利地开展工作,秘书人员须善于认人、记人、记事	
17	管理能力	秘书人员的形象管理、沟通管理、协调管理、办公室管理、文件管理、会议管理、信息与档案管理、公关活动管理等	
18	社交礼仪	在人际交往过程中所具备的基本素质、交际能力等。在不同场合,语言、穿着、行为举止得体	
19	**掌握法律、政策知识**	如公司法、专利法等相关法律法规;国家、公司出台的有关政策	
补充能力要项			

附录三:秘书职业能力深度访谈提纲

一、访谈人员简单介绍访谈的目的、意义以及访谈的主要内容。

二、要求被访谈者简要介绍本人。

三、本人基本信息、本人所在部门、岗位的基本职责以及本人日常工作的内容。

四、本人所从事岗位与秘书岗位的关系。

五、被访谈者简要谈谈秘书岗位的任职资格：

  √ 所需要的经验、学历、专业以及其他资历要求；

  √ 所需要的知识和能力；

  √ 对秘书的具体要求（如果是部门领导）。

六、需要补充的其他信息。

附录四：秘书学专业社会需求市场调查问卷

  随着市场经济的迅速发展，整个社会对秘书从业者的需求状况正在激烈地变化。为了更好地了解人才市场需求情况，从而科学合理地设置秘书学专业的课程培养体系，为秘书学专业的建设和发展提供参考依据，特向您做此调查。十分感谢您的配合！

首都师范大学文学院秘书学系

1. 贵单位的行业类型是（ ）

  A. 国家机关和事业单位（不含学校） B. 金融证券业

  C. 教育和培训机构 D. 制造业 E. 文化传媒业

  F. 交通运输业 G. 农业 H. IT业

  I. 其他行业_____

2. 您认为具有哪些专业教育背景的人员适合做秘书从业者（ ）（可多选）

  A. 秘书学专业 B. 经济、管理专业 C. 中文专业

  D. 外语专业 E. 计算机或信息管理专业

  F. 法律专业 G. 新闻专业 H. 其他专业_____

  I. 任何专业均可

3. 您认为从事秘书工作，需要什么层次的学历教育（ ）（可多选）

A. 初中及以下　　　B. 高中或职高　　　C. 大专
D. 本科　　　　　　E. 研究生

4. 您认为作为秘书,应具备的最重要素质是(　　)
A. 思想道德素质　　B. 文化素质　　　　C. 业务素质
D. 心理素质　　　　E. 其他_____

5. 对秘书从业者在思想道德方面的素质,您最看重的是(　　)
A. 职业道德　　　　B. 事业心　　　　　C. 良好的人际关系
D. 吃苦耐劳精神　　E. 忠于职守　　　　F. 其他_____

6. 对秘书从业者的文化素质,您最看重的是(　　)
A. 公文写作知识　　B. 经济管理知识　　C. 中文知识
D. 计算机知识　　　E. 英语知识　　　　F. 商务知识
G. 法律知识　　　　H. 其他_____

7. 对秘书从业者的业务素质,您最看重的是(　　)
A. 书面表达能力　　B. 口头表达能力　　C. 沟通和组织管理能力
D. 创新和应变能力　E. 信息处理能力
F. 其他_____

8. 对秘书从业者的心理素质,您最看重的是(　　)
A. 易于投入、热情工作　　　　　　　　B. 自信心
C. 自主、主动工作　　D. 追求卓越、渴望成功　　E. 开放乐观
F. 其他_____

9. 在录用秘书学专业毕业生时,您最看重的因素是(　　)
A. 毕业院校、学历等教育背景　　　　　B. 面试第一印象
C. 社会实践经历　　D. 外语水平　　　　E. 在校学习成绩
F. 其他_____

10. 贵单位对应聘学生是否获得秘书职业资格证书的态度是(　　)
A. 非常在意　　　　B. 不太在意,但是有资格证更好
C. 不在意

11. 贵单位的名称是：_____
12. 您对秘书学专业的人才培养有何建议？
_____
_____

再次感谢您的大力支持！

附录五：首都师范大学秘书学专业2023级本科人才培养方案

一、培养目标

秘书学专业（专业代码050107T）人才培养目标：着力培养具有新时代中国特色社会主义思想理论修养和社会主义核心价值观、德智体美全面发展的,掌握秘书学专业基本理论、基本知识和基本技能的,能够主动适应党政机关、事业单位和中外企业以及其他机构所需要的应用型的高级秘书人才。

二、毕业要求

秘书学专业人才培养要符合以下要求：

1. 道德操守的要求：热爱祖国和人民,拥护中国共产党领导,树立科学的世界观、人生观和价值观,具备良好的思想品德；遵纪守法,乐于奉献,具有良好的公民意识和社会责任感,自觉遵守社会公德规范；正确理解秘书职业专业要求,坚守秘书职业道德规范。

2. 基础知识的要求：掌握汉语言文学、中外文化、科学技术等方面的基础知识，具备调查研究、发现与分析问题、应变与解决问题的能力。

3. 专业知识与专业能力要求：掌握较为扎实的专业知识和基本技能，能够熟练撰写常用文书，高效搜集、处理与管理文件档案信息，具备文书写作与文档信息管理的能力；掌握会议活动策划、组织执行、会务组织服务与管理的相关知识，具备专业精准的会议组织与管理能力；掌握现代组织管理理论原理与技术以及沟通、协调、组织、合作的原则与方法，明确管理职责、办事程序、急缓时限等，对领导交办以及职责范围内的各种事项组织有序、落实到位，具备经济高效的日常事务处理的能力；熟练掌握一门外语，具备读、听、说、写的综合应用能力；熟练掌握现代信息技术工具，灵活运用各种办公设备有效搜集、筛选、加工、处理各种文档信息，为领导的管理和决策服务。

4. 学生持续发展的要求：掌握科学的体育锻炼知识，有一定的体育和军事基本知识，达到《国家学生体质健康标准》的合格要求；具有健康向上的审美情趣和乐观积极的生活态度，具有良好的心理素质；具有坚持持续自主学习、主动适应社会发展的能力，具有一定的创新意识和能力，能够主动适应工作岗位调整和经济社会发展的变化和需要。

三、学制

基本学制为四年，对不同情况的学生可实行弹性学习年限[根据《首都师范大学全日制本专科学生管理规定（试行）》执行]。

四、学位

学生完成培养方案规定的课程和学分要求，考核合格，符合毕业条件，准予毕业。符合学位授予条件的，授予___文学学士___学位。

五、学分： 130 学分

六、大类培养说明

秘书学专业实行中国语言文学类大类招生大类培养。

中国语言文学类大类招生大类培养的相关专业包括：汉语言文学（非师）、汉语国际教育、秘书学。

专业分流时间：将在第一学年第二学期进行专业分流。

专业分流标准：1.专业分流遵循个人专业意愿与相关考试相结合、双向选择的原则。2.专业分流在文学院领导小组的指导下，由文学院统一组织实施。

专业分流办法：1.专业分流期间，学生根据个人专业学习意向，及时填报专业意愿。2.文学院在第一学年第二学期组织分专业统一笔试，试卷满分100分。3.按照学生笔试成绩排名（第一学年大类培养课程成绩占比50%，分专业考试笔试成绩占比50%），根据一定比例进行专业分流。之后，学生进入秘书学专业继续学习。

七、学分分配表

课程结构	各课程类别学分及学时				占总学时(%)
	课程类别	属性	学分	学时	2916
思想政治理论教育环节	思想政治理论课程	必修	17	272	9.32
通识教育环节	通识必修课程	必修	15	304	10.42
	通识选修课程	限制性选修	10	160	5.49

(续表)

课程结构	各课程类别学分及学时				占总学时(%)
	课程类别	属性	学分	学时	2916
专业教育环节	大类教育课程	必修	12	192	6.58
	专业必修课程	必修	42	672	23.05
	专业选修课程	选修	14	224	7.68
实践教育环节	思想政治理论课程实践	必修	2	32	1.10
	通识实践课程	必修	6	212	7.27
	专业实践课程	必修	11	796	27.30
	社会实践	必修	1	32	1.10
	劳动实践	必修	/	20	0.69
总学分	130				100%

八、课程设置与学分分布

（一）思想政治理论教育课程：__17__学分,必修

思想政治理论课程包括马克思主义基本原理概论、毛泽东思想和中国特色社会主义理论体系概论、习近平新时代中国特色社会主义思想概论、中国近现代史纲要、思想道德与法治、形势与政策1~4等课程。本专业修读所有思想政治理论课程,并在第一学年修完思想道德与法治、形式与政策1、中国近现代史纲要、形式与政策2;在第二学年修完马克思主义基本原理概论、习近平新时代中国特色社会主义思想概论、形式与政策3、毛泽东思想和中国特色社会主义理论体系概论、形式与政策4。

（二）通识教育课程：__25__学分,由通识必修课程和通识选修课程

组成。

1. 通识必修课程：__15__学分，必修

通识必修课程包括大学英语、大学体育和大学生总体国家安全观教育。本专业修读全部通识必修课程，在第一、二学年修完大学英语学分课程（包括大学英语一级、大学英语二级和大学英语高阶课程）。学生修读完英语学分课程仍未通过全国大学英语四级的，需继续修读大学英语实训课程，实训课程不记学分，记录成绩。在第一、二学年修完体育课程。在第一学期修完大学生总体国家安全观教育课程。

2. 通识选修课程：__10__学分，限制性选修

通识选修课程包括"人文精神与社会认知""科学精神与自然关怀""艺术修养与审美体验""语言艺术与文化交流""身心健康与职业发展""教育理解与教师素养"等6个系列。本专业在"科学精神与自然关怀"系列选修不少于2学分，在"艺术修养与审美体验"系列课程中选修2学分，其余学分任选，四年修完即可。

说明：

(1)"大学语文课程群"属通识选修"人文精神与社会认知"系列课程。

(2)学生修读经学校认定的网络课程门数不限，但毕业审核和学位审核只能根据学生意愿认定其中的4学分。

(3)经学生自愿申请、院（系）同意、教务处核准，学生所获辅修课程学分可替代相应类别的通识选修课学分。

(4)经学生自愿申请、院（系）同意、教务处核准，学生参加科研训练、学科竞赛、专业技能训练等经认定的创新学分可与通识选修课程学分相抵，但创新学分最多抵充不超过4学分（能否认定其跨学科选修由教务处根据创新实践内容认定）。创新学分认定向重大赛事和发表科研论文倾斜。创新学分计入毕业成绩单，不计学时，不计成绩，也不计入学分绩点。

(5)高水平运动队学生（仅限于第一类特长生）取得特长项目训练学分后，可减少修读相同学分数量的通识选修课，但仍要根据自己所属专业类别

完成跨学科修读要求。

（三）专业教育课程：__68__学分，由大类教育课程、专业必修课程和专业选修课程组成。

1. 大类教育课程：__12__学分，必修

课程代码	课程名称	课程英文名称	学分	总/周学时	开课学期	开课单位	是否开放	双语/全英	备注
3010564	基础写作	Fundamental Writing	3	48/3	1-2	文学院	否		
3010097	逻辑学	Logic	2	32/2	1-1	文学院	否		
3010756	中国古代文献学	Chinese Ancient Document	2	32/2	1-2	文学院	否		
3012304	中国现当代文学经典导读	Guide Reading on the Classic Works of Modern Chinese Literature	2	32/2	1-2	文学院	否		
3013025	现代汉语1	Modern Chinese 1	3	48/3	1-2	文学院	否		

注：大类教育课程由院系教学指导委员会讨论确定，从第一学年开始开设。

2. 专业必修课程：__42__学分，必修

课程代码	课程名称	课程英文名称	学分	总/周学时	开课学期	开课单位	是否开放	双语/全英	备注
3013026	现代汉语2	Modern Chinese 2	3	48/3	2-1	文学院	否		
3013155	管理学	Management	3	48/3	2-1	文学院	向校开放		
3013181	管理心理学	Managerial Psychology	3	48/3	2-1	文学院	向校开放		

(续表)

课程代码	课程名称	课程英文名称	学分	总/周学时	开课学期	开课单位	是否开放	双语/全英	备注
3019051	秘书学基础	Principles and Practice of Secretary Science	3	48/3	2-1	文学院	向校开放		
3010037	中国秘书史	History of Chinese Secretary	2	32/2	3-1	文学院	否		
3010401	公文写作	Document Writing	3	48/3	2-2	文学院	否		
3019074	专题写作	Thematic Writing	3	48/3	3-1	文学院	否		
3013159	文件处理与案例	Case Analysis of Document Processing	2	32/2	3-1	文学院	否		
3010855	档案管理学	Archives Administration	2	32/2	3-2	文学院	否		
3019075	信息资源管理	Information Resources Management	2	32/2	2-2	文学院	否		
3019093	英文写作	English Writing	2	32/2	3-2	文学院	否	全英	
3013182	会议与活动组织	Organizing of Meetings and Activities	2	32/2	2-2	文学院	向校开放		
3013055	国际商务经济学	International Business Economics	2	32/2	3-2	文学院	向校开放		
3010344	组织行为学	Organizational Behavior	3	48/3	2-2	文学院	向校开放		
3013059	人力资源管理	Human Resource Management	2	32/2	2-1	文学院	向校开放		
3019108	传播学	Science of Communication	3	48/3	2-2	文学院	向校开放		
3013056	行政管理学	The Public Administration	2	48/3	2-1	文学院	向院开放		

3. 专业选修课程：__14__ 学分，选修

课程代码	课程名称	课程英文名称	学分	总/周学时	开课学期	开课单位	是否开放	双语/全英	备注
1. 英语类选修模块									
3013074	英语听说1	English Listening and Speaking 1	2	32/2	2-1	文学院	否	全英	
3013075	英语听说2	English Listening and Speaking 2	2	32/2	2-2	文学院	否	全英	
3019104	英语阅读	English Reading	2	32/2	3-1	文学院	否	全英	
2. 经管与新闻传播类选修模块									
3013057	市场营销学	Marketing	2	32/2	3-1	文学院	向校开放		
3013008	社会研究方法	Social Research Methods	3	48/3	3-1	文学院	否		
3013071	新闻采编	News Gathering and Editing	2	32/2	3-2	文学院	否		
3013157	跨文化传播	Intercultural Communication	2	32/2	3-1	文学院	否		
3013186	经济法律实务	Economic Law	3	48/3	4-1	文学院	否		
3013183	公共关系实务	Public Relations	2	32/2	3-2	文学院	否		
3010099	社会学	Sociology	2	32/2	4-1	文学院	否		
3. 中国语言文字类选修模块									
3013067	古代汉语	Ancient Chinese	3	48/3	2-1	文学院	否		
3010017	文字学	Etymology	2	32/2	3-2	文学院	否		
3010882	汉语词汇学	Chinese Lexicology	2	32/2	3-1	文学院	否		
3019019	语法化与汉语语法研究	Grammaticalization and Study of Chinese Grammar	2	32/2	3-2	文学院	否		

（续表）

课程代码	课程名称	课程英文名称	学分	总/周学时	开课学期	开课单位	是否开放	双语/全英	备注
4. 中外文学类选修模块									
3012302	中国文化典籍	Guide Reading on Ancient Books and Records of Chinese Culture	2	32/2	1-1	文学院	否		
3013065	中国古代文学（上）	Ancient Chinese Literature 1	2	32/2	3-1	文学院	否		
3013066	中国古代文学（下）	Ancient Chinese Literature 2	2	32/2	3-2	文学院	否		
3013051	中国现当代文学	Modern and Contemporary Chinese Literature	2	32/2	2-2	文学院	否		
3013092	欧美文学	European and American Literature	2	32/2	2-1	文学院	否	全英	
3017045	东方文学	Oriental Literature	2	32/2	2-1	文学院	否		
3010648	诗词鉴赏与写作	Appreciation and Writing of Poetry	2	32/2	3-2	文学院	否		
3013126	《诗经》研读	Study of The Book of Poetry	2	32/2	3-1	文学院	否		
3010631	新诗鉴赏原理	Appreciation Principles of New Poetry	2	32/2	3-1	文学院	否		
3010821	老生代散文研究	Study of The Elder Generation's Prose	2	32/2	3-1	文学院	否		
3010778	创意制片	Creative Producing	3	48/3	3-2	文学院	否		
3010901	中国美学史	History of Chinese Aesthetics	2	32/2	3-2	文学院	否		

(续表)

课程代码	课程名称	课程英文名称	学分	总/周学时	开课学期	开课单位	是否开放	双语/全英	备注
3010243	西方文论	Western Literary Theories	2	32/2	3-2	文学院	否		
3010645	苏轼研究	Studies of Su Shi	2	32/2	3-2	文学院	否		
3010899	西方经典导读	Instruction to Western Classics	2	32/2	3-2	文学院	否		
3011043	蒲松龄与《聊斋志异》研究	Study of Pu Songling and The Strange Tales of Liao Zhai	2	32/2	3-2	文学院	否		
3010069	中国古代小说研究	Research of the Classical Works of Chinese Ancient Novels	2	32/2	4-1	文学院	否		
3013010	现代诗写作入门	ABC of Modern Poetry Writing	2	32/2	3-2	文学院	否		
3019064	文学国际政治学	International Politics of Literature	2	32/2	3-2	文学院	否		

（四）实践教育课程：___20___学分，由思想政治理论课程实践、通识实践课程、专业实践课程、社会实践、劳动实践组成。

1. 思想政治理论课程实践：___2___学分，必修

课程代码	课程名称	课程英文名称	学分	总学时	开课学期	开课单位	备注
3700027	毛泽东思想和中国特色社会主义理论体系概论实践	Social Practice of Maoism and Theory of the Socialism with Chinese Characteristics	1	16	2-2	马克思主义学院	
3700030	习近平新时代中国特色社会主义思想概论实践	Xi Jinping's Thought on Socialism with Chinese Characteristics for a New Era Practice	1	16	3-1	马克思主义学院	

2. 通识实践课程：　6　学分，必修

课程代码	课程名称	课程英文名称	学分	总学时	开课学期	开课单位	备注
2100007	军事理论	Military Theory	2	36	1-1	学生处	
2100008	军事训练	Military Training	2	112	1-1	学生处	
2101022	大学生心理适应与发展	College Student Psychological Adaptability and Development	0.5	16	1-1	学生处	
2101023	大学生学业规划与发展	College Students' Academic Planning and Development	0.5	16	1-1	学生处	
2100004	大学生职业发展与就业指导	Career Development and Employment Guide	1	32	2-1	招生就业处	

3. 专业实践课程：　11　学分，必修

课程代码	课程名称	课程英文名称	学分	总学时	开课学期	开课单位	备注
3013205	高级秘书能力提升系列讲座1	Lecture Series 1 on Advanced Secretarial Professional Development	1	32	1-3	文学院	
3013206	高级秘书能力提升系列讲座2	Lecture Series 2 on Advanced Secretarial Professional Development	1	32	2-3	文学院	
3010283	会议与活动组织实训	Organizing of Meetings and Activities Training	1	32	3-1	文学院	
3010281	专业见习	Specialty Practicum	0	180	3-1/3-2	文学院	
3019080	毕业实习	Specialty Practicum	3	270	4-2	文学院	
3019127	毕业论文	Graduation Thesis	4	128	4-2	文学院	
3019116	学年论文	Academic Year Paper	1	32	3-2	文学院	

4. 社会实践：__1__学分，必修

课程代码	课程名称	课程英文名称	学分	总学时	开课学期	开课单位	备注
3019120	社会实践	Social Practice	1	32	3-2	文学院	

注：社会实践课程主要通过学校和院(系)组织的课外实践活动进行。

5. 劳动实践：__/__学分，必修

课程代码	课程名称	课程英文名称	学分	总学时	开课学期	开课单位	备注
2052007	劳动实践1	Labor Practice 1	/	20	1-1/1-2	良乡校区基础学部	

参考文献

[1] 艾群. 浅谈澳门公司法中的公司秘书制度[J]. 比较法研究,1999(1).
[2] 蔡超,杨锋. 现代秘书实务[M]. 广州:暨南大学出版社,2006.
[3] 蔡平,陆勤. 秘书与企业经营管理[M]. 北京:中国人民大学出版社,2011.
[4] 陈静琪,章玫平. 职业综合性要求秘书提升综合素质[J]. 经济学,2020(4).
[5] 陈澍. 涉外企业秘书理论与实务[M]. 哈尔滨:黑龙江教育出版社,2007.
[6] 陈贤华. 秘书工作论[M]. 成都:四川大学出版社,1987.
[7] 程凤传. 企业秘书在企业文化建设中发挥作用的思考[J]. 办公室业务,2014(14).
[8] 储爱霞. 高校行政秘书工作探讨[J]. 管理观察,2008(18).
[9] 邓修权,康云鹏,席俊锋,等. 高校科研团队资源能力模型构建及其应用研究[J]. 科学学研究,2012(1).
[10] 董汉庭. 民营企业秘书工作散论[J]. 秘书之友,2007(9).
[11] 高静. 企事业单位的秘书应准确把握自身角色[J]. 中南民族大学学报:人文社会科学版,2004(S2).
[12] 高凯山. 秘书教育蓝皮书:秘书人才市场与人才培养研究报告(2016)[M]. 北京:北京大学出版社,2018.
[13] 郭富青. 公司秘书与公司治理[J]. 法律科学,2002(3).
[14] 郭家桢. 对高校教学秘书工作的认识与思考[J]. 西部素质教育,2017(10).
[15] 郭建庆. 秘书职业化对高校秘书专业培养模式的导向[J]. 上海大学学报:社会科学版,2005(3).

[16] 〔美〕贾斯汀·阿尼森,威廉·J.罗思韦尔,詹妮弗·诺顿. ASTD 能力素质模型:构建学习发展项目的基础[M]. 李媛,译. 北京:电子工业出版社,2014.

[17] 金常德. 中国秘书史[M]. 北京:中国人民大学出版社,2015.

[18] 李丽. 企业秘书的核心能力——沟通能力[J]. 秘书之友,2007(8).

[19] 李婉俊,王晶. 秘书管理必备知识[M]. 北京:清华大学出版社,2015.

[20] 李争. 重视教学秘书培养 提高教学管理水平[J]. 教育理论与实践,2005(24).

[21] 廖金泽. 企业秘书大全[M]. 广州:广东经济出版社,2005.

[22] 林静. 管理秘书实务精讲与实训[M]. 北京:清华大学出版社,2015.

[23] 刘立祥. 论企业秘书的有效服务[J]. 湖南商学院学报,2003(1).

[24] 刘燕平. 企业秘书角色定位过程探析[J]. 嘉兴学院学报,2002(S1).

[25] 吕阳. 高校教学秘书素质之我见[J]. 浙江工商大学学报,2005(2).

[26] 糜嘉烨,章玫平. 论秘书如何更全面地辅助领导[J]. 经济学,2020(4).

[27] 莫纪军. 企业秘书履行会议议定事项督办职能的几点思考[J]. 秘书之友,2014(10).

[28] 彭庆红. 高校辅导员素质结构模型的构建[J]. 清华大学教育研究,2006(3).

[29] 秦杨勇. 能力素质模型设计五步法[M]. 厦门:鹭江出版社,2009.

[30] 邵华. 浅议外贸企业文秘工作与档案管理一体化[J]. 兰台世界,2010(S2).

[31] 沈建红. 对民营企业文秘专业人才需求情况的调查与分析[J]. 秘书之友,2005(6).

[32] 石卿嫒. 政府机关秘书与企业秘书的比较研究[D]. 暨南大学,2015.

[33] 宋立. 关于转型发展期高校行政秘书工作的思考[J]. 秘书工作,2009(4).

[34] 宋雪雁,李溪萌,邓君. 数字时代档案文献编纂人员胜任力模型研究[J]. 图书情报工作,2020(3).

[35] 苏娜. 基于研究生期望的导师胜任力模型研究[J]. 江苏高教,2020(7).

[36] 苏伟琳. 创业型企业领导者能力素质模型构建研究[D]. 重庆工商大学,2016.

[37] 孙喜宗,王玉玲. 国有企业文秘人员如何更好地发挥参谋助手作用[J]. 企业改革与管理,2017(22).

[38] 唐建林. 高校二级学院行政秘书工作探微[J]. 佳木斯教育学院学报,2011(6).

[39] 王诚怡. 关于做好高校教学秘书工作的几点思考[J]. 黑龙江高教研究,2004(3).

[40] 王海梅. 从现代企业秘书的职业素养谈秘书专业的教学改革[J]. 秘书之友,2007(7).

[41] 王涛. 提升企业办公室秘书综合素质,助力企业发展[J]. 山东社会科学,2015(S2).

[42] 王新华,李炎婷. 教学秘书在高校教学管理中的作用及素质要求[J]. 新疆职业大学学报,2009(5).
[43] 王永刚. 秘书应具备的"六种能力"[J]. 长江大学学报:社会科学版,2007(S1).
[44] 王学琦. 念好秘书长这本"磨心"的"磨芯"经[J]. 领导科学,2020(9).
[45] 王正,李景祥. 日本企业秘书的能力和仪表要求[J]. 秘书,2001(3).
[46] 吴达云. 试谈企业秘书的工作特点与素质培养[J]. 秘书,2003(8).
[47] 吴志凌. 企业秘书职业成长因素探析[J]. 秘书之友,2010(7).
[48] 徐明辉. 高校教学秘书在教学管理中的地位和作用[J]. 长春大学学报,1999(6).
[49] 徐乃忠,蔺建国. 企业秘书与公文写作[J]. 上海大学学报:社会科学版,1990(1).
[50] 杨蓓蕾. 现代秘书工作[M]. 北京:清华大学出版社,2015.
[51] 杨锋. 秘书实务[M]. 第三版. 北京:中国人民大学出版社,2020.
[52] 李卫民. 如何做好企业秘书[M]. 北京:中国经济出版社,2006.
[53] 杨剑宇. 中国秘书史[M]. 上海:上海人民出版社,2018.
[54] 杨树森,张树文. 中国秘书史[M]. 合肥:安徽大学出版社,2006.
[55] 杨旭华. "90后"大学生就业能力结构模型研究[J]. 人口与经济,2012(2).
[56] 赵淑芳. 员工胜任素质模型全案[M]. 北京:人民邮电出版社,2009.
[57] 杨宜荣. 企业秘书道德规范谈[J]. 秘书工作,1996(8).
[58] 叶家红. 中小型企业秘书人员状况调查分析[J]. 秘书,2009(12).
[59] 尹绪明. 秘书族中新景象——现代企业秘书人才写实(续)[J]. 秘书,2000(9).
[60] 张东光. 唐宋时期的中枢秘书官[J]. 历史研究,1995(4).
[61] 张靖,何靖怡,肖鹏. 数据素养能力模型研究[J]. 图书馆论坛,2019(4).
[62] 张海龙. 试论企业秘书素质提高——从秘书职能的转变说起[J]. 办公室业务,2013(13).
[63] 张晓芳,周剑,卢江,等. 高校教学秘书工作的实践与思考[J]. 河北农业大学学报:农林教育版,2009(2).
[64] 张晓梅,赖剑明. 高校院系教学秘书的素质和能力探讨[J]. 教育与职业,2007(18).
[65] 章玫平. 浙江民营企业秘书工作现状的调查分析[J]. 浙江树人大学学报:人文社会科学版,2009(4).
[66] 章玫平,原伟霞. 做好企业秘书工作的关键因素分析[J]. 人才资源开发,2015(22).
[67] 赵婷. 关于做好高校教学秘书工作的几点思考[J]. 资治文摘,2015(2).

[68] 赵中利. 现代秘书心理学[M]. 北京：高等教育出版社, 2020.

[69] 钟小安, 谢忠前, 朱琪. 论唐代谏官监察作用及对现代企业秘书的启示[J]. 赣南师范学院学报, 2002(2).

[70] 周刚, 王金城, 李琨, 等. 中国秘书史[M]. 沈阳：辽宁大学出版社, 2000.

[71] 周仁钺, 徐恺. 企业中层管理人员能力素质模型[M]. 广州：广东经济出版社, 2007.

[72] 朱海洋. 现代企业秘书的能力要求[J]. 当代秘书, 2003(5).

[73] 朱维芳. 以能力素质模型为核心的战略型人力资源管理应用研究——以移动通信行业为例[J]. 华东经济管理, 2007(2).

[74] Margaret E. Alldredge, Kevin J. Nilan. 3M's Leadership Competency Model：An Internally Developed Solution[J]. Human Resource Management, 2000(2-3).

[75] E. Banks. The Insider's View on Corporate Governance：The Role of the Company Secretary[M]. Springer, 2003.

[76] L. Dostilio, D. Lina. The Community Engagement Professional in Higher Education：A Competency Model for an Emerging Field[M]. Stylus Publishing, LLC, 2017.

[77] El Asame M., M. Wakrim. Towards a Competency Model：A Review of the Literature and the Competency Standards[J]. Education and Information Technologies, 2018(1).

[78] L. Gordenker. The UN Secretary-General and Secretariat[M]. Routledge, 2013.

[79] B. A. Hennessey. If I were Secretary of Education：A Focus on Intrinsic Motivation and Creativity in the Classroom[J]. Psychology of Aesthetics Creativity and the Arts, 2015(2).

[80] A. Kakabadse, N. Khan, N. K. Kakabadse. Company Secretary：A Role of Breadth and Majesty[J]. Society and Business Review, 2016(3).

[81] S. Kan, W. Jicheng, L. Chaoping. Assessment on Competency Model of Senior Managers[J]. Acta Psychologica Sinica, 2002(3).

[82] T. Mcnulty, A. Stewart. Developing the Governance Space：A Study of the Role and Potential of the Company Secretary in and around the Board of Directors[J]. Organization Studies, 2015(4).

[83] A. Onifade. The Indispensable Secretary[J]. Journal of Social Sciences, 2010(1).

[84] P. Patanakul, D. Milosevic. A Competency Model for Effectiveness in Managing

Multiple Projects[J]. The Journal of High Technology Management Research, 2008(2).
[85] E. Rodolfa, S. Greenberg, J. Hunsley, et al. A Competency Model for the Practice of Psychology[J]. Training & Education in Psychology, 2013(2).
[86] Ross E. Applied Corporate Governance: Multinational Corporate Governance and the Company Secretary[J]. Keeping Good Companies, 2011(9).